나의 AI 경쟁력

AICE 시험 완벽 대비

BASIC

AI Certificate for Everyone

AICE

나의 AI 경쟁력

AICE 시험
완벽 대비

BASIC
AI Certificate for Everyone

AICE

KT 고영훈, 유정빈, 박희정, 지병규, 신건희, 오채은, 정은정 지음
kt NexR Data Science팀 감수

KT ✕ 한국경제신문

나의 AI 경쟁력

AICE(AI Certificate for Everyone)는 AI 활용 능력 시험이자 자격증입니다. 원래 KT 임직원용 사내 AI 자격시험이던 것을 일반인에게 공개했습니다. 자격증 취득만이 아니라 이 시험을 준비하는 과정을 통해 AI를 배우고 활용하게 만드는 것이 목적입니다. AICE 자격증을 취득하기 위해 공부하고 실습해보면서, 모두가 AI를 이해하고 다룰 수 있는 역량을 갖추게 되는 것이 AICE를 만든 취지입니다.

'AI', 이 단어가 주는 웬지 모를 위압감이 있습니다. 마치 아무나 할 수 없는, 전문가만 할 수 있는 지식 또는 기술 같은 그런 불편함과 부담감 말입니다. 자동차나 컴퓨터가 세상에 처음 나왔을 때도 그랬을 겁니다. 말이 안 끄는 데 마차가 움직이고, 모니터에 뜻 모를 기호들이 가득한 모습을 보며 뭔가 범접하기 어려운 물체라는 생각이 다들 들었을 겁니다.

하지만 지금은 누구나 운전하고 누구나 PC를 가지고 있습니다. 운전을 못 하거나 컴퓨터를 다룰 줄 모르면 뒤처질 수밖에 없는 시대입니다. AI 또한 머지않아 누구나 활용할 수 있어야 하고, 그러지 못하면 경쟁력이 떨어지는 상황이 올 것이라 생각합니다. 자동차나 컴퓨터처럼 AI도 우리 일상을 송두리째 바꿀 혁신 기술이기 때문입니다.

이세돌과 알파고의 역사적인 대전 훨씬 이전인 1997년에 IBM의 슈퍼컴퓨터 딥 블루(Deep Blue)와 체스 대결을 펼쳤던 챔피언 가리 카스파로프는 AI를 Artificial Intelligence가 아니라 Augment Intelligence라 재정의해야 한다고 주장합니다. AI 자체보다는 AI 기술을 통해 우리의 능력이 강화된다는 점을 강조한 것입니다.

하지만 초보자나 IT/SW 비전공자로서 AI를 배우는 게 쉽지만은 않습니다. 가장 큰 장벽은 코딩입니다. 컴퓨터 언어와 문법을 배우는 부담이 만만치 않기 때문입니다. 정작 코딩은 컴퓨터와 소통하는 수단일 뿐이지만 안타깝게도 AI를 배우는 데 있어 가장 큰 장애물이 되고 있습니다. 이러한 아쉬움을 해소하고자 AICE Basic은 코딩 없이도 AI를 이해하고 다룰 수 있도록 개발했습니다. 노코딩 실습도구인 AIDU ez를 통해 파이썬 언어를 모르거나 익숙하지 않은 분들도 쉽게 AI의 원리를 익히며, 데이터를 다루고, 모델링을 직접 해보면서 AI 활용 프로세스 전반을 경험하고 익힐 수 있습니다.

《나의 AI 경쟁력 AICE시험 완벽 대비: Basic편》이 그동안 멀게만 느껴지던 AI가 좀 더 가까워지고, 나아가 AI 기술을 능동적으로 활용하는 계기가 되기를 희망합니다.

Team AICE

학습 전, 이것만은 꼭!

AICE Basic은 코딩 없이도 데이터 분석과 AI 모델링을 할 수 있는 AIDU ez라는 실습도구를 활용합니다. AIDU ez는 AICE 홈페이지에서 별도 설치 없이 이용할 수 있습니다.

AIDU ez 활용을 위한 세부 기능은 이 책의 '[부록1] AIDU ez 활용법'을 참고 바랍니다.

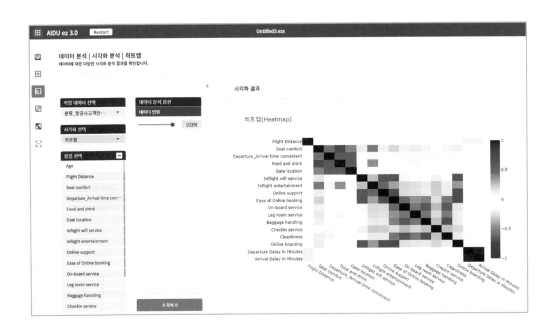

1) 실습을 위한 AIDU ez 접속 방법

이 책의 모든 실습은 AICE 홈페이지(https://aice.study) 내의 AIDU ez를 활용하여 진행됩니다. AICE 홈페이지에서 회원가입을 한 후 로그인해야 AIDU ez에 접속이 가능합니다.

AIDU ez는 AICE 홈페이지 로그인 후, 상단의 'AICE실습 〉나의 프로젝트' 메뉴를 클릭해야 접속할 수 있습니다.

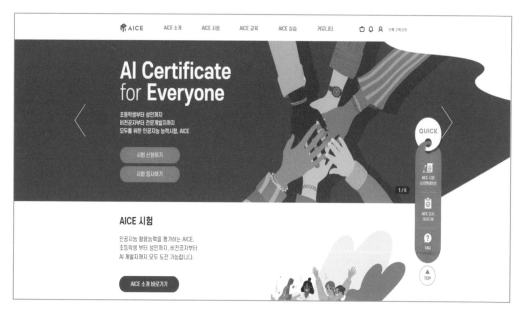

나의 프로젝트에서 '기본 프로젝트' 또는 '프로젝트 만들기'로 프로젝트를 생성할 수 있습니다. 여기서 'AIDU ez 실행' 버튼을 클릭하거나 프로젝트 내에 '분석IDE' Tab 클릭 후 'AIDU ez 빠른 생성' 버튼을 클릭하면 AIDU ez에 접속이 가능합니다. 또한 'IDE 상세 실행' 버튼을 클릭한 후, 개발도구를 'AIDU ez'로 선택하여 실행할 수 있습니다.

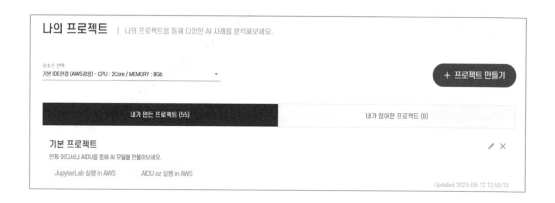

2) 이 책의 구성

이 책은 [Step1] 이해하기, [Step2] 해보기, [Step3] 더 깊게 알기 3단계로 구성되어 '이론학습-실습-심화학습'을 통해 반복 학습을 하며 이해의 폭을 넓힐 수 있습니다.

[Step1]에서는 AI에 대한 기본적인 사항과 AI 구현 프로세스를 전반적으로 이해하며, [Step2]에서는 실제 코딩 없이 AI를 구현할 수 있는 AIDU ez를 활용하여 분류 과제와 회귀 과제에 대한 AI 사례실습을 해볼 수 있도록 구성되어 있습니다. 마지막으로 [Step3]에서는 머신러닝과 딥러닝에 대해 더욱 심도 있게 학습할 수 있도록 효과적으로 구성되어 있습니다. 부록에는 AIDU ez에 대한 세부 기능 소개, AICE Basic 시험 대비를 위한 연습문제, 배운 내용 복습을 위한 AI 용어를 정리하여 담았습니다.

단계	목차
Step1. 이해하기	01. AI의 이해 02. AI 구현 프로세스
Step2. 해보기	03. EZ로 AI 실습하기(분류) 04. EZ로 AI 실습하기(회귀)
Step3. 더 깊게 알기	05. 머신러닝 06. 딥러닝
부록	01. 코딩이 필요없는 AIDU ez 활용법 02. AICE Basic 연습문제 03. AI 용어 정리

'나의 AI 경쟁력' AICE 소개

디지털 대전환, 핵심은 사람입니다.

글로벌 시대에 영어가 전 국민의 필수 역량이었듯이
디지털 시대에 대한민국 모두가 AI를 할 줄 알아야 합니다.

모두를 위한 AI 인재 양성, AICE

AI는 머리로 아는 것보다 '할 줄 아는 것'이 중요합니다.
초등학생부터 성인까지, 비전공자부터 전문 개발자까지
생애주기별 'AI를 할 줄 아는 디지털 인재' 양성을 뒷받침합니다.

AICE Framework

AICE (AI Certificate for Everyone)를 기반으로 교육, 프로젝트,
커뮤니티까지 연결된 AI 인재양성 플랫폼 입니다.

1 AICE Ready (교육)
AI 핵심만 짚는 교육
AICE Ready(교육)으로 AICE 시험 준비

2 AICE Pack
교육과 자격증을 한번에!
AICE Ready(교육) + AICE 시험

3 AICE Jam
BootCamp형 AICE 교육
AICE Ready(교육)+AI 프로젝트 + AICE 시험

4 AIDU
AICE를 위한 AI 실습 플랫폼
AICE Ready(교육)과 시험도 AIDU에서!

5 AICE Network
AICE 취득자 커뮤니티
검증된 AI 인재 Pool

A I C E （AI Certificate for Everyone）

AICE는 인공지능 능력시험입니다.〔AI 자격증〕
영어능력을 평가하는 토익처럼, AICE는 인공지능 활용 능력을 평가합니다.
KT가 개발했고, 한국경제신문과 함께 주관합니다.

※ AICE는 자격기본법규정에 따라 등록한 민간자격입니다. (등록번호 :2022-004642)

A I C E 핵심

AICE는 인공지능 기술을 제대로 다룰 수 있는지를 검증합니다.

해석	인공지능의 재료인 빅데이터를 해석하고 다룰 수 있는가?	→	다양한 데이터에 기반한 문항

기업 데이터, 공공 데이터, Tabular / Image / Text 데이터 등

활용	인공지능 기술을 상황에 맞게 활용 할 수 있는가?	→	실질적인 AI 활용능력 평가

데이터 탐색 ▶ 데이터 분석 ▶ AI 모델링 ▶ AI 모델 평가

해결	현실의 문제를 인공지능으로 해결 할 수 있는가?	→	실사례 기반 문제해결 역량 평가

예시) (교통) 내비게이션 목적지 도착시간 예측. (제조) 선박 수주여부 예측 등

AICE 종류

초등학생부터 성인까지, 비전공자부터 전문 개발자까지
생애주기별 필요한 AI 역량에 따라 5개의 Level로 구성되어 있습니다.

PROFESSIONAL
`AI/SW 개발자` `전공자` `파이썬`

이미지 등 다양한 종류의 데이터를 기반으로 AI 서비스 모델 개발 역량

문제 해결을 위한 다양한 데이터를 분석/처리 후
최적의 알고리즘을 적용하여 AI 모델링 할 수 있는 능력을 평가

- 3문항 / 180분
- 80점 이상 합격
- 120,000원 (VAT 포함)
- ※ 유효기간 : 3년

ASSOCIATE
`기획/분석` `준/전공자` `파이썬`

데이터 분석/처리 및 AI 모델링 통한 비지니스 혁신 역량

실무에서 가장 많이 쓰는 Tabular 데이터에 대해
코딩(파이썬) 기반으로 데이터 분석/처리/모델링

- 14문항 / 90분
- 80점 이상 합격
- 80,000원 (VAT 포함)
- ※ 유효기간 : 3년

BASIC
`직책자` `비전공자` `NO 코딩`

AI 원리, 업무활용 이해 및 결과 해석 역량

실무에서 가장 많이 쓰는 Tabular 데이터에 대해
코딩 없이 Auto ML 기반으로 데이터 분석/모델링

- 15문항 / 60분
- 80점 이상 합격
- 50,000원 (VAT 포함)
- ※ 유효기간 : 없음

JUNIOR
`중고등학생` `중고등 교사` `NO 코딩`

AI 개념, 용어, 프로세스 등 AI 문해력

생활 속 AI 적용사례와 데이터를 가지고 코딩 없이 Auto ML 기반으로 데이터 분석/모델링

- 13문항 / 60분
- 80점 이상 합격
- 50,000원 (VAT 포함)
- ※ 유효기간 : 없음

FUTURE 1급, 2급, 3급
`초등학생` `초등교사` `블록코딩`

AI 구현원리 및 컴퓨팅 사고력

누구나 쉽고 재미있게 블록코딩 기반으로 AI 핵심 작동원리 이해 및 구현

※ 1,2급 출시 예정

- (3급) 8문항 / 50분
- 60점 이상 합격
- 30,000원 (VAT 포함)
- ※ 유효기간 : 없음

AICE Basic 일문일답

시험 범위는 어떻게 되나요?

AICE Basic은 AI의 원리를 이해하고 활용하는 역량을 평가합니다. AI 핵심용어와 AI가 하는 일을 이해하고, 코딩이 아닌 AIDU ez를 활용한 클릭을 통해 데이터 분석과 AI 모델을 구현합니다. 범위는 실무에서 사용하는 AI 모델링 프로세스와 같으며, '문제정의-데이터 탐색-데이터 분석과 전처리-AI 모델링-AI 모델 성능평가' 프로세스로 문제가 구성됩니다. 데이터 분석과 AI 관련 용어를 이해한 후, 실습을 통해 풀이하는 문제로 구성되어 있어 머리로만 아는 것이 아니라 활용 능력까지 갖추어야 Basic 문항을 풀 수 있습니다.

AIDU ez가 뭔가요?

AIDU ez는 KT가 자체 개발한 Auto Machine Learning Tool입니다. 코딩을 못 해도 AI 용어와 기본이론을 알면 버튼과 체크박스 클릭, Drop down 메뉴에서 선택, 옵션값 수치 입력 등을 통해 데이터 분석과 AI 모델링의 주요한 기능을 구현해볼 수 있습니다.

AI 모델링 프로세스에 따라 메뉴가 구성된 점, 데이터 분석과 AI 모델링에 필요한 핵심 기능들로만 이루어진 점이 장점이며, 실제 KT 현업에서 AIDU ez를 통해 구현된 AI 프로젝트나 서비스가 상용화되기도 했습니다. AIDU ez 세부 기능은 이 책의 '[부록1] AIDU ez 활용법'을 참고하기를 바랍니다.

시험 신청은 어떻게 하면 되나요?

AICE 홈페이지(https://aice.study)에서 시험 신청접수가 가능하고, 정기시험에 대한 자세한 일정은 공지사항을 참고 바랍니다.

시험은 어떻게 진행되나요?

AICE 홈페이지에 접속하여, 온라인 비대면 환경에서 진행됩니다.

시험 문항 수, 시험 시간, 답안 입력 방식이 궁금합니다

총 15문항, 60분간, 객관식 또는 수치 입력형 주관식으로 문항이 출제됩니다.

시험 결과는 언제 나오나요?

시험 응시 약 2주 후 결과를 확인할 수 있습니다. 결과 발표일에 메일로 안내하며, AICE 홈페이지 로그인 후 마이페이지에서 결과 확인이 가능합니다.

시험 준비를 어떻게 하면 될까요? 참고할 콘텐츠가 있을까요?

[Basic 시험 파헤치기] 시험담당자와 AICE 코치와의 일문일답

AICE홈페이지 〉 AICE 교육 〉 AI/DX Story 메뉴 클릭 후, 'AICE 파헤치기' 콘텐츠 확인이 가능합니다.

시험 전 유의 사항이 있을까요?

온라인으로 시험이 진행되므로 미리 사전환경을 점검하는 것이 중요합니다. 네트워크가 원활한지, 온라인 감독을 위한 장비(웹캠 등)는 준비가 되어 있는지 등을 미리 점검해야 합니다. 시험을 신청하면 안내메일을 통해 사전 유의 사항을 상세하게 안내하고 있으니, 세부 사항을 반드시 확인하기를 바랍니다.

AICE Basic 시험은 웹 검색 등 다른 자료의 참고가 일체 불가하며, 듀얼모니터 사용을 제한하고 있습니다. AIDU ez 기반 시험환경에서 비대면 온라인 감독 방식으로 시험을 치르고 있으니 이 점도 꼭 미리 참고하기를 바랍니다.

AICE 시험/교육 정보 안내

시험 신청과 응시, 교육 관련 공지와 자세한 사항은 AICE 홈페이지(https://aice.study)를 참고해주기를 바랍니다.

언론에 소개된 AICE

한경·KT AICE … '국민 AI 시험' 나왔다

AI 전사 키우자

11월 12일 첫 정기 시험
초등생부터 전문가용까지 구성
주요 대기업들 채용 때 우대

인공지능(AI)과 데이터 활용 능력을 높이는 신개념 테스트 AICE(AI Certificate for Everyone)가 베일을 벗었다. AICE는 한국경제신문사와 KT가 개발하고 운영하는 시험이다. 표준화한 시험이 없어 AI 인재를 양성하고 발굴하는 데 어려움을 겪는 기업과 교육기관들의 요구로 개발했다. '디지털 인재 100만 명 양성'을 모토로 윤석열 대통령과 정부가 추진 중인 '대한민국 디지털 전략'의 초석을 마련하기 위한

목적도 있다. 3일 AICE 사무국에 따르면 첫 번째 AICE 정기 시험이 오는 11월 12일 치러진다. 시험은 준전문가용인 AICE 어소시에이트(ASSOCIATE)와 일반인을 겨냥한 베이식(BASIC) 두 종류다. AICE는 응시자 수준에 따라 초등학생용부터 AI 전문가용까지 다섯 단계로 구성된다.

AICE는 전 국민의 AI 역량 강화를 모토로 내건 시험이다. 영어 능력을 평가하는 토익처럼 응시자의 AI 활용 능력을 평가한다. KT가 문항 개발을, 한경이 시험 주관과 운영을 맡는다. AI의 재료인 빅데이터를 다룰 수 있는지, 현실 문제를 AI로 해결할 수 있는지 등을 평가한다. 일자별, 지역별 미세먼지 데이터를 바탕으로 다음달의 미세먼지 예측 모델을 만들어보게 하는 등 이론이 아니라 실무에 초점을 맞춘다.

기업과 대학의 반응은 폭발적이다. 성균관대 등은 일부 과

정의 졸업 요건으로 AICE를 활용하기로 했다. KT, 현대중공업, 동원그룹 등 주요 대기업도 채용 때 AICE 자격을 갖춘 구직자를 우대하겠다고 밝혔다.

송형석 기자 click@hankyung.com

출처: 송형석, 「한경 · KT AICE '국민 AI시험' 나왔다」, 한국경제, 2022.10.03.

국내 첫 AI 인증시험 'AICE' … "전 국민을 디지털 전사로 만들자"

국민 AI 시험 'AICE' 나왔다

대기업 등 인공지능 인재부족 현상
"컴퓨터 사고력, 점점 더 중요해진다"
한경, 공신력 있는 평가도구 만들어

"한국이 디지털 강국으로 발돋움하려면 무엇이 필요할까."
국내 최초의 인공지능(AI) 시험인 AICE(AI Certificate for Everyone)를 탄생시킨 질문이다. 한국은 삼성전자와 LG전자, 네이버 등 글로벌 시장에서 활약하는 대기업이 즐비한 나라다. 하지만 AI 분야에선 변방으로 분류된다. 데이터와 AI 기술을 결합해 새로운 비즈니스 모델을 발굴할 수 있는 전문 인력이 부족해서다.

전 국민을 디지털 전사로

3일 정부와 관련 업계에 따르면 스위스 국제경영개발대학원(IMD)이 발표한 2022년 세계 디지털 경쟁력 평가에서 한국의 종합 순위는 8위로 낮지 않지만 빅데이터 분석 기술 활용(34위) 등의 세부 항목은 하위권을 맴돌았다.

한국경제신문과 KT는 한국의 디지털 경쟁력을 한 단계 끌어올리려면 일부 정보기술(IT) 기업 개발자의 영역으로 간주됐던 AI를 대중화시켜야 한다고 판단했다. 직장인은 물론 대학생, 자영업자도 AI와 코딩을 통해 새로운 부가가치를 창출할 수 있는 분위기가 조성돼야 고질적인 AI 인재 부족 현상을 해소할 수 있다고 본 것이다.

이를 위한 첫 번째 행보는 AI 저변 확대가 필요하다는 내용을 담은 대국민 캠페인이었다. 지난달부터 세계 현장 취재를 통해 디지털 전환 현장을 살펴보고, 설문조사를 이용해 AI에 대한 국민 인식을 들여다봤다. 낙후된 AI 교육 환경을 돌며 개선점을 파악하기도 했다.

시리즈 취재를 위해 만난 AI 전문가들은 초등학생부터 직장인까지 현대를 살아가는 모든 국민이 '컴퓨테이셔널 싱킹(computational thinking)'을 해야 한다고 지적했다. 국민들이 빅데이터와 AI를 접목해야 새로운 부가가치를 만들 수 있다는 점을 이해하고, 이 작업을 자유자재로 수행할 수 있어야 한다는 주장이다. 컴퓨테이셔널 싱킹은 컴퓨터를 통해 문제를 해결할 수 있도록 과제를 추상화·단순화하는 능력을 뜻한다.

AICE 공개는 그다음 스텝이다. 전 국민을 디지털 전사로 육성하려면 공신력 있는 교육 프로그램과 평가도구가 있어야 한다. 특히 중요한 것이 평가 도구다. AI 역량이 얼마나 되는지를 정확히 알아야 수준에 맞는 맞춤형 교육이 가능하다. 기업이 인재를 뽑을 때도 마찬가지다. 공신력 있는 평가 결과가 있으면 인재를 선별하는 기회비용을 줄일 수 있다. 미국 등 AI 선진국엔 아마존, 구글과 같은 빅테크들이 개발한 AI 시험이 즐비하지만 국내엔 이렇다 할 평가도구가 마련돼 있지 않다.

수준별 5단계 테스트 마련

AICE는 △프로페셔널(PROFESSIONAL) △어소시에이트(ASSOCIATE) △베이식(BASIC) △주니어(JUNIOR) △퓨처(FUTURE) 등 총 5단계로 나뉜다. 프로페셔널은 AI 및 SW 개발자와 전공자를 겨냥한 전문가용 시험이다. 한 단계 아래인 어소시에이트 데이터 기획·분석 실무자를 겨냥했다. 이 두 시험에 응시하려면 코딩 언어인 파이선에 관한 지식이 필요하다. 비전공자를 타깃으로 만들어진 베이식은 '오토 ML(머신러닝)'을 활용한다. 코딩에 대한 전문지식 없이도 시험 응시가 가능하다. AI 유관 업무를 관장하는 관리자, 본격적으로 AI를 공부하려는 대학생에게 알맞다. 주니어는 중·고교생, 퓨처는 초등학생용 시험이다. AI의 개념과 구현원리를 얼마나 알고 있는지 등을 평가한다.

오는 11월 12일 첫 번째 정기시험은 베이식과 어소시에이트 테스트가 시행된다. 초등학생 대상 시험인 퓨처는 대면 교육과 시험을 결합한 패키지 형태로 제한된 인원에게만 공개한다. 주니어는 개발 중이며, 내년에 첫 시험이 예정돼 있다. 이후 정기시험은 분기별로 한 번씩 시행한다. 50명 이상의 응시자가 있는 기업의 경우 회사별 일정에 맞춰 특별시험을 시행할 예정이다. AICE 교육 프로그램은 온라인 강의 형태로 제공된다. 홈페이지(aice.study)에 접속하면 수준별 동영상 강의를 볼 수 있다. 실습 플랫폼인 AIDU도 열려 있다. 홈페이지를 통해 AIDU에 접속하면 샘플 데이터를 활용해 코딩 연습을 할 수 있다.

KT, 현대중공업, 동원그룹, 신한은행, 하나은행, 비씨카드, 케이뱅크, 지니뮤직, 나스미디어 등이 AICE를 채용과 사내 교육 등에 활용하고 있다. 채용 때 AICE 자격 소지자를 우대하는 기업도 KT와 현대중공업, 동원F&B 등 30개사에 달한다. 대학 중에는 성균관대와 상명대 등이 AICE에 적극적이다. 성균관대는 AICE 교육을 이수하고 자격을 취득하는 것을 졸업 자격 요건으로 지정한 상태다.

송형석 기자 click@hankyung.com

출처: 송형석, 「국내 첫 AI 인증시험 'AICE'…"전 국민을 디지털 전사로 만들자"」, 한국경제, 2022.10.04.

"AI는 어렵다, 심리적 장벽 깨"… 대기업 30곳 "AICE 자격증 우대"

AICE 첫 시험 2000명 몰렸다

"취업에 도움되는 시험이었다"
"실질적인 AI 활용능력 경험"
대학생·직장인 호평 일색

대웅제약은 사내 교육 프로그램
AICE 시험 연계해 직원 경쟁력 ↑

지난 12일 열린 제1회 AICE(AI Certificate for Everyone) 정기시험에서 절반이 넘는 1015명의 응시자가 '베이식(BA-SIC)' 시험을 선택했다. 인공지능(AI)에 관심은 있지만 접점이 없었던 비전문가들의 관심이 폭발적이었다. 기업에선 내부 교육 프로그램으로 활용하는 것은 물론 새로운 프로젝트에 AI를 폭넓게 도입할 수 있을 것이란 목소리가 나왔다. 대학생들 사이에서도 '취업에 도움이 되는 유용한 시험'이란 호평이 쏟아졌다.

"막연한 심리적 장벽 낮추는 기회"

이번 AICE 베이식 시험에선 주어진 데이터를 분석하고 AI 모델을 만들어 이를 활용해 가상의 데이터를 대입할 때 어떤 결과가 나올 것인지 예측하는 문제 2개가 출제됐다. 현업에서 사용하는 데이터를 가공한 만큼 준비 과정에서 데이터 활용에 대한 인사이트를 얻을 수 있다는 게 응시자들의 공통된 반응이었다. 특히 그동안 AI를 접하기 어려웠던 문과 계열 학생들의 반응이 뜨거웠다. 신재은 씨(23·중앙대 광고홍보학과 3학년)는 "그동안 막연하게 'AI는 어려울 것'이라는 심리적 장벽이 있었다"며 "이번 AICE 시험을 준비하면서 이런 심리적 장벽을 낮추고, 멀게만 느껴졌던 AI 분야가 흥미롭게 다가왔다"고 말했다.

AI에 대한 지식을 통해 취업 기회를 넓힐 수 있을 것이란 반응도 많았다. 전서원 씨(22·동덕여대 국어국문학과 3학년)도 "비전공자임에도 큰 어려움 없이 데이터 해석과 실질적인 AI 활용 능력 등을 경험하고 배울 수 있었다"며 "AI를 활용한 실무에 대한 자신감은 물론 AI를 더 공부하고 싶다는 도전 의식도 품게 됐다"고 전했다.

파이선과 각종 머신러닝 라이브러리를 쓸 수 있는 준전문가 대상 어소시에이트 시험에서도 단편적 지식보다 실제 데이터를 분석하고 AI 모델을 만드는 과정을 묻는 문제가 나왔다. 어소시에이트 시험에 응시한 베스핀글로벌의 한 관계자는 "주어진 조건에서 값을 구하는 실습 문제가 많아 생각보다 난도가 높았다"며 "이론 공부보다는 사례 위주로 실제 애플리케이션을 돌려보는 연습이 더 필요할 것 같다"고 설명했다.

대웅제약, 사내 교육과 AICE 연계

AICE 시험을 사내 교육 프로그램과 연계하거나 평가에 활용하는 기업도 늘어나는 추세다. 사내 교육 프로그램인 DABA(Daewoong AI Big data Academy·다바)를 운영 중인 대웅제약이 대표적 사례다. 다바 프로그램 이수자들은 다음달 AICE 특별 시험을 통해 그동안 갈고닦은 AI 능력을 검증할 계획이다. 7기 교육 프로그램에 참여한 34명과 사내 IT 운영팀 6명 등 총 40명이 AICE에 응시할 예정이다.

대웅제약은 AICE를 통해 다바 교육의 효과를 확인할 계획이다. 회사 관계자는 "교육 프로그램의 완성도에는 자신이 있었지만, 참가자들의 실력을 객관적으로 검증할 수단이 없었다"며 "다바와 AICE를 연계하면 데이터 전처리와 모델링 등의 이해도가 더 높아질 것"이라고 말했다.

KT를 비롯해 현대중공업, 동원그룹, 신한은행, 하나은행 등이 AICE를 채용 및 사내 교육 등에 활용하고 있다. 채용 때 AICE 자격 소지자를 우대하는 기업도 KT, 현대중공업, 동원F&B 등 30곳에 달한다.

이승우/이지현/선한결 기자 leeswoo@hankyung.com

KT 직원들이 지난 12일 서울 중림동 한국경제신문 사무실에서 모니터를 보며 AICE 시험을 감독하고 있다. 김병언 기자

출처: 이승우 기자 외, 「"AI는 어렵다, 심리적 장벽 깨"」, 한국경제, 2022.11.14.

STEP 2 _ 해보기

STEP 3 _ 더 깊게 알기

부록

STEP
1

이해하기

AI Certificate for Everyone

01
AI의 이해

본 교재는 일상에서 많이 활용되는 인공지능(Artificial Intelligence, 이하 AI)의 개념을 배우고자 하는 분들을 위한 입문 과정으로 구성됐습니다. 그중 첫 번째인 AI의 이해 파트에서는 AI-머신러닝-딥러닝 각각의 개념과 이를 개발하기 위해 활용되는 도구 관련 기술 분야에서 많이 활용되는 주요 키워드를 포함하여 간단한 원리와 꼭 알아야 하는 용어 중심으로 소개하도록 하겠습니다. 본 교재를 통해 AI를 업무에 적용하여 어떻게 고객에게 가치를 전달할 수 있을지 이해하고 생각해보는 시작점이 됐으면 합니다.

AI, 만나서 반가워!

1.1 인공지능(AI)이란?

학습목표

인공지능, 머신러닝, 딥러닝의 개념에 대해 알아봅니다.

인공지능(AI)이란 무엇일까요?

최근 몇 년간, AI란 단어를 일상에서 쉽게 들어보셨을 것 같습니다. AI라고 하면 어떤 것이 떠오르느냐고 질문을 받았을 때, 저는 가장 먼저 영화 〈아이언맨〉에서 주인공 토니 스타크의 AI 비서로 등장한 자비스가 떠올랐습니다. 단순히 인간이 원하는 정보를 제공할 뿐 아니라 스스로 판단하며 인간에게 능동적으로 문제를 해결하는 방법까지 제시하는 자비스의 모습은, 우리의 상상력과 다가올 미래 기술에 대한 기대감을 자극하기에 충분했습니다. 아직 자비스와 같은 이상적인 수준의 AI까지는 우리가 사는 현실에 존재하지 않지만, 다양한 분야에서 AI기술이 활용되며 발전하고 있습니다.

기존에 인간이 수행하던 업무에 도움을 주려는 분야(예를 들어 번역, 챗봇, 내비게이션, 유튜브 알고리즘 추천, 자율주행 등)부터 인간이 의도한 바에 따라 새로운 것을 창조해내는 분야(예를 들어 작곡, 화가, 음성합성, 흑백사진 복원 등)까지도 등장했습니다.

[그림 01-1] **인공지능 구조도. 인공지능⊃머신러닝⊃딥러닝**

앞의 사례들을 통해 정의할 수 있는 AI 개념은, '인간의 지적 능력을 구현하는 모든 기술'이라고 할 수 있습니다. 인지, 추론, 학습 등 전반적인 인간의 사고 과정에서 필요한 능력을 모방하는 기술이면 AI라 말할 수 있다는 것입니다. 그런데 AI라는 개념을 언급할 때 머신러닝 또는 딥러닝이라는 개념을 함께 이야기하는 경우가 있습니다. 이들 간의 관계는 어떻게 될까요?

AI는 '인간처럼 생각하는 기계'라는 다소 포괄적인 범위로 표현할 수 있는 개념이라면, "어떻게 하면 기계를 사람처럼 학습시킬 수 있을까?"라는 오랜 질문 끝에 등장한 것이 머신러닝(Machine Learning)이라는 개념입니다. 즉, 인공지능보다는 조금 더 구체적인 개념으로, 알고리즘을 기반으로 데이터를 스스로 분석 · 학습하여 판단하거나 예측하는 기술 또는 그와 관련된 연구 분야를 의미합니다. 딥러닝(Deep Learning)은 머신러닝의 한 분야로, 인간의 뇌(뉴런)를 본떠 구성한 '인공신경망' 알고리즘을 활용하여 정보를 학습하고 처리하는 기술입니다([그림 01-1]).

앞으로 공부할 AI는 학습을 기반으로 한 머신러닝(딥러닝 포함)을 기본으로 이야기하겠습니다.

 Check Point

알고리즘이란 연산의 반복을 포함하는 정해진 단계에서 수학적 문제를 해결하는 절차를 의미합니다. 광범위하게는 문제를 해결하거나 어떤 목적을 달성하기 위한 단계별 절차를 의미하기도 합니다.

[출처] www.merriam-webster.com/dictionary/algorithm#other-words

 Review

▶ AI란 컴퓨터나 기계가 인간의 의사결정이나 문제해결 능력을 모사하고자 하는 기술을 의미합니다.

(출처: IBM, www.ibm.com/cloud/learn/what-is-artificial-intelligence)

▶ 머신러닝이란 알고리즘을 기반으로 데이터를 스스로 분석하고 학습하여 판단하거나 예측하는 기술 또는 그와 관련된 연구 분야를 뜻합니다.

▶ 딥러닝은 '인공신경망' 알고리즘을 활용하여 정보를 학습하고 처리하는 기술입니다.

 Q&A

Q 다음 중 올바른 포함 관계를 고르세요.

① 인공지능 = 머신러닝 = 딥러닝

② 인공지능 = 머신러닝 ⊃ 딥러닝

③ 인공지능 ⊃ 머신러닝 ⊃ 딥러닝

④ 인공지능 ⊂ 머신러닝 ⊂ 딥러닝

A. ③

1.2 기계도 학습한다

 학습목표

머신러닝의 개념이나 특징 외에 머신러닝과 전통적인 프로그래밍의 차이점을 알아봅니다.

앞서 머신러닝은 알고리즘을 기반으로 데이터를 분석하고 학습하여 판단이나 예측하는 기

[그림 01-2] 전통적인 프로그래밍의 특징

술이라고 이야기했습니다. 용어 그대로는 기계학습이라는 의미입니다. 그럼 기계는 어떻게 학습을 할까요?

우리가 어떤 시험이든 잘 보기 위해서 최대한 많은 자료를 수집하여 보고 외우며, 틀린 문제는 반복적으로 숙지하면서 다음에 발생할 수 있는 오답을 최소화합니다. 이처럼 AI도 사람이 제공한 데이터를 토대로 문제를 반복하여 풀고 오차를 최소화하는 방향으로 학습을 해나갑니다. 다시 말하면, 인간이 학습을 통해 능력을 향상(=틀린 문제를 줄여나감)하듯 기계는 주어진 데이터를 반복하여 학습함으로써 성능이 향상(=오차를 최소화함)되는 기술이 머신러닝입니다.

머신러닝이 전통적인 프로그램과 다른 점은 무엇일까요? 전통적인 프로그램은 컴퓨터에 필요한 규칙을 컴퓨터가 이해할 수 있는 언어로 사람이 직접 입력했습니다. 어떠한 데이터가 입력되면 컴퓨터는 이를 규칙에 따라 수행하여 결과를 표현합니다. 새로운 규칙을 추가해야 할 경우 사람이 직접 컴퓨터에 프로그래밍해야 했으며, 이를 위해 프로그래밍 언어 이해는 필수적인 요소였습니다([그림 01-2]).

이에 반해 머신러닝은 경험한 데이터를 통해 스스로 규칙을 만들어낸다는 점에서 전통적인 프로그램과 차이를 가집니다. 사람은 가지고 있는 데이터(이미 경험하여 확보한 정보)를 모아 적합한 머신러닝 기법을 선택한 후 기계가 학습하도록 전달하는 일을 담당합니다. 이렇게 데이터가 입력되면 기계는 반복적으로 학습하며 분류하고 분석하면서 오차를 최소화하는 규칙을 스스로 찾습니다. 전통적인 프로그래밍과의 또 다른 점은 이미 경험하여 확보한 정보를 기반으로 학습하여 규칙을 만들었기에 어느 정도 데이터의 변화가 있어도 스스로 문제의 해결방식을 찾아낸다는 것입니다([그림 01-3]).

[그림 01-3] **전통적인 프로그램과 머신러닝의 차이점**

 Review

▶ 머신러닝은 알고리즘을 기반으로 데이터를 분석하고 학습하여 판단과 예측을 하며 반복적인 학습을 통해 오차를 최소화하는 규칙을 찾아내는 기술입니다.

▶ 전통적인 프로그래밍은 데이터와 규칙을 사람이 입력하면 이에 대한 해답을 내는 방식이지만, 머신러닝은 데이터 안에서 규칙을 찾습니다.

 Q&A

Q 머신러닝은 _____으로 얻은 지식을 기반으로 학습하여, 어느 정도 데이터의 변화가 있더라도 스스로 대처할 수 있습니다. 빈칸에 알맞은 말은?

A. 경험

1.3 AI가 주목받는 이유

 학습목표

AI가 요즘 시대에 주목받고 있는 3가지 이유를 학습합니다.

사실 AI의 역사는 생각보다 오래됐습니다. 1950년 영국의 암호학자 앨런 튜링이 기계가 인간의 생각을 모방하는 것이 가능한지에 대한 질문을 통해 AI라고 부르는 개념의 토대를 마

[그림 01-4] AI가 주목받는 3가지 이유

런했습니다. 이어 1956년 다트머스 학회에서 미국의 전산학자이자 인지 과학자인 존 매카시 교수가 인공지능이라는 용어와 분야를 처음으로 정의했습니다. 그런데 그 후로부터 지금까지, 약 반 세기가량 지나 최근 유독 주목받고 있는 이유가 무엇일까요? 여기에는 크게 3가지 이유가 있습니다([그림 01-4]).

① 기계가 학습할 수 있는 데이터가 폭발적으로 증가했습니다. 과거에는 하드웨어와 소프트웨어가 비싸서 자원을 효율적으로 관리하기 위해, 정제된 최소한의 데이터만 시스템에 저장했습니다. 그런데 현시대는 인터넷이 발달하면서 SNS, 블로그처럼 사람들이 만드는 데이터가 증가했을 뿐 아니라, IoT(Internet on Things) 기술이 발달하면서 기계-기계 간에도 엄청난 데이터를 만들고 있습니다. 이러한 수많은 데이터는 AI 기술이 무럭무럭 자라날 수 있는 자양분 역할을 했습니다.

② 컴퓨팅 기술의 발전입니다. 엄청나게 많은 데이터를 처리하기 위한 GPU(Graphics Processing Unit)와 클라우드 기술의 발전은 생각만 하던 AI 기술을 비로소 실현할 수 있도록 만들었습니다. 반도체 기술의 발전으로 컴퓨터의 데이터 처리 성능이 획기적으로 빨라지면서 과거 개념으로만 존재하던 AI의 성능을 사람들이 확인하고 검증할 수 있게 됐고, 클라우드 기술의 민첩성(Agility), 적응성(Adaptability), 규모(Scale)로 인하여 인공지능을 더 적은 비용으로 효율적으로 설계하고 전파함과 동시에 전략적 의사결정에 도움을 주게 됐습니다.

③ AI 기술과 알고리즘이 독점을 견제하면서 공유하는 문화로 발전했다는 점입니다. 기존의 기술들은 각 기업의 투자로 개발된 후 그들만의 독점적 이익을 위해 폐쇄적이고 유

료화됐던 반면, 현재 AI 기술 문화에서는 구글의 텐서플로(Tensorflow)와 같이 선진 기업들이 잘 만들어 둔 API나 오픈소스와 같은 기술들이 공유되고 있습니다. 이러한 공유 문화 덕분에, 누구나 원하는 알고리즘을 구글에 검색만 하면 몇 초 내로 찾을 수 있습니다. 직접 만들지 않아도 잘 찾아서 사용할 수 있다면 원하는 결과물을 얻어낼 수 있는 환경이 조성된 것입니다.

Check Point

AI 기술의 공유 문화를 주도한 대표적인 4가지 요소는 프로그래밍 언어, 오픈소스 라이브러리, 프레임워크, AI 모델링 자동화 플랫폼으로 나눠 볼 수 있습니다.

① **프로그래밍 언어**

AI 기술 구현에 활용되는 파이썬(Python)은 배우기 쉽고 단순하다는 것을 특징으로 하는 프로그래밍 언어입니다. 특히 데이터 사이언스에서 많이 사용하는 프로그래밍 언어인데요. 최근 몇 년간 머신러닝 언어로도 주목받고 있고 파이썬으로 구현된 유명한 머신러닝 라이브러리와 프레임워크가 하나의 생태계를 이루고 있습니다.

② **오픈소스 라이브러리**

라이브러리란 기능 모음집으로 데이터를 손쉽게 다루기 위한 기능들을 모아 놓은 집합소라고 생각하면 됩니다. 대표적으로 넘파이(NumPy)와 판다스(Pandas)를 들 수 있는데요. 넘파이는 수치와 관련된 기능들을 모아 놓은 라이브러리이며, 판다스는 테이블과 관련된(쉽게 엑셀을 생각하면 좋습니다.) 형태의 데이터를 처리하기 위한 기능을 모아 둔 라이브러리입니다.

③ **프레임워크**

프레임워크는 딥러닝 라이브러리와 함께 머신러닝이나 딥러닝 알고리즘을 제공하여 개발자가 빠르고 손쉽게 사용할 수 있도록 해줍니다. 대표적으로 구글에서 제공하는 딥러닝 프레임워크인 텐서플로와 페이스북에서 제공하는 파이토치(PyTorch)가 있습니다.

④ **AI 모델링 자동화 플랫폼**

최근에 머신러닝 분야가 발전하면서 개발자가 아니어도 AI가 가능한 클릭 기반의 머신러닝 자동화플랫폼(Automated Machine Learning, AutoML이라고도 표현합니다)이 많이 생기고 있습니다. 이 교재의 실습 세션에서는 KT에서 개발한 코딩이 필요 없는 AIDU ez라는 머신러닝 자동화플랫폼을 활용하여 AI 모델링을 실습해볼 수 있습니다.

 Review

▶ AI가 주목받게 된 이유는 3가지입니다.
 ① 빅데이터 시대의 도래
 ② 컴퓨팅 기술의 발전
 ③ AI 기술의 공유 문화

 Q&A

Q AI 기술의 공유 문화를 주도한 요소 중 대표적인 프로그래밍 언어는 무엇일까요?

 A. 파이썬

2

AI, 조금 더 알아볼까?

머신러닝의 학습 방법은 크게 3가지로 지도학습, 비지도학습, 강화학습으로 나눌 수 있습니다. 각각의 학습 방법이 어떤 내용들을 다루고 있는지 상세하게 알아보겠습니다.

2.1 문제도 주고 답도 주는 지도학습

 학습목표

지도학습의 개념을 알아보고, 분류와 회귀의 개념을 이해해봅니다.

문제도 주고 답도 주는 지도학습(Supervised Learning)은 가장 친절한 학습 방법입니다. 아이에게 언어를 가르칠 때 사물을 보여주면서 "이게 OOO야" 하고 이미지와 언어를 매핑하여 알려주듯, 문제와 정답을 알려주고 학습시킵니다.

[그림 01-5]의 예제에서 과일 그림들을 입력할 때 '사과'라는 정답을 함께 학습을 시키면, 기계는 알고리즘을 통해 스스로 패턴을 인식하여 '과일 그림=사과'라는 규칙을 만들게 됩니다. 그리고 다음에 다른 형태의 그림이 입력되면 사과인지 여부를 예측합니다. 과거에 경험된 데이터로 미래를 예측할 수 있는 방법이기 때문에 일반적으로 가장 많이 사용되는 학습

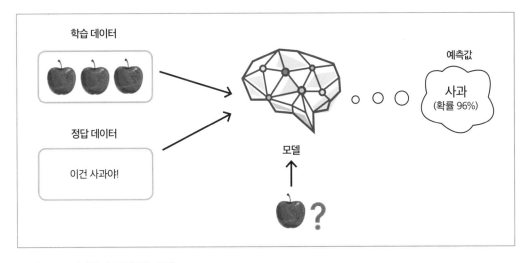

[그림 01-5] **사과를 지도학습하는 방법**

방법이며, 양질의 많은 데이터가 제공될수록 더 효율적인 학습이 이루어질 수 있습니다. 이러한 지도학습 방법은, 어떤 값을 예측하고자 하느냐에 따라 분류(Classification) 모델과 회귀(Regression) 모델로 다시 구분할 수 있습니다.

 Check Point

머신러닝에서 활용할 데이터를 학습하다 보면, 다양한 용어가 혼용되어 다소 혼란스러울 수 있습니다. 동일한 의미로 사용되는 용어들은 잘 구분하여 참고해주세요.

분석의 기반이 되는 데이터	예측을 위한 목적 데이터
문제	정답, 결과
입력, Input	출력, Output
특성, 특징, 피처, Feature	라벨, Label
엑스, X	와이, Y
독립변수, 설명변수, 예측변수, 조작변수	종속변수, 목적변수, 타깃(Target)변수, 반응변수, 결과변수

분류 모델은 명확하게 나눠진 범주형(Categorical)인 결괏값을 예측하는 모델을 말합니다. [그림 01-6]의 좌측 그림에서는 어떠한 훈련이 된 모델이 어떠한 과일 이미지를 입력받아 사

01 _ AI의 이해　**033**

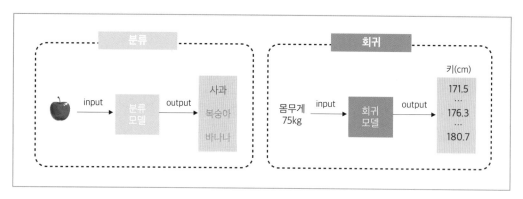

[그림 01-6] **분류 모델과 회귀 모델**

과인지, 바나나인지, 귤인지 구별하고 있습니다. 여기에서 사과·바나나·귤이라는, 범주(Category)가 명확히 구분된 결과를 예측하기 때문에 이 모델은 분류 모델이라고 이해할 수 있습니다.

다음으로 회귀 모델은 부동산가격, 주가처럼 수치형으로 이루어진 데이터를 예측하는 모델입니다. [그림 01-6]의 우측 그림은 사람의 몸무게를 기준으로 키를 예측하는 모델을 나타내고 있습니다. 이미 학습되어 있는 데이터 외에 새로운 사람의 몸무게가 입력되면 어느 정도의 키를 가질지 예측하여 표시합니다. 키라는 연속적으로 표현되는 수치 결과를 예측하는 모델이기 때문에, 회귀 모델이라고 이해할 수 있습니다.

분류와 회귀 모델을 기계는 어떻게 표현할까요?

원형과 십자형의 범주형 데이터가 [그림 01-7]과 같이 평면상에 분포되어 있습니다. 분류 모델은 이 2가지 형태의 데이터를 구분하는 경계를 나누는 선으로 표현됩니다. 우리는 평면상의 선이 수학적으로는 함수로 표현될 수 있다는 것을 알고 있습니다. 즉, 범주형 데이터를 구분하는 분류 모델을 기계는 어떠한 함수로 표현할 수 있습니다. 다음으로 회귀 모델을 표현하기 위해 수치형 데이터가 분포된 평면을 보겠습니다. 마찬가지로 수치형 데이터가 평면상에 분포되어 있을 때, 증가하고 감소하는 데이터의 규칙을 찾고 오차를 가장 적게 하는 선을 긋는 것으로 표현됩니다. 이에 분류 모델과 마찬가지로 회귀 모델은 데이터들을 가장 잘 대변하는 어떠한 함수로 표현될 수 있습니다.

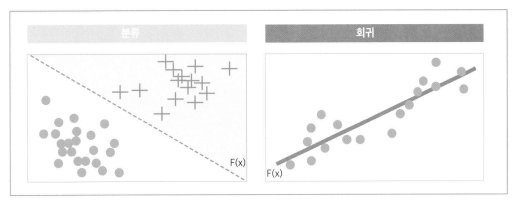

[그림 01-7] 분류 모델과 회귀 모델의 수학적 표현

 Check Point

분류와 회귀 모델을 기계가 표현하는 함수를 결정경계(Decision Boundary)라고 표현합니다.
예제에서는 이해하기 쉽게 선형으로 설명했지만, 실제 세계에서 발생하는 데이터는 대부분
비선형(곡선)으로 표현됩니다.

 Review

▶ 분류 모델은 범주형인 결괏값을 예측하는 모델입니다.
▶ 회귀 모델은 수치형인 결괏값을 예측하는 모델입니다.

 Q&A

Q. 내일 아침의 기온을 예측하는 모델은 (분류/회귀) 모델입니다. 적절한 용어를 고르세요.

　A. 회귀

2.2 문제만 주는 비지도학습

 학습목표

지도학습의 개념과 상반된 비지도학습 개념을 이해해봅니다.

지도학습은 데이터와 정답을 함께 학습시키는 방법이라고 앞에서 이야기하였는데, 비지도학습은 지도학습 앞에 '비'자가 붙어 정답을 알려주지 않고 문제만 주어서 학습하는 방법을 뜻합니다.

[그림 01-8]과 같이 학습할 데이터로 일련의 과일 이미지들이 있는데, 이를 사과 · 복숭아 · 바나나라는 그룹으로 구분했습니다. 이는 명확한 범주형으로 구분하여 학습시키는 지도학습의 분류 모델로 이해할 수 있습니다. 반면, [그림 01-9]와 같이 이번에 주어진 데이터에는 과일 이미지가 명확하게 구분되지 않고 섞여서 제공된 상태입니다. 사람은 이미 학습된 정보를 기반으로 어떤 과일인지 이미지로 분류하지만, 기계는 이를 알 수 없으므로 유사한 특성을 가진 데이터끼리 그룹화를 진행합니다. 예를 들면, 색깔이 빨간색인지 노란색인지, 모양이 동그란지 길쭉한지, 잎이 있는지 없는지 등의 특성으로 그룹화할 수 있습니다. 이처럼 사과나 복숭아, 바나나라는 어떠한 새로운 정답지가 아니라 데이터 자체가 가진 특성과 상관관계를 기계가 스스로 학습하여 유사한 데이터끼리 그룹화하는 것이 비지도학습의 방식이며, 군집화(Clustering)라고 합니다.

[그림 01-8] **그룹으로 구분된 3가지 이미지 데이터**

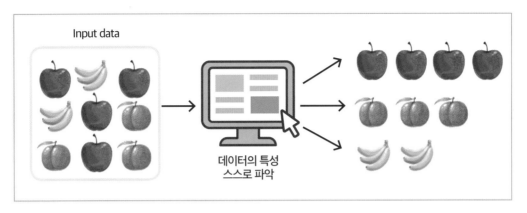

[그림 01-9] **그룹**으로 **구분되지 않은 이미지 데이터셋의 군집화**

이러한 비지도학습이 비즈니스 영역에서 활용되면 어떤 결과를 가져올까요?

운동화 판매 매출을 높이기 위해서 고민 중인 두 직원이 있습니다. 첫 번째 직원 A는 자기 경험과 직관에 따라 20~30대 고객이 운동화를 많이 구매한다는 것을 인지하고, 이 고객군을 타깃 마케팅하는 방식을 제안했습니다. 그런데 직원 B는 같은 판매 경험을 가지고 있으나 그것을 데이터화하여 머신러닝의 비지도학습 방식을 적용해보았습니다. 그 결과 운동화 매출에 큰 영향을 준 고객군에는 마라톤, 등산과 같이 외부 활동을 즐기는 고객이거나 스트리트 패션 커뮤니티를 많이 애용하는 고객인 사례를 식별할 수 있었습니다. 직원 B가 분석을 시작할 때 알지 못했던 전혀 새로운 고객군을 찾아내는 결과를 도출할 수 있었고, 이에 따라 조금 더 면밀하고 명확한 타깃 마케팅이 가능하게 됐습니다.

이처럼 비지도학습은 일일이 정답 데이터를 만들어 제공하지 않아도 보유한 데이터 간의 관계나 유사성을 발굴할 수 있다는 점에서 주목을 받고 있습니다. 다만, 정답 데이터가 없으므로 예측 결과를 검증할 수 없다는 점이 한계입니다.

 Review

▶ 비지도학습은 정답이 정해지지 않은 데이터를 처리하며, 데이터 간의 관계나 유사성을 발굴하는 학습 방법입니다.

Q&A

Q 답을 알지 못할 경우 사용할 수 있는 학습 기법은 무엇인가요?

    A. 비지도학습

Q 데이터 자체가 가진 특성과 상관관계를 기계가 스스로 학습하여 유사한 데이터끼리 그룹화하는 비지도학습 기법을 무엇이라고 하나요?

    A. 군집화

2.3 당근과 채찍, 강화학습

강화학습(Reinforcement Learning)은 학습 과정에서 정답을 도출하면 보상을 주거나 오답을 도출하면 페널티를 주는 등의 행위를 통해 정답을 도출할 가능성이 큰 방향으로 스스로 개선하도록 만드는 학습 방법입니다. 강화학습은 행동심리학에서 유래했는데요. 심리학에서 '강화'라는 용어는 유쾌한 자극을 주면 관련 반응이 빈번해지고, 불리한 자극을 주면 관련 반응이 감소하거나 없어지는 것을 의미합니다. 이것을 쉽게 이해할 수 있는 유명한 실험이 바로 '스키너 상자(Skinner box)'입니다.

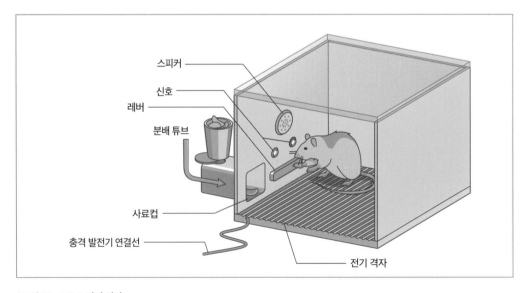

[그림 01-10] **스키너 상자**

[그림 01-10]과 같이 배고픈 상태의 쥐를 상자에 넣는데 이 상자는 손잡이를 누르면 먹이가 나오고 누르지 않으면 먹이를 얻지 못하도록 조성된 환경입니다. 배고픈 쥐는 먹이라는 보상을 얻기 위해 상자 안에서 여러 번의 시행착오를 거친 후, 손잡이를 누르는 행동을 자발적으로 학습한다는 결과를 보여주는 실험입니다. 이처럼 기계도 상과 벌을 주어 학습하게 만드는 방법에 착안하여 머신러닝의 강화학습 기법을 발전시킨 겁니다.

테슬라의 CEO인 일론 머스크가 참여하여 설립한 비영리 AI연구소 OpenAI에서는, 강화학습을 적용한 숨바꼭질 AI를 공개했습니다. 숨는 쪽과 찾는 쪽을 구분하여, 반복적으로 숨바꼭질 게임을 하며 서로 경쟁하듯 진화하는 모습을 보여준 모델인데요. 수백만 번의 숨고 찾는 과정이 반복되던 와중, 숨는 쪽에서는 장애물을 활용해 지형 환경의 입구를 막고 찾는 쪽에서 진입할 수 없도록 하는 발전을 이루었습니다. 이에 질세라 찾는 쪽에서는 도구를 활용해 벽을 뛰어넘어 숨는 쪽을 찾아내는 방법을 학습했는데, 여기에서 멈추지 않고 숨는 쪽에서는 벽을 뛰어넘는 도구를 숨기는 방법을 실행했습니다.

앞서 지도학습이나 비지도학습은 제공된 데이터를 기반으로 경험된 결과를 도출하거나 군집을 도출해내는 수준이었다면, 강화학습은 무수히 많은 경우의 수를 인간이 입력하지 않아도 스스로 학습하고 진화하여 전혀 새로운 결과물을 도출해낼 수 있다는 점에서 기대감이 더욱 커지고 있습니다.

** 참고 사이트_https://youtu.be/MSkXXWNvR1g

 Check Point

구분	지도학습	비지도학습	강화학습
문제 제공	O	O	X (환경)
정답 제공	O	X	X (보상)
응용 분야	예측/위험도 평가	군집화/추천/이상 탐지	게임/자율주행/드론

Review

▶ 강화학습은 상과 벌을 기반으로 학습하는 머신러닝 기법입니다.

Q&A

Q 강화학습은 무수히 많은 _____를 인간이 입력하지 않아도 스스로 학습하고 진화하여 전혀 새로운 결과물을 도출해낼 수 있습니다. 빈칸에 알맞은 말은 무엇일까요?

  A. 경우의 수

2.4 최고로 핫한, 딥러닝

학습목표

딥러닝의 개념과 딥러닝이 주목받는 이유를 학습해봅니다.

이제는 가장 핫하게 이슈가 되는 분야인 딥러닝(Deep Learning)을 살펴보도록 하겠습니다. 딥러닝은 앞에서 언급됐던 바와 같이 머신러닝의 한 분야이며, 뇌의 정보처리 방식을 모사한 '인공신경망' 알고리즘을 활용하여 학습하고 정보를 처리하는 기술을 말하는데요. 딥러닝의 발전은 표 형태의 정형적인 데이터를 학습하는 구조에서 한 발 나아가, 이미지·텍스트 등 비정형적인 데이터를 어떻게 학습할 것인지에 대한 연구가 더욱 활발해질 수 있는 계기가 됐습니다. 상세한 기술 원리는 뒷부분에서 다루도록 하겠습니다.

왜 딥러닝이 핫하다고까지 표현할까요? AI 분야 내에서도 딥러닝 알고리즘이 주목받는 이유는 크게 2가지가 있습니다.

① 데이터 특성을 기계가 직접 알아서 추출한다는 점입니다. 전통적인 프로그램의 경우 사람이 중요하다고 생각하는 특성을 선정하고 결과를 도출해내기 위한 규칙까지 모두 정해야 했습니다. 하지만 딥러닝은 무수히 많은 특성을 가진 데이터가 입력되더라도 신경

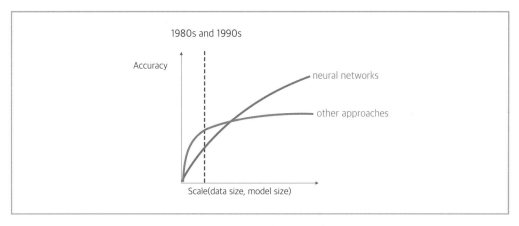

[그림 01-11] 데이터 사이즈에 따른 정확도의 차이(딥러닝 vs. 다른 학습 기법)
출처: https://www.slideshare.net/AIFrontiers/jeff-dean-trends-and-developments-in-deep-learning-research

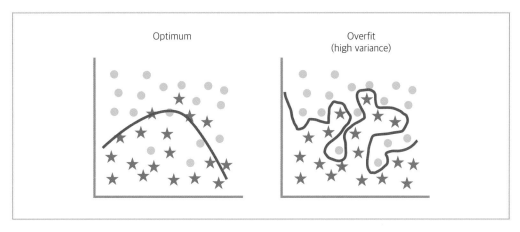

[그림 01-12] 적합한 모델과 과대적합 모델의 비교
출처: https://www.ibm.com/cloud/learn/overfitting

망 구조를 활용한 반복적인 학습을 통해 어떤 특성이 중요한지 파악하여, 최적의 결과를 도출하기 위한 가장 적합한 규칙을 스스로 구성합니다. 이처럼 사람의 개입이 최소화되어 편의성이 극대화됐다는 것이 첫 번째 이유입니다.

② 높은 정확도입니다. 딥러닝이 핫한 이유는 다른 모델에 비해 더 높은 정확도를 기대할 수 있기 때문입니다. [그림 01-11]을 보면 데이터 사이즈와 정확도의 상관관계를 표현하고 있는데요. 데이터 사이즈가 크면 클수록 인공신경망 모델의 정확도는 높아집니다. 다른 머신러닝보다 훨씬 높은 정확도를 얻어낼 수 있는 잠재성 때문에, 빅데이터 시대의 도래에 발맞추어 가장 많이 연구되고 활용되는 알고리즘이 바로 딥러닝입니다.

다만, 마치 양날의 검처럼 딥러닝은 활용할 때 주의할 사항도 있습니다.

① 과대적합(Overfitting)입니다. 입력한 학습 데이터에 맞춰진 나머지, 새롭게 수집된 데이 터를 대상으로 제대로 기능하지 못하는 모델이 될 수도 있습니다. 딥러닝의 장점으로 소개했던 정확도가 좋다는 점과 대비해보면 치명적인 단점으로 보일 수 있는데요. 이를 해결하는 방법으로 추가적인 데이터 수집 과정을 통해 학습 데이터의 양을 늘리거나, 모델의 속성을 적절히 조정하여 복잡도를 줄이는 등의 방안을 적용할 수 있습니다.

② 딥러닝은 많은 학습 시간이 필요합니다. 딥러닝은 인공신경망이 심층으로 구성되어 학 습을 수행한다고 앞에서도 언급했는데요. 이러한 구조 안에서 반복적으로 학습을 수 행하고 결과를 끌어내는 과정에서 학습 시간이 늘어나게 됩니다. 이를 해소하기 위해 GPU 등을 활용한 컴퓨팅 파워가 필수적인 요소로 대두되고 있습니다.

③ 딥러닝은 사람의 개입이 아주 적은 알고리즘이라는 점이 장점이기도 하나, 그 처리 과 정의 설명이 어려운 블랙박스(Black Box) 모델이라는 단점을 갖고 있습니다. 그래서 딥 러닝을 적용하여 성능이 좋은 모델을 만들었다고 해도 "이게 어떻게 해서 만들어졌 는지?" 의문을 가진다면 그 해답을 찾기는 쉽지 않습니다. 최근에는 딥러닝이 가진 블 랙박스 모델이라는 단점을 해결하기 위한 다양한 알고리즘이 연구되고 있으며, 이를 XAI(eXplainable Artificial Intelligence)라고 합니다.

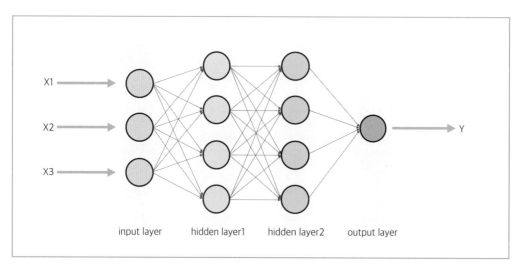

[그림 01-13] **딥러닝의 복잡한 구조**

Review

▶ 딥러닝이 주목받는 이유는 데이터의 특성을 기계가 알아서 추출한다는 점과 높은 정확도 때문입니다.

▶ 딥러닝의 단점은 과대적합(Overfitting)이 될 수 있다는 것과 많은 학습 시간이 필요하며 처리 과정의 설명이 어렵다는 점입니다.

Q&A

Q 딥러닝의 처리 과정에 대한 설명이 어렵다는 특성을 _____모델이라고 표현합니다. 빈칸에 알맞은 말은 무엇일까요?

A. 블랙박스

** 참고 사이트_https://blogs.nvidia.co.kr/2021/07/27/what-is-explainable-ai/

2.5 AI 핫 키워드

학습목표

AI 분야에서 자주 활용되는 핫 키워드들을 알아봅시다.

AI의 세부적인 기술 분야로 자주 논의되는 AI 핫 키워드를 몇 가지 짚어 보겠습니다.

자연어 처리(Natural Language Processing, 이하 NLP)는 인간의 언어를 기계가 표현하도록 하는 기술 분야입니다. 검색엔진, 번역 서비스, 챗봇 같은 기능이나 스팸 메시지를 특정 단어나 구절을 기반으로 필터링하는 것 또한 NLP 기술이 활용된 사례로 이야기할 수 있습니다. 구글에서는 NLP 분야에서 좋은 성능을 내는 범용 모델인 BERT를 개발하여 제공하고 있으며, 한국어를 학습할 수 있는 KoBERT도 제공하고 있습니다. 언어에 관련된 학습모델을 개발에 관심이 있는 분이라면, 이를 활용하여 좀 더 수월한 AI 모델링이 가능합니다.

다음은 컴퓨터 비전(Computer Vision) 입니다. 이것은 영상 인식 처리와 관련된 기술로 사람의 시각 체계를 컴퓨터로 구현한 것입니다. 컴퓨터 비전이 활용되는 산업 분야로는 자율주행 자동차 구현, 제조업에서 불량품 검수, 의료 분야에서 질병 파악, 농업에서 스마트 팜 등이 있습니다.

음성을 인식하고 처리하는 부분에서도 많은 기술 연구가 이루어지고 있는데요. 인공지능 스피커, AI 고객센터 등에서 많이 사용하는 개념으로, "음성을 텍스트로 변환하는 기술이 STT(Speech to Text)이며, 텍스트를 음성으로 변환하는 기술이 TTS(Text to Speech)라는 개념"도 기억해두면 좋습니다.

 Review

▶ 자연어 처리는 인간의 언어를 기계가 표현하도록 하는 기술입니다.
▶ 컴퓨터 비전은 영상인식 처리와 관련된 기술입니다.
▶ STT/TTS는 음성을 인식하고 처리하는 것과 관련된 기술입니다.

 Q&A

Q 구글에서 개발한 대표적인 NLP 분야의 범용 모델의 이름은 무엇인가요?

A. BERT

3

AI, 어떻게 구현할까?

AI는 우리 업무의 능률을 높이는 데 효과적으로 활용할 수 있는 기술입니다. 다만 어떤 절차로 적용할 수 있을지에 대해서는 아직 아무런 정보가 없는 상태입니다. AI를 우리의 업무에 어떻게 적용할까요? 5단계의 프로세스로 설명할 수 있으며, 단계별로 고려할 사항을 짚어보도록 하겠습니다.

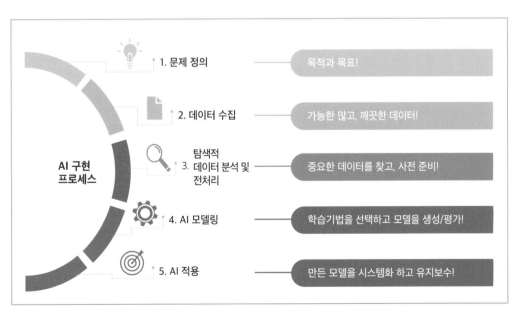

[그림 01-14] AI 구현 프로세스 5단계

3.1 문제 정의

 학습목표

AI 구현 프로세스의 첫 단계인 문제 정의 단계에서 확인할 사항을 알아봅니다.

과학 기술은 인간이 가진 불편함을 해소하기 위해 발전해왔습니다. 일상생활에서 일어나는 일들의 규칙을 정의하기 위해 수학이 발전했고, 쉽게 병들고 죽지 않게 하려고 의학과 약학이 발전했으며, 맹수의 위협으로부터 안전한 잠자리를 확보하기 위해 건축학이 발전한 것과 같은 개념입니다. AI를 구현하기 위한 단계도 마찬가지로, 비즈니스의 이해를 기반으로 어떤 문제가 있는지 정의하는 단계부터 시작합니다. 무엇이 문제인가? 얻고자 하는 결과는 무엇인가? 이를 위해 무엇을 해야 하는가? 이 질문들은 즉, '목적'과 '목표'를 명확히 하는 것으로 귀결됩니다.

예시로, 우리 회사가 제공하는 상품에서 고객이 점점 이탈하는 문제를 식별했다고 생각해봅시다. 여기에서 문제는, '고객이 이탈하여 회사의 매출이 줄어든다'라는 것입니다. 그러면 나는 '고객이 이탈하지 않도록 방어 활동을 해야 한다'라는 방향성(GOAL)을 설정할 수 있습니다. 이것이 AI를 구현하기 위한 '목적'이 됩니다.

그리고 다음 스텝은 이러한 목적을 달성하기 위해 어떤 방법을 활용할 것인지 구체적인 '목표'를 세우는 단계입니다. 앞의 목적에서 도출할 수 있는 목표의 예시를 생각해보면, '사용 패턴을 기반으로 이 고객이 해지할지 안 할지 예측하여 사전에 방어'하는 모델을 생각해볼 수 있습니다. 또 다른 목표로는, '사용 패턴을 기반으로 고객에게 어떤 상품을 추천하여 해지 철회를 유도'하는 모델을 만드는 방향성도 고려해볼 수 있을 것 같습니다. 어떤 방향으로 나아갈 것인지와 어떤 것을 해야 할지 목적과 목표를 구체화하면 비로소 내가 어떤 AI 모델을 만들지 선택할 수 있습니다.

KT에서는 문제를 효율적으로 해결하기 위한 1등 워크숍이라는 플랫폼을 운영하고 있습니다. 1등 워크숍에서는 치열한 토론을 통해 문제의 개선 방안을 찾고 실행하는데요. AI와 관련된 문제의 정의를 더욱 효율적으로 수행할 수 있도록, [그림 01-15]와 같은 'AI 과제 정의서'라는 포맷을 작성하여 활용하고 있습니다. 해당 과제를 발의하게 된 배경과 문제 정의, 이를 해결

과제명			
배경 및 문제 정의	현상/상황: 핵심문제 및 원인:		
가설	-		
기대효과	[As-is] [To-be]		
분석 모델	활용 데이터(Input): **고려 사항** - 데이터명 - 데이터 확보 가능 여부 - 데이터 Owner 부서 - 데이터 유형	적용하는 AI 기능(AI 솔루션/분석 방법): **고려 사항** - AI 기능: 분류/판별, 예측, 자동화 - 데이터 전처리 방법 선택 - 데이터 분석 방법 선택 - 모델링에 넣을 변수 추출	적용 결과 (Output/Effect):

[그림 01-15] **AI 과제 정의서 포맷**

하기 위해 적용할 수 있는 데이터와 분석모델 리스트 업, 결과의 기대효과를 작성함으로써 서로 문제를 공감하고 어떻게 AI를 활용하여 효과를 얻을 수 있을지 고민해볼 수 있습니다.

 Review

▶ 문제 정의 단계는 AI 구현을 위한 '목적'과 '목표'를 명확히 하는 단계입니다.

 Q&A

Q 문제 정의는 _____에 대한 이해를 기반으로 어떤 문제가 있는지 정의하는 단계 부터 시작합니다. 빈칸에 알맞은 말은 무엇일까요?

A. 비즈니스(업무)

3.2 데이터 수집

 학습목표

AI 구현 프로세스의 두 번째 단계인 데이터 수집 단계에서 고려할 사항을 알아봅니다.

다음은 데이터 수집 단계입니다. 이 단계는 가능한 '많고 깨끗한' 데이터 수집이 중요한 과정입니다. 요리에 빗대어 표현하자면, 얼마나 좋은 재료들을 많이 공수하느냐와 같은 의미로 생각해볼 수 있습니다.

충분한 데이터가 학습되지 않은 AI는 갓 태어난 아기와 같은 상태입니다. 이것이 어떤 의미인가 하면, 사람의 경우 어떤 하나의 정보를 받아들일 때 시각, 후각, 촉각 등 복합적인 방식으로 실시간 경험을 수집하며, 지속적으로 학습하여 향후 다른 정보가 들어와도 그것이 기존의 정보와 같은 분류의 것인지를 금세 파악합니다. 우리가 사과라는 하나의 물건을 볼 때, '빨갛다, 동그랗다, 향긋한 냄새가 난다, 매끈하다' 등 과거에 수집했던 종합적인 정보를 기반으로 이것이 사과라는 사실을 바로 인식할 수 있는 것입니다. 한편, AI에 사과를 학습시킨다고 해보겠습니다. 사과라는 이미지를 하나만 주고 학습시킨다면 AI는 다른 사과의 이미지가 들어왔을 때 이것을 사과라고 판단할 수 없습니다. 모양도 다르고, 색깔도 다르기 때문입니다. 이처럼 AI를 학습시키기 위해서는 충분히 많은 양의 데이터를 수집하여 사람이 생각할 수 있는 수준의 특성을 기계도 또한 인지하고 판단할 수 있게끔 해줄 필요가 있습니다.
그런데 이런 데이터들은 어디에서 수집할 수 있을까요? 내가 가진 업무 분야의 데이터만이 아니라 다양한 도메인의 데이터를 함께 모아서 결합하고 학습시킬 수 있다면 내가 구현하고자 하는 AI 기능을 조금 더 풍성하게 만들 수 있을 것 같은데 말이죠.

정부는 AI 기반 산업의 선도와 확산을 뒷받침하기 위한 노력 중 하나로 2020년부터 [그림 01-16]과 같이 '데이터 댐'을 구성하여 제공하고 있습니다. AI 허브(https://www.aihub.or.kr/)가 '데이터 댐'에서 개방되는 정보는 한국어(방언 등), 영상 이미지(애니메이션 등), 헬스케어(초음파 영상 등), 재난안전환경(항공위성 이미지), 농축수산(양식장 및 과수원 데이터 등), 교통물류(도로 주행 영상 등)의 6개 분야 데이터와 국내·외 기관과 기업에서 보유한 AI 학습용 데

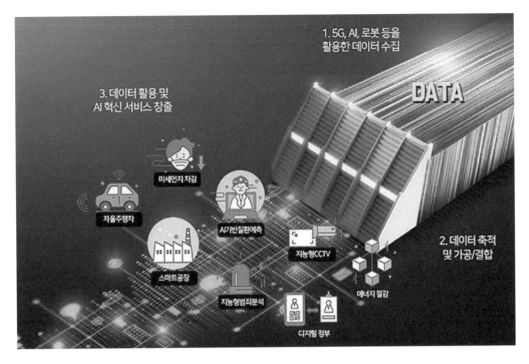

[그림 01-16] 데이터 댐
출처: 과학기술정보통신부, 2020.

이터가 포함되어 있습니다. 시간과 비용 문제로 개별 구축하기 어려운 인공지능 학습용 데이터를 누구나 손쉽게 얻어볼 수 있으니, 다양하게 검색하여 활용해보길 바랍니다.

 Review

▶ 데이터 수집 단계에서는 '많고 깨끗한' 데이터 수집이 좋습니다.
▶ 정부 차원에서도 AI 산업 발전을 위해 다양한 정보를 제공하고 있습니다.

 Q&A

Q 정부는 AI 기반 산업의 선도와 확산을 뒷받침하기 위한 노력 중 하나로, 2020년부터 _____을 구성하여 제공하고 있습니다. 빈칸에 알맞은 말은 무엇일까요?

A. 데이터 댐

3.3 데이터 분석 및 전처리

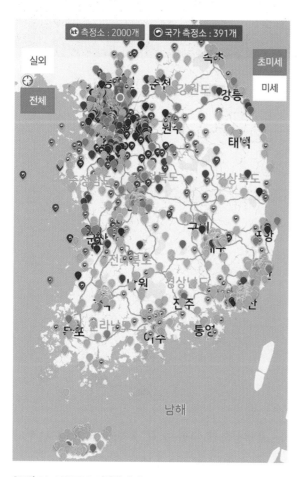

학습목표

AI 구현 프로세스의 세 번째 단계인 데이터 분석 및 전처리 단계에서 고려할 사항을 알아봅니다.

우리가 확보한 데이터는 좋은 AI 모델을 만들기 위한 무기입니다. 하지만 우리의 무기가 어떻게 생겼는지, 어떤 방법인지 모른다면 사용하기가 힘들 것입니다. 그래서 우리의 무기인 데이터가 어떤 특성이 있는지, 특이한 패턴을 보이고 있지는 않은지, 바로 AI 모델을 만드는 데 사용할 수 있는 형태인지, 새로운 인사이트를 얻을 수 있는지 등을 분석해봐야 합니다. 이러한 과정을 우리는 '탐색적 데이터 분석', EDA(Exploratory Data Analysis)라고 부릅니다. EDA의 주요 목적은 데이터의 이해도를 높이는 것으로 확보한 데이터를 다양한 측면에서 관찰하는 활동들로 이루어지는데요. 이 방법에는 개별 데이터 관찰(수치형 변수의 분포 파악, 결측값 탐색 등), 통계량을 활용하는 방법(최댓값/최솟값, 평균값, 중앙값 등 기초통계량), 시각화(히스토그램, 박스차트, 히트맵 등)를 활용하는 방법이 있습니다.

데이터 분석을 진행하다 보면, '우리가 수집한 데이터가 생각보다는 깨끗하지 않구나'라는 것을 느끼게 될 것입니다. 데이터의 유형은 천차만별이며 수치의 범위도 정해지지 않고 들쭉날쭉하거나, 비어 있는 값이 존재하는 경우가 태반일 수도 있습

[그림 01-17] **EDA 시각화 예시**
출처: 〈전국 미세먼지 수치 현황〉, KT에어맵코리아.

니다. [그림 01-18]에서 이와 같은 사례를 확인할 수 있습니다. 이런 데이터를 주고 학습하라고 한다면 심지어 사람도 이해하기 어려울 텐데 기계가 이해할 수 있을 리 만무합니다. AI가 성공적으로 성능을 발휘하기 위해서는 데이터를 모델이 이해할 수 있는 형태로 변환하거나 품질을 올려줄 수 있는 일련의 과정을 처리할 필요가 있는데, 이 과정을 '데이터 전처리(Data Pre-processing)' 과정이라 표현합니다. 대표적으로는 데이터 정제(결측치 처리, 이상치 처리) 기법과 데이터 변환(인코딩, 스케일링) 기법이 활용됩니다([표 01-1]).

전처리 과정은 AI로 문제를 해결하는 과정 중 가장 오랜 시간과 큰 노력이 소요된다고 해도 무방할 정도로 중요합니다. 따라서 이 과정에서 다루어지는 기법들은 뒷부분에서 세부적으로 다루어볼 예정입니다.

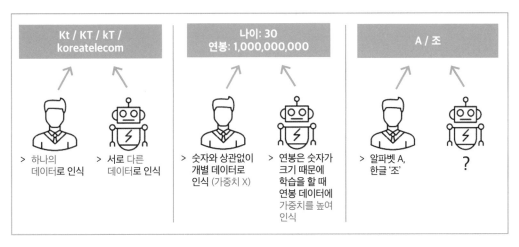

[그림 01-18] 데이터 전처리를 하는 이유

구분	기법	설명
데이터 정제	결측치 처리	필수적인 데이터가 입력되지 않고 빠진 값을 탐지하고 처리하는 기법
	이상치 처리	전체 데이터 추세나 패턴 등에서 벗어난 값을 가진 데이터를 탐지하고 처리하는 기법
데이터 변환	인코딩	문자형 데이터를 기계가 이해할 수 있는 수치형 데이터로 바꿔주는 기법
	스케일링	수치형 데이터의 상대적 크기 차이를 없애기 위해 크기를 유사하게 바꿔주는 기법

[표 01-1] 데이터 정제 기법과 데이터 변환 기법

▶ 데이터를 다양한 측면에서 훑어보고 분석하는 과정을 EDA(Exploratory Data Analysis), '탐색적 데이터 분석'이라고 부릅니다.

▶ 데이터를 전처리하는 기법에는 데이터 정제 기법과 데이터 변환 기법이 대표적입니다.

Q&A

Q 필수적인 데이터가 입력되지 않고 빠진 값을 탐지하고 처리하는 전처리 기법은 무엇일까요?

    A. 결측치 처리 기법

Q 문자형 데이터를 기계가 이해할 수 있는 수치형 데이터로 바꿔주는 전처리 기법은 무엇일까요?

    A. 인코딩 기법

3.4 AI 모델링

학습목표

AI 구현 프로세스의 네 번째인, AI 모델링 과정에 대해 알아봅니다.

이제는 비로소 수집 · 분석하고, 전처리 해둔 데이터들을 활용하는 단계입니다. 앞서 머신러닝의 개념을 알고리즘을 기반으로 데이터를 스스로 분석하고 학습하며 판단하거나 예측하는 기술 또는 그와 관련된 연구 분야라고 설명했습니다. 우리가 준비한 데이터를 알고리즘과 결합하여 학습시키면 다른 데이터들에 대해 우리가 원하는 판단 또는 예측을 수행할 수 있는 하나의 모형이 만들어지게 됩니다. 이것을 AI 모델이라 칭하며 이를 만드는 과정을 AI 모델링이라고 표현합니다.

하나의 예시로 [그림 01-19]와 같이 지도학습을 위한 AI 모델링 절차를 간단히 알아보겠습니다.

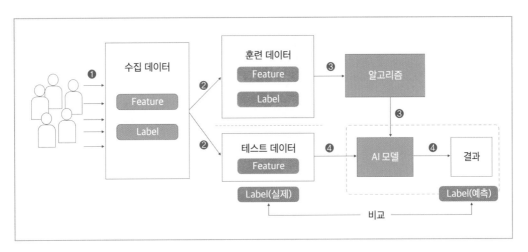

[그림 01-19] **지도학습을 위한 AI 모델링 절차**

① 지도학습의 특성인 문제와 답을 알려주는 가장 친절한 학습 방법이라는 점을 기반으로 정답이 있는 데이터를 수집합니다. 정답이란 내가 예측하고자 하는 값으로 라벨(Label)이라고 하며, 예측하기 위해 분석에 사용되는 데이터는 피처[Feature, 통계학에서는 Variable(변수)이라는 용어 사용]라 표현합니다.

② 다음으로는 그 기계가 학습을 잘했는지 확인하기 위해 수집한 데이터를 학습용 훈련(Training) 데이터셋과, 테스트(Test) 데이터셋으로 나눕니다. 일반적으로 충분한 학습이 가능하게끔 훈련 데이터와 테스트 데이터의 비율은 8 : 2 또는 7 : 3 정도로 나누며, 중복이 되지 않도록 주의하면서 정답의 분포도 비슷한 비율이 되도록 나누어 구성합니다.

③ 이제 훈련 데이터를 알고리즘으로 활용하여 머신러닝을 수행하면, 훈련 데이터를 기반으로 학습한 AI 모델이 만들어집니다.

④ 만들어진 AI 모델에 테스트 데이터를 입력하면, 기계가 예측한 결괏값을 얻을 수 있습니다. 이 결괏값을 테스트 데이터의 실제 라벨(Label, 타깃변수)과 비교하여, 모델이 얼마나 좋은 성능을 가지는지 평가할 수 있습니다. 평가 항목은 여러 개가 있지만, 일반적으로 예측값이 정답값을 얼마나 잘 맞췄는지 확인하는 정확도(Accuracy)와 예측값과 정답값이 얼마나 차이가 있는지 계산하는 평균제곱오차(Mean Square Error)가 대표적이라고 볼 수 있습니다. 이를 기반으로 모델의 성능을 평가하여 생각한 만큼의 결과 수준이 나오지 않는다면 프로세스 단계별로 부족한 점을 진단하고 반복적으로 수행하면서 내가 원하는 수준의 모델을 만듭니다.

Review

▶ AI 모델링이란 데이터와 알고리즘을 결합·활용하여 우리가 원하는 판단 또는 예측을 수행할 수 있는 모형을 만드는 과정을 말합니다.

 Q&A

Q AI 모델링이 적절하게 이루어졌는지를 확인할 수 있는 대표적인 성능평가 항목은 어떤 것이 있을까요?

A. 정확도, 평균제곱오차

3.5 AI 적용

 학습목표

AI 구현 프로세스의 마지막 단계인 AI 적용 과정에 대해 알아봅니다.

AI를 적용한다는 것은 내가 만든 AI 모델을 향후 지속적으로 활용하기 위해 시스템화하고 유지 보수하는 영역을 포함하는 과정입니다. 즉, 엔지니어링 영역에 가까운 분야라고 이해하시면 좋습니다.

우리의 데이터 환경은 지속적으로 변화하고 있습니다. 새로운 상품과 서비스가 생겨나고, 새로운 장비가 도입되면서 이에 따른 새로운 데이터가 끊임없이 발생합니다. 우리가 긴 시간을 들여 한 번의 AI 구현 프로세스를 통해 AI 모델을 완성한다고 해도, 이 모델은 내일 들어올 새로운 데이터를 완벽하게 이해하지 못할 수 있습니다. 기존에 학습하지 못한 특성(Feature)을 가진 데이터일 수 있기 때문입니다. 이에 우리가 AI 모델을 지속할 수 있게 활용하려면 단순히 AI 모델을 완성하는 데에서 끝날 것이 아니라, 현실의 환경을 반영한 데이터를 지속해서 수집하고 AI 모델을 업데이트하며 사용할 수 있는 컨디션으로 현행화하는 노력이 필요합니다.

Check Point

최근에는 클라우드와 컨테이너 기술의 발전으로 '데이터 처리-모델학습-배포'까지 손쉽게 처리할 수 있도록 만들어주는 플랫폼도 생겨나고 있습니다. 대표적으로, 구글이 주도하는 오픈소스 Kubeflow가 있습니다.

 Review

▶ AI 적용은 AI 모델을 향후 지속해서 활용하기 위해 시스템화하고 유지 보수하는 영역을 포함하는 과정입니다

 Q&A

Q AI 모델은 한번 만들어놓으면 평생 쓸 수 있을까요? (O / X)

A. X, 지속적인 현행화가 필요

4

AI, 어디에 쓰일까?

AI는 발전 단계에 따라, AGI(Artificial General Intelligence), ANI(Artificial Narrow Intelligence)로 구분됩니다. AGI란 아이언맨의 자비스처럼 '인간과 유사한 광범위한 인지 능력을 가진 AI'를 의미하며, ANI는 '단일 작업에 특화되어 작업을 수행하는 AI'를 의미합니다. AGI 수준의 인공지능으로 발전하기까지는 아직 기술적 한계가 있는 상황이고, 현재 우리가 일상생활에서 경험하는 AI는 대부분 머신러닝과 딥러닝을 기반으로 구현된 ANI라고 할 수 있습니다. 이러한 ANI는 어떠한 새로운 영역을 개척하는 것보다 더 나은 타이밍에 뛰어난 정확성으로 인간의 의사결정에 도움을 주거나 수많은 단조로운 작업에서 벗어날 수 있도록 도와주었습니다. 우리의 업무에 결합하여 도움을 준 AI는 어떤 사례가 있는지 알아보겠습니다.

4.1 AI+물류: 아마존, 소비자의 수요 예측

 학습목표

세계 최대의 온라인 쇼핑몰을 운영하는 아마존이 물류 배송을 효율화하기 위해 AI를 어떻게 활용했는지 알아봅니다.

아마존은 도서, 의류, 신발, 보석, 식품 등 다양한 품목을 다루는 전 세계 최대의 온라인 쇼핑몰을 운영하는 기업입니다. 아마존의 사업 전략에서 가장 중심이 되는 '고객 지향'을 이루기 위해 가장 큰 문제가 되는 것은 바로 배송 기간입니다. 우리나라에서는 택배 배송을 신청하면 2일 이내에 도착하지만, 미국의 경우 국토 면적이 우리나라에 비해 몇십 배는 크기 때문에 몇 년 전까지만 해도 물건을 주문하고 받는 데까지 2주의 시간이 걸리기도 했습니다. 아마존은 이러한 문제를 어떻게 해결하고자 했을까요?

이러한 요구에서 탄생한 것이 아마존의 '예측 배송' 시스템입니다. 기존에 고객이 주문한 물품을 받기 위해서는, 몇 단계의 물류센터를 경유해야만 물건을 받을 수 있었기에, 긴 시간이 소요됐습니다. 하지만 아마존은 고객에게 최대한 빠르게 물품을 배송하고자, 고객이 언제 어떤 물품을 살지 예측하여 사전에 고객과 가까운 물류 창고에 배달해두고 고객이 그 물품을 주문하면 바로 배송할 수 있는 시스템을 구상하여 특허를 취득했습니다.

고객이 살 물품을 예측하는 모델을 만들기 위해서는 아마존 웹사이트에 들어와서 활동하는

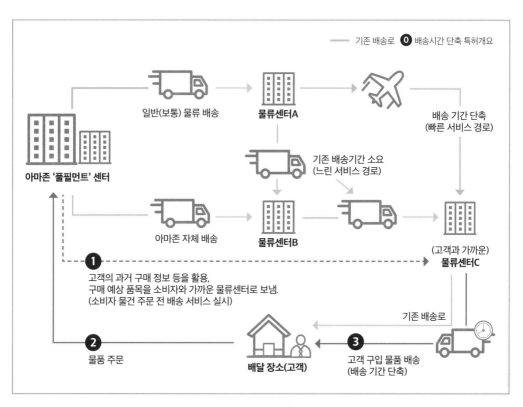

[그림 01-20] **아마존 '예측 배송' 시스템 개요도**

수많은 고객의 상품 검색 기록, 위시 리스트, 상품 구매 내용, 제품 간의 연관성 등 행동을 통해 수집된 정보와 트렌드, 날씨 등 환경적인 요소를 포함하여 다양하면서도 방대한 데이터가 활용됐습니다.

다만 이렇게 구성된 예측 모델이 모든 소비자의 행동을 100% 완벽하게 예측하지는 못하기 때문에 물류센터에 잘못 배송된 물품들이 생길 수 있습니다. 아마존은 이러한 재고 물품들에 대해서는 할인판매 또는 증정용으로 활용하는 등 고객 지향적 대책을 마련함과 동시에 예측 배송 시스템을 더욱 정교하게 발전시키는 개선 데이터로 활용하고 있습니다.

 Review

▶ 아마존은 고객 배송기간을 단축하기 위한 목표를 이루고자 고객의 행동 데이터와 환경 데이터를 수집하여 AI 예측 모델을 구성했습니다.

▶ 실제 환경에서 AI 적용 후 발생하는 오류 데이터는 비즈니스 측면에서 대책을 마련함과 동시에 AI 모델을 지속해서 개선하기 위해 활용합니다.

4.2 AI+의료: 맞춤형 의료 서비스, 닥터앤서 2.0

 학습목표

우리나라의 맞춤형 의료 서비스, 닥터앤서 2.0을 알아봅니다.

의료 분야의 경우 AI 활용에 대표적인 영역으로 꼽혀 왔습니다. 모든 환자는 본인의 증세를 빠르게 진단받고 치료받기를 기대하지만, 이것을 수행할 수 있는 환경에는 한계가 있습니다. 부족한 전문인력을 지원하기 위해 진단 보조와 치료 지원 등의 업무 수행이 가능한 AI의 필요성이 대두된 것입니다.

정보통신산업진흥원에서는 과학기술정보통신부와 함께 국내 환자의 다양한 데이터를 통해 한국인의 특성에 맞는 진단과 치료 방법을 찾아주는 AI 의료 소프트웨어 개발 사업인 '닥터앤서 2.0'을 진행하고 있습니다. 여기에는 국내 30개 의료기관과 18개 ICT기업, 280명의 의료 IT 전문가들이 함께 협력하여 1 · 2 · 3차 의료기관에 적용할 수 있는 12개 중점 질환(위암, 폐암, 간암, 우울증 등)에 대해 24개 AI 의료 소프트웨어 개발을 진행하고 있습니다.

질환별로 적정한 진단이 이루어지게 하려고 참여 병원들로부터 다양한 자료들을 수집하여 활용하고 있습니다. 환자들의 생활 습관, 건강검진, 내시경과 조직검사 등을 포함하는 전자 의무기록(EMR, Electronic Medical Record) 빅데이터, 내시경 · 초음파 검사 영상, CT · 치료 부위 이미지 등 정형 데이터와 비정형 데이터를 불문하고 활용이 됐습니다. 우울증 진단을 위해서는, 의사와의 대화(음성, 텍스트)를 활용해 감정을 분석하고 우울증 발생 여부를 예측하는 모델링을 진행하기도 합니다.

[그림 01-21] 닥터앤서 2.0 사업 내용과 참여 기관
출처: https://www.dranswer.kr/business/introduce

2018년부터 2020년까지 진행된 1차 모델의 적용 결과, 진단 분야에서 효과를 확인했습니다. 진단 정확도 관점에서 대장 용종 판독 정확도는 평균 74~81%에서 92%로 향상, 전립선암의 수술 후 재발 예측 진단 정확도는 81%에서 95%로 향상 효과를 보였습니다. 진단 시간 또한 치매의 경우 최대 6시간에서 1분까지 진단 시간이 단축됐을 뿐 아니라 심장 CT 판독 시간도 수십 분에서 1~2분 수준으로 단축이 됐습니다. 현재는 1차 모델의 성공을 바탕으로 2차 모델로의 고도화를 추진하고 있습니다.

다만 여전히 남은 숙제는 있습니다. 병원마다 서로 다른 전자의무기록 시스템을 도입함에 따라 데이터 표준화가 필요하다는 점, 민감한 진료기록을 활용함에 따라 공개된 정보에만 제한적으로 접근이 가능하다는 점, 의료 AI 기술의 신뢰성이나 해석 가능성 확보 등 더욱 정확한 모델을 만들어 운영하려면 앞으로 정책이나 문화적인 면에서 끊임없이 개선해야 합니다.

 Review

▶ 의료 분야에서 진단과 치료 지원을 도우려고 민관 합동으로 닥터앤서 2.0이라는 AI 소프트웨어를 개발하고 있습니다.

** 참고 사이트_https://www.medicaltimes.com/Main/News/NewsView.html?ID=1145556

4.3 AI+X: 우리의 업무를 돕는 AI

 학습목표

AI가 어떤 산업들과 결합하여 활용되는지 알아봅니다.

AI기술은 다양한 기존의 산업들과 결합하여 막강한 시너지를 이룰 수 있습니다. 정부에서는 AI 유망 기업을 발굴하고, 기업 간 AI 융합(AI+X) 협업을 활성화하려고 국가 차원의 육성 지원을 추진하고 있습니다.

구분	산업	내용
Industry	Manufacturing	제조업 경쟁력 제고를 위한 AI 기반 제조 솔루션 개발
	Healthcare	의료 영상 분석을 통한 진단 보조 솔루션 개발
	Mobility	자율주행, 운전자 보조, 돌발상황 감지, 자동차 보안 솔루션 개발
	Finance	자산관리·운용, 이상거래 탐지, 신용평가, 시장 분석·예측 등 금융 AI 기술 활용
	Ad/Media	고객 타깃팅과 마케팅 캠페인 최적화 솔루션 개발
	Public	공공 행정 영역(교통·복지·환경·방재·도시 등) 기술 개발
	New/Emerging Market	개인별 수준 진단 등 최적화된 교육 서비스, 안면인식 기반의 AR 콘텐츠, 펫 케어 등 기술 개발
Cross-Industry	NLP-based AI Platform	음성인식·합성, 기계번역·독해, 지식 구축 등 기술 개발
	Image/Video	이미지·비디오 인식 분석 기술 기반 사물 및 행동 감지, 제품 외관 검사, 안면인식 사용자 인증 등 기술 개발
	Voice	가상비서, 고객센터 응대, 속기, 자동번역, 오디오 콘텐츠 생성 등 기술 개발
	ML-based Analysis	머신러닝 및 고급 분석 엔진을 기반으로 구성된 데이터 분석 모델 개발과 운영
	Chatbot	고객 대응 프로세스 자동화, 고객 요구사항 분류·분석 및 사전 감지 등 기술 개발
	IT Operation	IT 시스템 이상징후 탐지, 보안 위협·유출 징후 탐지 등
	AI Data Infra	데이터 품질과 정확성을 보장하기 위한 데이터 라벨링
	AI Development Environment	데이터 전처리, 리소스 관리, AI 알고리즘 설계, 모델 배포와 반복적 학습 등에 대한 자동화된 기능 제공
	AI H/W	추론용 AI 반도체, 자율주행차량용 신경망처리장치(NPU) 등 개발

[표 01-2] **인공지능 융합 프로젝트(AI+X) 분야별 추진 사항**

정부와 유수 기업들은 AI와 관련된 교육과정과 기술 개발 투자를 늘리는 상태입니다. 이러한 사례들을 충분히 학습하여 우리도 AI를 활용하여 주변의 업무들을 효율화하는 방안이 있을지 고민하고 업무에 적용하려고 시도해보는 것이 중요합니다.

∗∗ 참고 사이트_https://aict.kr/en_aitop/index.asp

AI Certificate  for Everyone

02
AI 구현 프로세스

01장에서 AI 구현 프로세스 5단계와 단계별로 지향해야 하는 점을 간단히 다뤄 보았습니다. 하지만 이 프로세스들을 실제 업무에 적용하고자 시도한다면 구체적인 문제에 직면하며 고민하게 될 것입니다. 이번 장에서는 단계별로 어떤 이론들을 다루며(What) 어떻게 다뤄야 하는지(How)를 중점으로 좀 더 상세하고 폭넓게 알아보도록 하겠습니다.

문제 정의

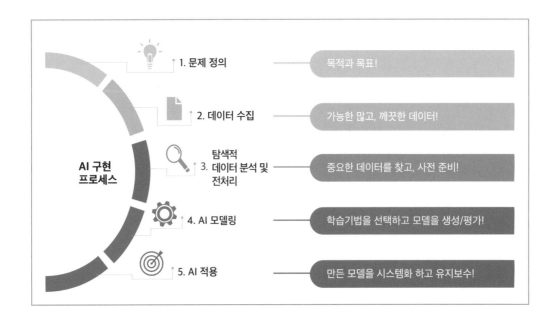

문제 정의는 목적과 목표를 명확히 하는 단계라고 했습니다. 하지만 그 이전에 내가 가진 문제가 AI를 활용하여 해결하기에 적절한 문제인지 의문이 생길 수 있습니다. 어떤 경우에 AI를 적용하면 효과적일지 단계별로 알아보겠습니다.

1.1 어떤 문제를 풀 것인가?

 학습목표

AI가 적용될 수 있는 상황을 알아봅니다.

AI는 어떤 상황에 사용할 수 있을까요?

① 데이터나 규칙이 너무 복잡한 경우입니다. 전통적인 프로그래밍 환경에서 너무 많아진 데이터를 다루기 위한 규칙이 늘어나고 이를 기계에 적용하려면 프로그래밍해야 하는 규칙도 복잡해집니다. 이에 따라 개발 시간이 과다하게 소요되거나, 규칙이 누락되어 의도와 다른 결과가 나올 우려가 있었습니다. 반면, AI를 활용하면 기계가 데이터를 기반으로 스스로 학습하여 규칙을 찾기 때문에 데이터나 규칙이 복잡하다면 효율적인 선택지가 될 수 있습니다.

② 다양한 형태의 데이터를 활용할 경우입니다. [표 02-1]과 같이 데이터를 구조 관점으로 구분하면 크게 정형 데이터, 반정형 데이터와 비정형 데이터로 구분할 수 있습니다.
과거에 잘 활용하지 못했던 반정형 · 비정형 데이터는, 데이터 저장방식(ex. Hadoop, Graph DB 등)의 발전으로 저장하고 연구할 수 있는 환경이 마련되었고, 이를 처리하는 알고리즘과 학습 방식의 연구가 이어지면서 비로소 비약적 발전을 이룰 수 있었습니다. 텍스트 데이터는 분리하여 형태소 기반으로 특성을 학습하거나, 이미지 데이터는 일정한 사이즈의 필터를 적용하여 그 이미지가 가지는 특성을 학습하는 방식 등입니다. 딥

유형	설명	종류
정형 데이터 (Structured Data)	행(Row)과 열(Column)의 정형화된 구조 기반으로 고정된 필드에 저장되며 값과 형식이 일관됨	관계형 데이터베이스(RDBMS), 엑셀 등
반정형 데이터 (Semi-structured Data)	구조와 형태를 가지나, 값과 형식에 일관성을 갖고 있지 않음	로그, 스크립트 등
비정형 데이터 (Unstructured Data)	구조와 형태가 정해지지 않으며 고정된 필드에 저장되지 않음	텍스트, 이미지, 오디오, 비디오 등

[표 02-1] **데이터 구조 관점의 유형 구분**

러닝의 인공신경망을 활용한 모델의 발전이 그 기반이 됐는데, 뒤에서 더 상세하게 다루어 볼 예정입니다.

③ 파악하지 못한 영역의 연구와 해결이 필요한 경우입니다. 과거의 데이터를 기반으로 미래에 어떤 상황이 벌어질지 예측한다거나(지도학습), 수집된 데이터 사이에 미처 알지 못했던 숨겨진 특성을 찾거나(비지도학습) 사람이 예상하지 못했던 방식으로 문제를 풀어가는 해법을 찾아내는 등(강화학습), 규칙을 찾아내는 AI의 능력은 미지의 영역을 개척하는 상황에서 진가를 발휘합니다.

 Review

▶ AI를 적용할 수 있는 상황은 데이터나 규칙이 복잡한 경우, 다양한 형태의 데이터를 활용하는 경우, 미지의 영역에 관한 연구와 해결이 필요한 경우입니다.

 Q&A

Q 비정형 데이터의 종류를 예시로 말해보세요.

A. 텍스트, 이미지, 오디오, 비디오 등

1.2 어떻게 풀 것인가?

 학습목표

AI의 5가지 요소 기능, 그리고 그 용도와 종류를 알아봅니다.

이제 AI를 어떤 용도로 활용할 수 있을지 살펴볼 텐데요. AI가 할 수 있는 일은 엄청나게 많지만 5가지 주요한 기능을 꼽아 볼 수 있습니다.
AI로 해결할 수 있는 비즈니스 문제 대부분은 [표 02-2]와 같이 5가지 기능들을 활용하여 해결할 수 있습니다. 만약 [표 02-2]와 같은 방식으로 비즈니스 문제를 정의할 수 없다면, AI

기능	용도	종류
예측(Prediction)	데이터를 학습하고 패턴을 파악하여 결과 예측	귀추 예측, 선호 예측, 맥락 예측
생성(Generation)	텍스트, 음성, 사진, 동영상 등 생성	심미적 생성, 실용적 생성
소통(Conversation)	기계에 대화 기능을 부여하여, 답변과 질문을 다양하게 연출	응대, 대화
자동화(Automation)	사람에게 의지하지 않고 더 효율적인 방법을 찾아 최적화	자동 처리, 자동 최적화, 의사결정 자동화
인식(Recognition)	대상의 다양한 특성을 인지하고 상황 판단	이미지 인식, 음성 인식, 감정 인식, 맥락 인식

[표 02-2] **AI의 주요 기능, 용도와 종류**

가 적합한 해결책이 맞는지 다시 고민해볼 필요가 있습니다.

Review

▶ AI의 주요 기능에는 예측, 생성, 소통, 자동화, 인식이 있습니다.

Q&A

Q 기계에 대화 기능을 부여하여 답변과 질문을 다양하게 연출하는 AI의 주요 기능은 무엇인가요?

A. 소통

데이터 수집

 ARTIFICIAL INTELLIGENCE

문제를 성공적으로 정의한 다음 단계는 데이터 수집 단계입니다. 어떤 절차를 통해 데이터 수집을 진행할 것인지 알아보겠습니다.

2.1 무엇을 수집할 것인가?

 학습목표

데이터를 수집할 때 고려할 수 있는 데이터 종류를 알아봅니다.

데이터 수집의 첫 번째 과정은 내가 어떤 데이터가 있어야 하는지 정의하는 것입니다. 필요한 데이터를 정의하고 구체적인 데이터 획득 방안을 되도록 상세하게 수립해야 이후에 진행되는 AI 구현 프로세스 전반의 반복과 지연을 방지할 수 있습니다. 데이터 수집 시 가장 먼저 내 업무 영역 안에서 쉽게 구할 수 있는 내부 데이터를 떠올릴 수 있습니다. 하지만 구현하려는 AI 모델에 더욱 다양한 특성을 반영하려고 내 업무 영역 밖으로 연계되는 외부 데이터의 수집도 고려해볼 수 있겠습니다. [표 02-3]에서는 각각의 데이터 구분과 그 예시를 설명합니다.

유형	설명	예시
내부 데이터	- 동일한 시스템계와 업무 영역 내부에 있는 데이터 - 데이터 수명주기 관리가 용이 - 민감 정보가 포함될 수 있음	서비스(인증, 거래 등), 네트워크 (방화벽, 시스템 등), 마케팅(VOC, 판매정보 등)
외부 데이터	- 외부 시스템과 업무 영역에 위치한 데이터 - 데이터 구매 또는 수집 절차 고려 필요 - 공개된 데이터	소셜 네트워크(SNS, 커뮤니티 등), 공공(의료, 지역, 기상정보 등)

[표 02-3] 데이터 위치 관점의 유형 구분

 Review

▶ 데이터 수집할 때 내부 데이터 외에도 외부 데이터를 고려할 수 있습니다.

 Q&A

Q 데이터를 수집할 경우 서비스, 네트워크 등 조직 안에서 구할 수 있는 _____데이터, 소셜 네트워크와 공공 데이터로 제공되는_____데이터를 고려할 수 있습니다. 빈칸에 들어갈 말은 무엇일까요?

A. 내부, 외부

2.2 어떻게 수집할 것인가?

 학습목표

데이터 수집 방식에 어떤 것이 있는지 알아봅니다.

필요한 데이터가 정의됐다면 그 데이터 수집 방법도 고민해봐야 합니다. 일반적으로 내부 데이터는 이미 갖고 있거나 담당자와 협의를 통해 쉽게 얻을 수 있지만 외부 데이터를 수집하는 데는 [표 02-4]와 같이 별도의 수집 방법을 활용해야 하는 경우가 많습니다.

수집 방식	설명
크롤링 (Crawling)	다양한 웹사이트에서 뉴스, 게시판 등의 웹 문서와 콘텐츠 수집 예) 'AI' 관련 키워드가 포함된 최근 일주일 이내 뉴스 기사의 제목과 내용을 크롤링으로 수집
RSS (Rich Site Summary)	블로그, 뉴스, 쇼핑몰 등 웹사이트에 게시된 새로운 글을 공유하기 위한 프로토콜을 활용하여 수집 예) 관심 있는 블로그들의 RSS피드를 모두 수집해서 한눈에 보도록 구성
Open API	응용 프로그램을 통해 실시간으로 데이터를 수신할 수 있도록 공개된 API를 이용하여 데이터 수집 예) 공공데이터포털(data.go.kr)에서 미세먼지 정보를 API로 수집
스트리밍 (Streaming)	네트워크를 통해 오디오, 비디오 등 미디어 데이터를 실시간으로 수집 예) 유튜브를 통해 실시간으로 행사 영상 스트리밍

[표 02-4] 데이터 수집 방식

데이터 수집 방식은 너무나 다양하지만 [표 02-4]에 기재된 크롤링 등 데이터 수집 방식을 참고해주세요.

 Review

▶ 데이터 수집 방식에는 크롤링, RSS, Open API, 스트리밍 등이 있습니다.

 Q&A

Q 인터넷상에서 제공하는 다양한 웹사이트로부터 SNS 정보, 뉴스, 게시판 등 웹 문서 및 콘텐츠를 수집하는 방식을 무엇이라고 하나요?

A. 크롤링

2.3 어떤 상태의 데이터를 수집해야 하는가?

학습목표

AI의 효율적인 학습을 위한 데이터 수집 과정에서 필요한 편향과 결측치의 개념을 알아봅니다.

이제 무슨 데이터를 수집하고, 어떻게 수집할지 방향성을 수립했습니다. 다만 AI가 학습할 수 있는 데이터로 활용하려면, 분석 목적에 부합하는지, 분석 대상에 대한 대표성이 있는 데이터인지 아닌지를 확인하는 것과 충분한 양의 깨끗한 데이터를 수집하는 것이 중요합니다. 깨끗한 데이터라는 말은 다르게 표현하면, '편향(Bias)'되지 않고 '결측치(Missing Values)'가 없는 데이터를 의미합니다. 하나의 예시를 통해 각 개념을 이해해보도록 하겠습니다.

통신사 가입 고객의 해지 여부를 예측하고자 하는데 [그림 02-1]의 예시와 같은 데이터가 수집됐다고 생각해보겠습니다. 수집한 데이터 중 예측하고자 하는 '유지 여부' 칼럼에 수집된 데이터가 전부 Y(유지 가입자) 밖에 없는데, 이런 경우 불균형이 발생했으며 편향된 데이터가 수집됐다고 표현합니다. 이 상태에서는 학습을 시킨다고 하더라도, 내가 예측하고 싶은 대상인 N(해지 가입자)은 나올 수가 없을 것이고 어떤 조건을 넣더라도 Y(유지 가입자)라는 결과만 나올 것입니다.

이번에는 'VIP관리태그 통합코드' 항목을 보겠습니다. 이 필드에서는 '_'로 표시되는 손실된 데이터가 많은 것으로 보입니다. 이런 데이터를 AI를 통해 학습시킬 경우, 없는 특성값(Feature)을 기계가 만들어서 판단할 수 없으므로 입력값을 기반으로만 편향된 결과를 얻게

유지 여부	계약건수	고객등급 통합코드	VIP관리태그 통합 코드	VVIP고객 여부
Y	8	L	-	N
Y	3	L	BM	Y
Y	3	L	BM	Y
Y	3	J	-	N
Y	6	J	-	N

[그림 02-1] **편향된 데이터, 결측치가 있는 데이터(예시)**

될 우려가 있습니다. 정리하면, 데이터가 편향되거나 손실됐을 때 AI는 정확하지 않은 학습을 하게 되므로, 깔끔하고 충분히 많은 양의 데이터 수집이 정확한 AI 학습을 할 수 있는 키 포인트입니다.

 Review

▶ 데이터 편향이란 수집된 데이터의 불균형이 일어나 특정 값으로 치우친 것을 의미합니다.

▶ 데이터 결측치란 손실되고 비어 있는 값을 의미합니다.

 Q&A

Q 데이터의 손실이 있어도 AI가 학습하는 데 지장이 없다. (O / X)

　A. X, 데이터의 손실이 있으면 정확하지 않은 학습이 이루어질 수 있습니다.

A R T I F I C I A L   I N T E L L I G E N C E

3 데이터 분석 및 전처리

데이터 수집 과정이 어렵게 완료됐습니다. 다음 단계는, 내가 수집한 데이터 안에서 어떤 것이 중요한 특성을 가지는지 찾는 '분석' 과정과 이 데이터를 어떻게 AI 학습에 활용할 것인지 준비하는 단계인 '전처리' 과정이 기다리고 있습니다. (탐색적 데이터 분석, EDA라고도 불리는 것으로 앞서 설명한 바 있습니다. 1장 AI의 이해 참조) 주요 단계별로 중요한 개념들을 알아보도록 하겠습니다.

3.1 데이터 타입(Type) 확인

 학습목표

데이터를 다루는 데 있어서 기본 개념이 되는 주요 타입들을 알아봅니다.

내가 수집한 데이터의 타입을 파악해보겠습니다. 대표적으로는 수치형(Numerical), 문자형(Object or String), 범주형(Categorical), 불리언형(Boolean)의 4가지 타입이 있습니다.
수치형(Numerical)은 말 그대로 숫자로만 구성돼 있습니다. 수치형 데이터는 다시 연속형 데이터와 이산형 데이터로 구분할 수 있는데요. 값 간에 간격 없이 연속되는 키, 몸무게, 시간

등은 연속형 데이터이며, 셀 수 있는 값인 사람 수, 판매 수량 등은 이산형 데이터로 표현됩니다. 문자형(Object)은 문자로만 이루어지거나 문자와 숫자로 구성된 타입입니다. 범주형은 언뜻 보기에는 수치형이나 문자형처럼 보이지만 범주를 나눌 수 있는 데이터로 사칙 연산이 불가능합니다. 범주형을 조금 더 세분화하면 순서(대소)를 매길 수 있는 순서형(Ordinal)과 순서를 매길 수 없는 명목형(Norminal)으로 나뉩니다. 조금 헷갈릴 수 있으니 몇 가지 예를 들어보겠습니다. 학점은 A, B, C 등 순위가 정해져 있습니다. 성별인 남자와 여자는 순위가 없습니다. 오지선다 선택지 1, 2, 3, 4, 5 또한 순위가 없습니다. 숫자로 이루어진 범주형 데이터가 헷갈릴 수 있으니, 오지선다 선택지 예시에서 선택지 1과 선택지 3을 살펴보겠습니다. 여기서 3은 1보다 3배 크다는 것을 의미하지 않습니다. 즉, 사칙연산이 불가능하고 범주를 나눌 뿐입니다. 마지막으로 불리언형(Boolean)은 논리값인 참(True)과 거짓(False) 중 한 가지만을 가질 수 있는 데이터 타입을 의미합니다.

 Review

▶ 데이터 타입은 아래와 같이 구분할 수 있습니다.

구분		설명
수치형(Numerical)	연속형	값 간에 틈새가 없이 연속되는 데이터(예. 키, 시간 등)
	이산형	셀 수 있는 값으로 표현되는 데이터(예. 사람 수, 물건 수 등)
문자형(Object)		문자로만 이루어지거나 문자와 숫자로 구성된 데이터(예. 로그인 ID 등)
범주형(Categorical)	순서형	범주로 구분되며, 순서를 매길 수 있는 데이터(예. 학점 등)
	명목형	범주로 구분되며, 순서를 매길 수 없는 데이터(예. 남녀 등)
불리언형 (Boolean)		논리값인 참과 거짓 중 하나로 표현되는 데이터

 Q&A

Q 등급(1등급, 2등급, 3등급) 데이터는 어떤 유형의 데이터라고 할 수 있나요?

A. 범주형 데이터, 순서형 데이터

3.2 기술 통계(Descriptive Statistics) 확인

 학습목표

데이터를 묘사하는 기술 통계에는 어떤 기법들이 있는지 알아봅니다.

기술 통계라는 용어를 처음 접하면 기술(Technology)이 먼저 떠올라서 일단 복잡하고 어려운 개념일 것처럼 느껴질 수 있습니다. 하지만 여기에서 기술이란 용어는 묘사한다(Descriptive)는 의미로 사용되어, 통계적인 방법을 활용해 수집한 데이터를 요약하여 묘사하고 설명하는 기법을 이야기합니다. 기술 통계에서 다루는 개념들을 단계별로 짚어 보겠습니다. 참고로 각 통계량을 시각화하거나 실제 데이터에서 활용되는 용법은 다음 데이터 시각화 파트나 AIDU ez를 활용한 실습 파트에서도 반복적으로 다루어 볼 예정입니다.

1) 데이터가 어떻게 '모여' 있는지 표현하는 통계량

구분	설명
평균값(Mean)	일반적으로 산술평균을 의미하며 각 데이터를 모두 더한 후 데이터 개수로 나눈 값 예) 1, 1, 1, 1, 2, 3, 3, 5, 10의 평균값은 3
중앙값(Median)	데이터를 크기 순서대로 배열했을 때 중앙에 위치하는 값 예) 1, 1, 1, 1, 2, 3, 3, 5, 10의 중앙값은 2
최빈값(Mode)	데이터 중에서 빈도수가 가장 큰 값 예) 1, 1, 1, 1, 2, 3, 3, 5, 10의 최빈값은 1

2) 데이터가 어떻게 '흩어져' 있는지 표현하는 통계량

구분	설명
최솟값(Minimum)	데이터 중에서 가장 작은 값 예) 1, 1, 1, 1, 2, 3, 3, 5, 10의 최솟값은 1
최댓값(Maximum)	데이터 중에서 가장 큰 값 예) 1, 1, 1, 1, 2, 3, 3, 5, 10의 최댓값은 10

분산(Variance)	데이터가 평균으로부터 얼마나 떨어져 있는지 정도를 나타내는 값으로, 각 데이터에서 평균을 뺀 차이 값 제곱의 평균 예) 1, 1, 1, 1, 2, 3, 3, 5, 10의 분산은 7.78
표준편차 (Standard Deviation)	분산과 마찬가지로 데이터가 평균으로부터 떨어진 정도를 나타내며, 분산의 제곱근 예) 1, 1, 1, 1, 2, 3, 3, 5, 10의 표준편차는 2.79
사분위수(Quartile)	모든 데이터를 순서대로 배열했을 때, 4등분한 지점에 있는 값 예) 1, 1, 1, 1, 2, 3, 3, 5, 10의 사분위수는 각각 1(1사분위), 2(2사분위), 3(3사분위), 10(4사분위)
첨도(Kurtosis)	데이터 분포가 정규분포 대비 뾰족한 정도를 나타내는 값
왜도(Skewness)	데이터 분포가 정규분포 대비 비대칭한 정도를 나타내는 값

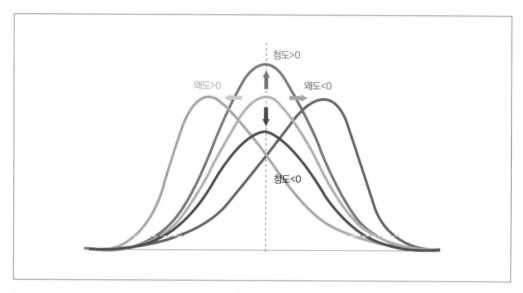

[그림 02-2] **정규분포(회색) 대비, 데이터 분포에 따른 왜도와 첨도의 수치 변화**

 Review

▶ 기술 통계란 통계적인 방법을 활용해 수집한 데이터를 요약하여 묘사하고 설명하는 기법을 말합니다.

▶ 데이터가 모여 있음을 나타내는 통계량에는 평균값, 중앙값, 최빈값 등이 있습니다.

▶ 데이터가 흩어져 있음을 나타내는 통계량에는 최솟값, 최댓값, 분산, 표준편차, 사분위수, 첨도, 왜도 등이 있습니다.

Q&A

Q 다음 데이터의 평균, 중앙값, 최솟값, 최댓값을 구하세요.

1, 12, 2, 20, 5

A. 평균: 8, 중앙값: 5, 최솟값: 1, 최댓값: 20

3.3 데이터 시각화(Visualization)

학습목표

데이터를 좀 더 효율적으로 분석할 수 있는 다양한 시각화 기법을 알아봅니다.

우리가 수집한 데이터를 단순히 숫자나 문자의 형태로 바라보면 데이터 간의 관계를 쉽게 파악하기가 어렵습니다. 데이터 분석 결과를 쉽게 이해하도록 시각적으로 표현하고 전달하는 과정을 데이터 시각화라고 표현합니다. 시각화 기법은 너무나 다양하지만 AIDU ez에서 다루는 대표 시각화 기법을 중심으로 상세하게 설명해보겠습니다.

1) 히스토그램(Histogram): 수치형 데이터

히스토그램은 수치형 데이터의 구간별 빈도수를 나타낸 시각화 기법입니다. 가로축에는 해당하는 수치형 데이터 구간이 표시되고, 세로축은 그 구간에 해당하는 데이터의 빈도수가 표시됩니다. 히스토그램을 사용하면 데이터 집합의 중심과 값의 분포 및 형태를 쉽게 확인할 수 있어 가장 기본적으로 활용되는 시각화 기법의 하나입니다. [그림 02-3]는 타이태닉호 탑승자 연령대를 숫자 5만큼의 구간으로 나누어 그 빈도수를 표현했으며, 20대의 빈도수가 가장 많은 것을 파악할 수 있습니다.

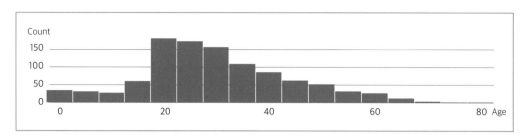

[그림 02-3] 히스토그램(예시)-타이태닉호 탑승자 연령대 분포

2) 분포차트(Density Plot): 수치형+범주형 데이터

분포차트는 기본적으로는 히스토그램과 마찬가지로 수치형 데이터의 구간별 빈도수를 나타내는 시각화 기법입니다. 가로축에는 해당하는 수치형 데이터의 구간이 표시되고, 세로축은 그 구간에 해당하는 데이터의 빈도수가 표시됩니다. 다만 추가로 범주형 데이터 속성을 색상(Hue)으로 반영하여 각 클래스가 해당 구간 내에서 얼마만큼의 빈도를 차지하는지 보여줍니다.

[그림 2-4]의 분포차트에서는 1) [그림 02-3]의 예시와 히스토그램에서 보았던 예시와 동

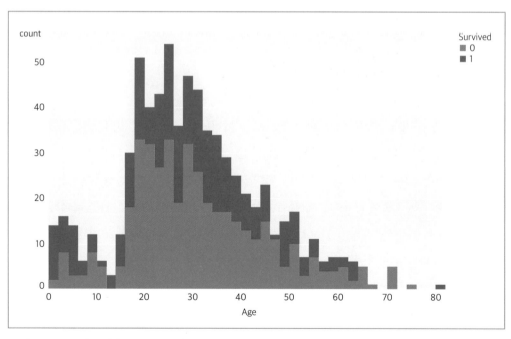

[그림 02-4] 분포차트(예시)-타이태닉호 탑승자의 연령대별 생존 여부 분포

일하게 타이태닉호 탑승자의 연령대(Age) 구간별 빈도수(Count)를 보여줍니다. 다만 생존 여부(Survived)라는 범주형 데이터 속성을 색상(Hue)으로 추가하여, 각 연령대에서 생존자(생존: 1, 사망: 0)의 분포가 어떠한지 추가로 확인할 수 있습니다. 대략 10세 이하 연령대에서는 생존자가 많이 분포하고, 고령으로 갈수록 사망자의 비율이 많이 분포하는 것을 확인할 수 있습니다.

3) 박스차트(Boxplot): 수치형 데이터

박스차트(Boxplot)는 수치형 데이터의 통계정보를 기반으로 그 분포를 박스 모양으로 나타낸 시각화 기법으로, 데이터의 분포와 이상치 등 통계적 특성을 한눈에 파악할 수 있어서 많이 활용되는 시각화 기법입니다. 범주형 데이터와 결합하여 가로축에는 각 범주형 데이터의 클래스가 위치하고, 세로축으로 각 범주의 박스차트가 위치하는 방식으로 표시되기도 합니다. [그림 02-5]에서 나온 용어를 기준으로, 박스차트가 나타내는 주요 지표들을 [표 02-5]와 같이 정리했습니다.

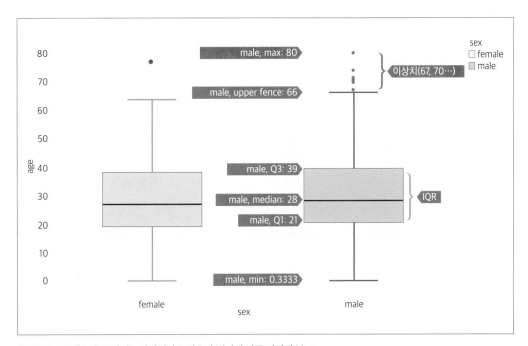

[그림 02-5] 박스차트(예시)-타이태닉호 탑승자 성별에 따른 연령대 분포

지표	설명
최솟값(Minimum)	해당 범주 내 데이터 중 가장 작은 값 예)0.3333
하단 경계 (Lower Fence)	박스 바깥의 하단에 있는 선으로, 통계적으로 Q1 - (1.5 * IQR) 위치 예)계산하면 21-(1.5*18)=-6이나, 존재하지 않는 값이므로 최솟값(0.3333)과 동일하게 표현
Q1, 1사분위수	박스 하단의 선으로, 데이터 분포상 25% 수준에 있는 값 (25% 수준이란, 값을 전체 100등의 크기순으로 나열했을 때 25번째에 있는 값 의미) 예)21
중앙값(Median), 2사분위수	박스 중간의 선으로, 데이터 분포 중 50%(중앙) 수준에 있는 값, 산술적으로 계 산되는 평균(Mean)과는 다른 값임을 주의 예)28
Q3, 3사분위수	박스 상단의 선으로, 데이터 분포 중 75% 수준에 있는 값 예)39
상단 경계 (Upper Fence)	박스 바깥의 상단에 있는 선으로, 통계적으로 Q3+(1.5*IQR) 위치 예)66=39+(1.5*18)
최댓값(Maximum)	해당 범주 내 데이터 중 가장 큰 값 예)80
IQR(InterQuartile Range)	Q1과 Q3 사이의 거리 예)18=Q3-Q1=39-21
이상치	통계적으로 하단 경계와 상단 경계를 벗어나는 값이며 점으로 표현됨 예)67, 70…

[표 02-5] **박스차트의 주요 지표**

4) 카운트플롯(Countplot): 범주형 데이터

막대그래프라고도 불리는 카운트플롯은, 범주형 데이터값의 개수를 보여주는 시각화 기법입
니다. 히스토그램과의 가장 큰 차이는 수치형 데이터가 아닌 범주형 데이터를 활용한다는 것
입니다. 가로축에는 각 범주가 표시되며, 세로축으로는 범주별 빈도수를 막대의 높이로 표시
합니다.

[그림 02-6]은 타이태닉호 탑승자의 승선지(Q-Queenstown, C-Cherbourg, S-Southampton)
별 빈도수를 표시한 카운트플롯입니다. 'S'에서 탑승한 탑승자가 가장 많았음을 알 수 있
습니다.

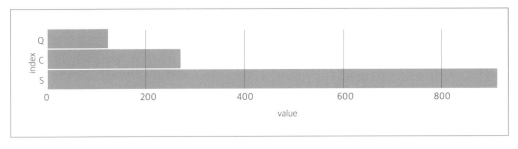

[그림 02-6] **카운트플롯(예시)-타이태닉호 탑승자의 승선지 분포**

5) 산점도(Scatterplot): 수치형＋수치형 데이터

산점도는 두 수치형 데이터 사이의 관계를 보여주는 시각화 기법입니다. 흔히 수학 시간에 많이 볼 수 있었던 좌표 평면상의 점으로 두 수치형 데이터 위치를 표시함으로써 서로의 관계를 나타내는데요. 통상적으로는 두 데이터 간의 상관관계를 좀 더 명확하게 확인하려고 회귀선을 함께 그어 표현하기도 합니다.

[그림 02-7]은 보스턴 부동산의 부지 면적(lotarea)과 판매 가격(salesprice)의 상관관계를 표현한 산점도입니다. 부지 면적이 넓을수록 대체로 판매 가격도 높아지는 상관관계에 있음을 확인할 수 있습니다.

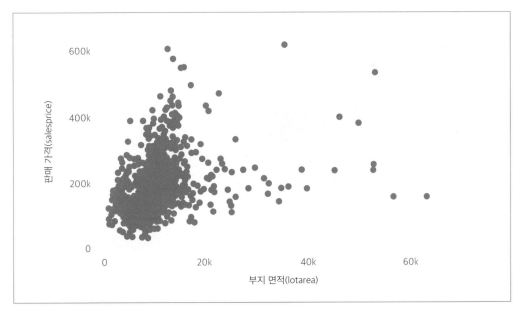

[그림 02-7] **산점도(예시)-보스턴 부동산 부지 면적과 판매 가격의 관계**

6) 히트맵(Heatmap): 수치형+수치형 데이터

히트맵은 산점도와 마찬가지로 두 수치형 데이터 사이의 관계를 보여주는 시각화 기법이나, 특히 색상을 활용하여 두 데이터 간의 상관관계를 표현합니다. 상관관계를 상관계수(Correlation)라는 하나의 숫자로 계산하여 시각적으로 표현하는데요. -1 ~ +1 범위 내의 숫자입니다. 1에 가까울수록 두 데이터의 상관도는 비례(양의 상관관계)하고 -1에 가까울수록 반비례(음의 상관관계)합니다. 0이면 상관관계가 없다는 의미입니다. 이를 한눈에 직관적으로 보려고 색의 음영으로 시각화를 한 것이 히트맵이며, AIDU ez에서는 1에 가까울수록 진한 붉은색이 되고 0에 가까울수록 흰색, -1에 가까울수록 진한 파란색으로 표현됩니다. 구현하는 환경에 따라 이 색은 달라질 수 있으나, 일반적으로 히트맵에는 색인이 포함되므로 이것을 참고해서 해석하면 됩니다.

히트맵의 우하향하는 대각선은 자기 자신과의 상관관계를 계산한 것이라 모두 1에 해당하는 색으로 표시되어 있습니다. 예시의 히트맵을 기준으로 해석해보면 보스턴 부동산 판매 가격(saleprice)과 가장 관계가 있는 항목은 부동산에 연결된 거리의 길이(lotfrontage)였으며, 서로 비례(양의 상관관계)함을 알 수 있습니다.

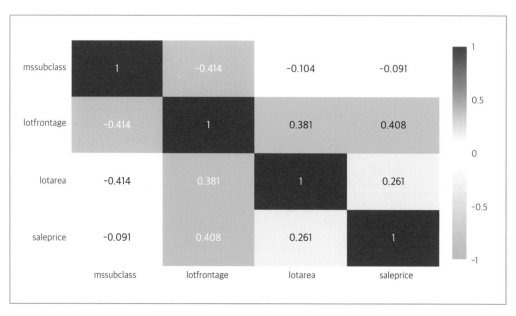

[그림 02-8] 히트맵(예시)-보스턴 부동산 관련 데이터 간의 상관관계

Check Point

상관계수는 일반적으로 피어슨(Pearson) 상관계수를 사용합니다. 절댓값이 0.7 이상의 수치일 때 강한 상관관계를 가진다고 보는 편이나, 해석에 대한 절대적인 기준은 없으며 주관적인 판단이 가능한 부분임을 고려하기 바랍니다.

 Review

▶ 주요 시각화 기법은 다음과 같습니다.

구분	시각화 도구	설명
데이터 자체 분석	히스토그램	수치형 데이터의 구간별 빈도수를 나타냄 예) 연령 구간별 참석자 수
	분포차트	수치형 데이터의 구간별 빈도수와 함께 범주형 데이터의 클래스별 분포를 색상으로 나타냄 예) 연령 구간별 참석자 수와 성별에 따른 분포
	박스차트	수치형 데이터의 통계 정보(최솟값, 제1사분위, 제2사분위, 제3사분위, 최댓값)를 박스 모양으로 나타냄 예) 서울지역 편의점들의 연간 매출 통계 분포
	카운트플롯	범주형 데이터의 클래스별 개수를 나타냄 예) 지하철역 별 일일 승객수
데이터 간 관계 분석	산점도	수치형 데이터 간의 관계를 점으로 표현함 예) 한 학급 내 학생들의 키와 몸무게
	히트맵	수치형 데이터 간의 상관관계를 색상으로 표현함 예) 미세먼지 수치와 기온과의 상관관계

Q&A

Q 수치형 데이터의 통계정보를 기반으로 그 분포를 박스 모양으로 나타낸 시각화 기법은 무엇인가요?

A. 박스차트

3.4 결측치(Missing Value) 처리

 학습목표

데이터의 빈값이 존재할 때 제거 또는 대체하는 방법을 알아봅니다.

데이터 형태를 파악하고 시각화를 진행하는 과정에서 수집된 데이터 중에 빈값이 존재하는 것이 확인됐을 수 있습니다. 이러한 결측치가 포함된 경우, 후속으로 데이터 분석과 AI 모델링 진행을 할 수 없습니다. 그러므로 추가적인 조사나 정확한 예측을 통해 적절한 처리를 하려면 '제거'와 '대체'하는 방법이 필요합니다.

1) 제거(Drop)

데이터가 충분히 많은 경우와 결측치가 대세에 큰 영향을 미치지 않는 경우의 결측치는 제거하는 것이 오히려 효과적인 접근 방법이 될 수 있습니다. 행(Row) 기준으로 빈값이 많은 경우 행을 전체 제거하거나, 열(Column) 기준으로 빈값이 너무 많은 경우 그 열을 통째로 제거하는 결정을 내릴 수 있습니다. 단, 제거하는 방법을 사용하여 결측치를 처리하면 정보가 반드시 손실될 수밖에 없으므로 현실을 반영하여 비즈니스 관점의 영향도를 신중하게 고려하여 결정해야 합니다.

No	Col1	Col2	Col3
0	1	0	0
1	0	1	
2	1	0	0
3	0		1
4	0	1	0

Row 단위 Drop

No	Col1	Col2	Col3
0	1	0	0
1	0	1	
2	1	0	
3	0	0	
4	0	1	

Column 단위 Drop

[그림 02-9] **결측치 제거 방법**

2) 대체(Fill)

데이터가 충분하지 않은 경우, 결측치가 있다면 어떻게든 채워주어 최대한 모든 데이터를 AI 가 학습할 수 있도록 해야 합니다. 이 경우에 결측치를 대체하여 값을 넣어주는 선택을 할 수 있는데, 이때 사용할 수 있는 대표적인 값들을 알아보겠습니다.

수치형 데이터인 Col2의 ①의 경우, 일반적으로 평균화 값인 평균값(Mean)과 중앙값(Median)으로 대체값을 적용할 수 있습니다. 칼럼 내에서 결측치의 특성이 무작위로 관찰되는 것이 아니라고 가정할 수 있다면, 상관관계나 예측 모델을 사용하여 예측값으로 대체하는 것도 가능한 방안입니다.

범주형 데이터인 Col3의 ②의 경우, 일반적으로는 가장 빈번하게 관측되는 최빈값(Mode)으로 대체값을 적용할 수 있습니다. 그 외에 다른 특성을 함께 비교하여, 전체적으로 유사한 특성을 가지는 유사 벡터값으로 대체하는 것도 가능합니다.

결측치를 대체하는 방법은 정보의 손실이 없이 빠르게 채울 수 있다는 장점이 있으나, 채워진 값에 의해 전체 데이터의 통계량 및 상관관계가 영향을 받을 수 있다는 점을 고려해야 합니다.

[그림 02-10]에서 ①의 위치에는 평균값은 '0.33', 중앙값은 '1', 선형회귀로 예측값은 '1'로 가가 대체값이 다르게 적용될 수 있습니다. 마찬가지로 ②의 위치에 최빈값은 'A', 유사 벡터값은 1행과 4행이 Col1, Col2의 값이 같음에서 'F'로 대체값을 적용하는 등 서로 다른 값이 적용될 수 있습니다.

No	Col1(수치형)	Col2(수치형)	Col3(범주형)		
0	1	0	A	평균값/중앙값	수치형 데이터 대체 방안
1	0	1	②	예측값	
2	1	0	B	최빈값	범주형 데이터 대체 방안
3	0	①	A		
4	0	1	F	유사벡터값	

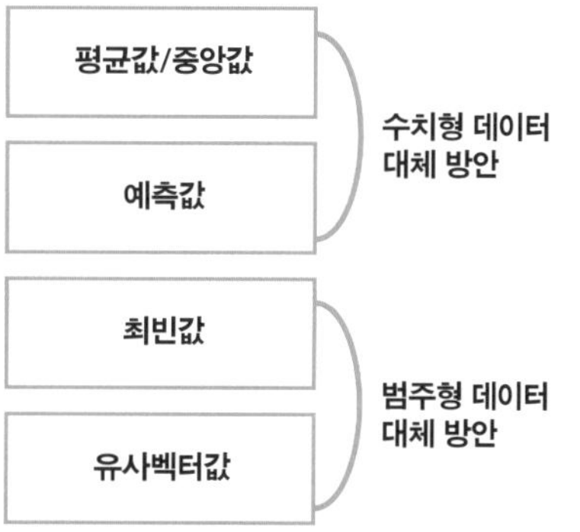

[그림 02-10] 결측치 대체 방법

Review

▶ 결측치 처리는 실무자의 견해가 많이 반영되는 단계로 같은 데이터도 분석하는 방향에 따라 결과가 달라질 수 있습니다.

▶ 충분한 시간을 투자해야 합니다. 데이터의 현실을 반영한 결측치 처리가 돼야 정확한 분석과 모델링이 가능합니다.

▶ 결측치 제거가 가장 쉽게 처리할 수 있는 방법이지만 막대한 데이터 손실을 동반하니 유의해야 합니다.

▶ 결측치를 단순 대체하면 전체적인 통곗값에 영향을 미칠 수 있습니다.

Q&A

Q 0은 결측치일까요?

A. 아닙니다. 파이썬에서 결측치는 NaN으로 표현되며, 0이라고 명시적으로 들어가 있는 경우 숫자로 0을 의미합니다. 단, 업무 처리상 알 수 없는 값을 '0'으로 입력하기로 정의한다면, 결측치로 간주하여 제거나 대체 등의 처리를 해줄 필요는 있습니다.

3.5 이상치 처리

학습목표

이상치(outlier)의 개념이 무엇인지 알아보고 탐지와 처리하는 방법을 학습합니다.

이상치 데이터는 아웃라이어(outlier)라고도 부르며 전체 데이터의 추세/패턴 등에서 벗어난 값을 가진 데이터를 의미합니다. 데이터에 이상치가 존재하면 전체 추세/패턴을 벗어나는 데이터도 모델학습에 반영되기 때문에 모델 성능에 좋지 않은 영향을 주게 됩니다. 그러면 어떻게 이상치를 찾고 처리할 수 있을까요?

1) 이상치 탐지(Outlier Detection)

이상치를 탐지하는 방법은 다양한데 그중 가장 널리 사용되는 방법은 IQR(InterQuartile Range) 값을 활용하는 방법입니다. 통계적으로 이상치 범위는 IQR을 활용해서 계산할 수 있습니다. 데이터 값이 [그림 02-11] 우측과 같이 상단 경계[Upper Fence(Q3+IQR*1.5)]보다 크거나 [그림 02-11] 좌측과 같이 하단 경계[(Lower Fence(Q1-IQR*1.5)]보다 작으면 통계적으로 이상치라고 합니다. 이를 쉽게 시각적으로 확인할 수 있는 도구가 바로 앞에서 설명한 것처럼 박스차트(BoxPlot)입니다. 참고로 IQR에 곱해주는 1.5는 일반적으로 많이 사용하는 값일 뿐 절대적인 기준은 아닙니다. 데이터 도메인이나 분석하는 사람에 따라서 1.5보다 크거나 작은 값을 선택할 수 있고 IQR 기법 이외의 이상치를 정의하는 다른 기준을 적용할 수도 있습니다.

단, 여기에 한 가지 주의해야 할 부분이 있습니다. 데이터의 타깃변수가 카테고리(Category) 형태, 즉 분류 모델이라면 카테고리별로 박스 차트를 별도로 그려 이상치가 타깃변수의 카테고리에 따라 어떤 분포를 나타내는지 확인해야 합니다. 분포에 따라서 의미가 있는 이상치가 될 수도 있어 함부로 제거하면 안 될 수 있기 때문입니다. [그림 02-12]와 같이 이상치가 타깃변수의 카테고리(A, B)별로 유사한 비중으로 들어가 있으면 제거해도 되지만, [그림 02-13]처럼 특정 카테고리값(A)으로만 구성되어 있다면 제거하면 안 되는 의미 있는 이상치입니다.

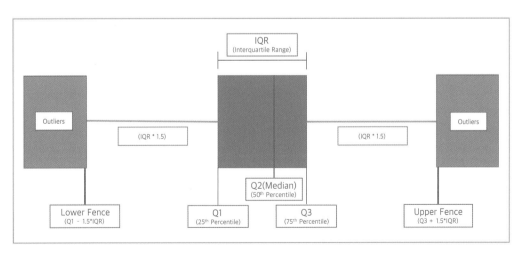

[그림 02-11] IQR과 이상치(Outlier)

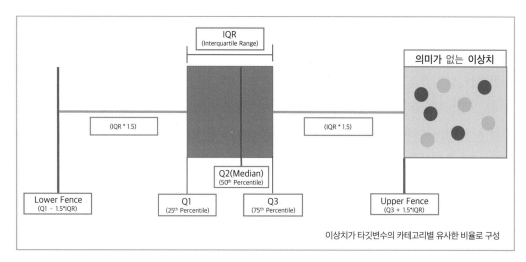

[그림 02-12] **의미 없는 이상치**

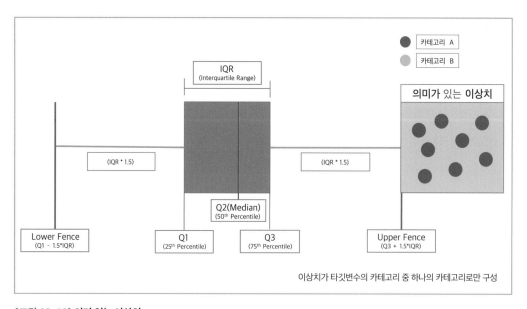

[그림 02-13] **의미 있는 이상치**

이제 이상치를 탐색하는 방법은 배웠습니다. 그렇다면 모든 칼럼에 대해서 IQR을 계산해보거나 박스 차트를 그려봐야 할까요? 칼럼 개수가 적다면 가능하겠지만 칼럼이 너무 많으면 모든 칼럼을 다 확인하기 어려울 수 있습니다. 이럴 때는 평균값(mean)과 중앙값(median)이 차이가 나거나 평균과 중앙값 대비 최소 또는 최댓값이 차이가 크게 나는 칼럼 위주로 확인해보면 됩니다.

2) 이상치 처리

이상치를 처리하는 대표적인 몇 가지 방법을 소개하겠습니다. 별도로 이상치를 처리하지 않고 적당한 스케일링 기법을 적용하여 그대로 사용, 이상치를 포함하는 행을 삭제, 그리고 이상치 경곗값(Q3+IQR*1.5, Q1-IQR*1.5)으로 치환하는 방법이 있습니다. 일반적으로 이상치가 경계 근처에 몰려 있다면 별도로 처리하지 않으며, 그 외에는 스케일링 기법을 적용하거나 이상치를 포함하는 행의 개수가 적다면 행을 삭제하고, 많다면 치환하는 방법을 사용하면 됩니다.

Review

▶ IQR을 이용하여 이상치를 탐지할 수 있습니다.

▶ 타깃변수가 카테고리라면 카테고리별로 이상치를 구분해서 확인해야 합니다.

▶ 이상치 처리는 이상치가 존재하는 행을 삭제하거나 다른 값으로 치환 또는 그대로 두는 방법이 있습니다.

Q&A

Q **이상치를 판단하는 기준은 IQR을 사용합니다. 다음 빈칸에 들어갈 수식은 각각 무엇일까요? 일반적으로 많이 사용하는 기준으로 답변해주세요.**

상단 이상치: 데이터값 $>$ [   ]

하단 이상치: 데이터값 $<$ [   ]

A. [Q3+IQR*1.5] [Q1-IQR*1.5]

3.6 인코딩(Encoding)

 학습목표

대표적인 인코딩 기법 2가지를 배우고 각 기법의 적용 대상이 무엇인지를 학습합니다.

AI 모델별로 조금 차이가 있지만 기본적으로 문자형 데이터는 모델이 학습할 수 있는 형태인 숫자로 바꿔줘야 합니다. 문자를 숫자로 바꿔주는 과정을 우리는 인코딩(Encoding)을 한다고 표현합니다. 데이터 간 순서가 있는지에 따라서 Ordinal Encoding 또는 One-hot Encoding을 많이 사용합니다. Ordinal Encoding은 데이터 간에 순서가 있는 카테고리 데이터에 적용하게 됩니다. 각 카테고리를 0, 1, 2, … 차례대로 맵핑을 해주는 방식입니다. 반면에 One-hot Encoding은 카테고리 수만큼 0과 1로만 구성된 새로운 칼럼을 만들어 맵핑을 해주는 방식입니다.

[그림 02-14]를 보면 주어진 원본 데이터(Origin Data)는 'Business', 'Eco', 'Eco Plus' 3가지의 범주(카테고리)로 구성된 문자형 데이터입니다. 만약 이 데이터의 범주 간 Business 〉 Eco 〉 Eco Plus의 순서가 있다면 이 데이터에 Ordinal Encoding을 적용해볼 수 있습니다. 'Business'는 0, 'Eco'는 1, 'Eco Plus'는 2를 각각 맵핑해주면 됩니다. 다음으로 같은 데이터에 One-hot Encoding을 적용해보겠습니다. 3개의 카테고리를 가지고 있으므로 3개의 칼럼이 생성됩니다. 첫 번째 데이터는 'Business'이기 때문에 'Class_Business' 칼럼에만 1, 나

Origin Data

No	Class
0	Business
1	Eco
2	Eco Plus
3	Eco
4	Business

Ordinal Encoding

No	Class
0	0
1	1
2	2
3	1
4	0

One-Hot Encoding

No	Class_Business	Class_Eco	Class_EcoPlus
0	1	0	0
1	0	1	0
2	0	0	1
3	0	1	0
4	1	0	0

[그림 02-14] 인코딩 예제

머지 2개의 칼럼에는 0이 들어갑니다. 두 번째 'Eco'는 'Class_Eco' 칼럼에만 1, 나머지 2개의 칼럼에는 0이 들어갑니다. 이처럼 데이터의 카테고리에 맞는 칼럼에만 1, 나머지는 0을 채워넣는 방식이 One-hot Encoding입니다. Ordinal Encoding보다는 조금 복잡하지만 [그림 02-14] 예제를 다시 한번 잘 살펴보면 큰 어려움 없이 이해할 수 있습니다. 어떤 식으로 적용되는지도 중요하지만 각 인코딩 방식을 어떤 데이터에 적용하는지가 더 중요합니다. 다시 한번 정리해보면 데이터 간 순서가 있는 카테고리 데이터라면 Ordinal Encoding, 그렇지 않은 데이터는 One-hot Encoding을 시도해볼 수 있습니다. 단, 같은 데이터라도 분석가의 개인적인 해석에 따라서 적용할 인코딩 종류는 달라질 수 있습니다.

 Review

▶ 카테고리에 순서가 있는지에 따라 Ordinal Encoding 또는 One-hot Encoding을 선택합니다.

 Q&A

Q 1과 0으로만 카테고리 데이터를 표현할 수 있는 인코딩 기법은 무엇일까요?

A. One-hot Encoding

3.7 스케일링(Scaling)

 학습목표

스케일링해야 하는 이유를 알아보고 상황에 맞는 스케일링 기법 2가지를 학습합니다.

스케일링(Scaling)은 수치형 데이터에 사용하는 방법입니다. 변수(칼럼) 간 비교를 위해 수치의 단위를 맞추려고 수치의 크기를 변경해준다는 뜻인데요. 이러한 과정이 왜 필요할까요? AI가 학습할 때 모든 정보를 숫자로 판단하기 때문입니다. 특정 칼럼의 수치들이 다른 칼럼

주가 데이터			
날짜	거래량	종가	환율
2021-02-01	310,002,000	5,600	1,090
2021-02-02	289,300,000	5,700	1,120
2021-02-03	320,040,000	5,900	1,130
2021-02-04	330,300,000	6,100	1,100
2021-02-05	310,001,000	5,950	1,140

[그림 02-15] 스케일링 예시

의 수치보다 상대적으로 크다면 해당 칼럼에 가중치(Weight)가 들어가 있다고 판단하여 학습에 잘못된 영향을 줄 수 있습니다. 트리 기반 알고리즘과 같이 스케일에 따른 영향을 거의 받지 않는 알고리즘도 물론 존재하지만 그렇지 않은 알고리즘도 많아서 스케일링도 전처리할 때 신경을 써야 합니다.

[그림 02-15]는 A 주식의 특정 시점의 주가 데이터입니다. 사람이 이 데이터를 보았을 때 거래량과 종가는 서로 다른 정보이기 때문에 거래량의 수치가 엄청 크다고 해서 거래량이 종가보다 훨씬 중요한 정보라고 판단하지 않습니다. 하지만 AI는 사람과 다르게 서로 다른 정보라는 개념이 없어 종가 칼럼보다 거래량 칼럼에 더 많은 가중치가 있어서 중요한 데이터로 잘못된 판단을 할 여지가 있습니다. 그래서 우리는 이 수치의 크기를 유사하게 맞춰주는 스케일링 기법을 적용해야 합니다.

AIDU ez에서 사용할 수 있는 대표적인 스케일링 기법 2가지를 여기서 소개하겠습니다. [그림 02-16]에서 볼 수 있듯이 Min-Max Scaling과 Standard Scaling을 주로 많이 사용하게 되는데요. Min-Max Scaling부터 살펴보겠습니다. 이 스케일링 기법은 해당 칼럼의 최솟값(Min)과 최댓값(Max)을 이용하는 방법입니다. 모든 데이터에서 최솟값을 빼주고 그 값을 (최댓값-최솟값)으로 나누게 됩니다. 이렇게 하면 모든 데이터가 크기와 상관없이 0에서 1 사이 값으로 바뀌게 됩니다. Standard Scaling은 해당 칼럼의 평균(Mean)과 표준편차(std)를 이용하는 방법입니다. 모든 데이터에서 평균값을 빼주고 그 값을 표준편차값으로 나눕니다. 그러면 해당 칼럼의 데이터가 평균은 0, 표준편차는 1로 맞춰집니다. 이제 원리를 파악했으니 인코딩과 마찬가지로 어떤 경우에 각각의 기법을 적용하는지가 중요하겠죠?

Min-Max Scaling	Standard Scaling
$\dfrac{(\text{data}-\text{Min})}{(\text{Max}-\text{Min})}$	$\dfrac{(\text{data}-\text{Mean})}{\text{std}}$ std: 표준편차(standard deviation)
> 모든 데이터를 0~1 사이로 맞춰주자	> 평균을 0, 표준편차를 1로 맞춰주자

[그림 02-16] **스케일링의 2가지 기법**

이상치가 없거나 박스 차트의 상단과 하단 경계 근처에 있는 경우에는 두 기법 모두 사용이 가능합니다. 분석가의 개인적인 해석에 따라 선택합니다. [그림 02-17]은 주가 데이터에 Min-Max Scaler와 Standard Scaler를 각각 적용한 결과입니다. 원본 데이터에서는 칼럼별로 데이터 범위가 매우 달랐는데 스케일링 하고 나니 비슷한 것을 확인할 수 있습니다.

하지만 만약 경계를 벗어난 이상치가 존재한다면 주의를 기울여야 합니다. 두 기법 모두 이상치에 영향을 많이 받게 되지만 Standard Scaling이 Min-Max Scaling보다는 상대적으로 이상치에 영향을 덜 받을 가능성이 있습니다. Min-Max Scaling은 최솟값과 최댓값을 이용하여 이상치에 직접적인 영향을 바로 받지만 Standard Scaling의 경우에는 평균값에 의해 간접적으로 영향을 받습니다. 만약 이상치의 영향을 받지 않는 중앙값과 평균값이 유사하다면 이상치가 있어도 스케일링에 끼치는 영향은 적습니다. [그림 02-18]은 주가 데이터에 임의로 이상치를 부여하고 스케일링을 적용한 결과입니다. 여기서 거래량 칼럼은 이상치가 있지만 중앙값과 평균값의 차이가 아주 크지는 않습니다. 하지만 종가와 환율 칼럼은 차이가 크게 납니다. 먼저 Min-Max Scaler를 보면 3개의 칼럼 모두 이상치로 인해서 스케일

원본 데이터				Min-Max Scaler 적용				Standard Scaler 적용		
	거래량	종가	환율		거래량	종가	환율		거래량	종가	환율
	310002000	5600	1090		0.50	0.00	0.00		-0.14	-1.40	-1.40
	289300000	5700	1120		0.00	0.20	0.60		-1.67	-0.84	0.22
	320040000	5900	1130		0.75	0.60	0.80		0.60	0.28	0.75
	330300000	6100	1100		1.00	1.00	0.20		1.35	1.40	-0.86
	310001000	5950	1140		0.50	0.70	1.00		-0.14	0.56	1.29
최소	289300000	5600	1090	최소	0.00	0.00	0.00	최소			
최대	330300000	6100	1140	최대	1.00	1.00	1.00	최대			
평균	311928600	5850	1116	평균				평균	0.00	0.00	0.00
중간값	310002000	5900	1120	중간값				중간값			
표준편차	13585169	178.8854	18.54724	표준편차				표준편차	1.00	1.00	1.00

[그림 02-17] **스케일링 적용 예시(이상치 X)**

원본 데이터				Min-Max Scaler 적용				Standard Scaler 적용		
	거래량	종가	환율		거래량	종가	환율		거래량	종가	환율
	310002000	5600000	1090		0.94	1.00	0.00		0.44	2.00	-0.50
	2893	5700	1120		0.00	0.00	0.00		-2.00	-0.50	-0.50
	320040000	5900	1130		0.97	0.00	0.00		0.52	-0.50	-0.50
	330300000	6100	1100		1.00	0.00	0.00		0.60	-0.50	-0.50
	310001000	5950	1140000		0.94	0.00	1.00		0.44	-0.50	2.00
최소	2893	5700	1090	최소	0.00	0.00	0.00	최소			
최대	330300000	5600000	1140000	최대	1.00	1.00	1.00	최대			
평균	254069179	1124730	228888	평균				평균	0.00	0.00	0.00
중간값	310002000	5950	1120	중간값				중간값			
표준편차	127255502	2237635	455556	표준편차				표준편차	1.00	1.00	1.00

[그림 02-18] **스케일링 적용 예시(이상치 O)**

링이 잘되지 않는 것을 볼 수 있습니다. 1 또는 0에 데이터가 너무 몰려 있게 됩니다. 반면에 Standard Scaler는 종가와 환율 칼럼은 Min-Max Scaler와 마찬가지로 스케일링이 잘되지 않았는데 거래량 칼럼은 중앙값과 평균값 차이가 적어 스케일링이 된 것을 볼 수 있습니다. 따라서 우리의 데이터가 이상치가 존재하고 스케일링 기법에 대한 선택지가 Min-Max Scaling과 Standard Scaling 2가지만 있다면 Standard Scaling을 적용하는 것이 좋습니다.

Review

▶ 칼럼 간 스케일 차이로 잘못된 판단을 할 여지가 있어 스케일링을 적용합니다.
▶ 이상치가 존재하는지에 따라서 Standard Scaling과 Min-Max Scaling을 선택합니다.

Q&A

Q 이번 장에서 배운 스케일링 기법 중 평균과 표준편차를 이용하여 스케일링하는 기법은 무엇일까요?

A. Standard Scaling

탐색적 데이터 분석(EDA)을 통해 데이터를 분석하고 얻은 인사이트를 활용하여 데이터 전처리까지 모두 끝냈다면 이제 AI 모델을 만들어볼 준비가 된 것입니다. AI 모델을 만든다는 것은 우리 데이터에 적합한 AI 알고리즘을 선택하고 준비된 데이터를 토대로 모델학습을 시키고 평가하며 개선하는 모든 과정을 포함합니다.

4.1 모델 선택과 학습

 학습목표

AI 모델(알고리즘)을 선택하는 방법을 배우고 학습 시 필요한 데이터 분할과 학습 파라미터 설정을 학습합니다.

1) 알고리즘의 선택

모델을 학습시킬 데이터가 준비됐다면 어떤 AI 알고리즘(모델)이 우리 데이터와 과제의 목적에 적합할지 생각해봐야 합니다. 가장 쉬운 단계부터 시작해보겠습니다. 많은 과제가 지도학습(Supervised Learning)이기 때문에 우리가 예측하려는 타깃변수가 분류를 위한 데이터인지 수치 예측을 위한 데이터인지 생각해보면 됩니다. 우리의 데이터가 수치 예측을 위한 데이터라면 여러 알고리즘 중에 수치 예측(회귀)을 위한 알고리즘(ex. Linear Regression)만 살펴보면 됩니다. 그래도 여전히 많은 알고리즘이 선택지에 놓여 있습니다. 조금 더 좁혀 볼게요.

이번에는 우리 과제의 목적을 생각해보면 됩니다. 우리 과제의 목적이 '설명'인지 '예측'인지 판단해볼게요. 결과의 원인이나 결과에 영향을 주는 변수(칼럼)를 분석하는 것이 과제 목적이라면 '설명'이 목적입니다. 원인보다는 결과 그 자체가 중요한 경우, 즉, 앞으로 다가올 상황에 미리 대비하고 미래를 정확히 알아야 한다면 '예측'이 목적입니다. 이에 대한 이해를 돕기 위해 사례를 들어 설명해보겠습니다.

① '예측'이 목적인 경우입니다. A카페를 운영하는 사장님은 AI 과제수행을 통해 다음 주에 몇 잔의 커피가 팔릴지 정확하게 예측하여 미리 적당한 양의 원두를 사고 싶어 합니다. 즉, 신선한 원두로 커피를 만들려면 재고관리를 잘해야 합니다. 이 경우에는 커피가 팔리는 원인이나 영향을 주는 변수가 궁금한 것이 아닙니다. 다음 주에 몇 잔의 커피가 팔릴지 궁금한 것이죠. 이런 경우가 '예측'이 과제의 목적이 됩니다.

② '설명'이 목적인 경우입니다. B카페를 운영하는 사장님이 AI 과제를 진행하려고 합니다. 커피 매출이 잘 나오는 달도 있고 아닌 달도 있습니다. 왜 커피가 잘 팔리는지 그 원인을 분석하고 어떤 변수가 영향을 주는지 분석하여 새로운 마케팅 전략을 세우고 싶어 합니다. 이 경우에는 정확한 예측보다는 상황의 원인을 이해하고 싶은 것이 목적이라 '설명'이 과제의 목적이 됩니다.

[그림 02-19]를 보면 성능이 좋을수록 해석, 즉 설명력이 낮아지는 것을 볼 수 있습니다. 우리 과제의 목적이 '예측'인지 '설명'인지에 따라 알고리즘 선택을 할 수 있습니다. 물론 이 그림에 나와 있는 것이 모든 경우를 대표하지는 않습니다. 과제 목적 및 모델학습 방법에 따라 그림상 상대적으로 성능이 낮은 알고리즘이 실제로는 다른 알고리즘보다 성능이 높은 결과가 나올 수 있기 때문입니다. 참고만 해서 과제 목적에 적합한 알고리즘을 골라주세요. 이처럼 우리의 타깃변수가 분류인지 수치 예측(회귀)인지, 과제의 목적이 예측인지 설명인지에 따라 선택할 수 있는 알고리즘의 범위를 좁힐 수 있습니다. 범위를 좁혔다면 이제부터는 후보 알고리즘들을 모두 사용해보며 더 나은 성능을 보여주는 알고리즘을 최종 선택하면 됩니다.

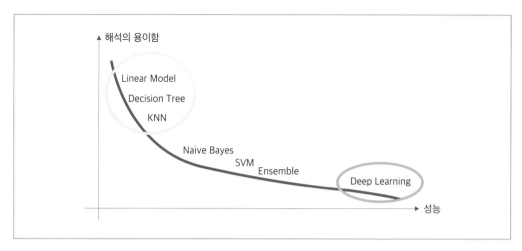

[그림 02-19] **AI 알고리즘별 설명력과 성능의 관계**

 Check Point

우리의 타깃변수가 분류인지 수치 예측(회귀)인지, 과제의 목적이 예측인지 설명인지에 따라
AI 모델링을 위한 알고리즘의 선택 범위를 좁힐 수 있습니다.

2) 모델학습

모델학습이란 손실 함수(loss function)를 최소화하는 방향으로 AI 알고리즘 내에 있는 가중
치(weight)를 계속 업데이트하는 과정입니다.

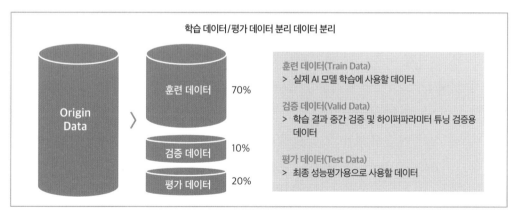

[그림 02-20] **데이터 분리**

모델학습을 할 때 우리는 준비된 데이터를 분리하는 작업을 먼저 하게 됩니다. [그림 02-20] 처럼 데이터를 훈련(Train), 검증(Valid), 평가(Test) 3가지로 나누게 되는데요. 우리 모델이 범용적인 데이터를 잘 예측할 수 있도록 분리 작업을 하는 것입니다. 학습에 사용한 데이터로 평가까지 하게 되면 모델의 객관적인 평가를 할 수 없습니다. 조금 쉽게 설명해볼게요. 기출문제를 열심히 풀고 시험을 본다면 성적이 잘 나오더라도 그것이 본인의 객관적인 실력이라고 할 수 없습니다. 이미 한 번 풀어본 기출문제이기 때문에 성적이 잘 나올 가능성이 크고 처음 보는 문제를 풀면 기대한 성적이 나오지 않을 수 있습니다. 모델학습도 마찬가지입니다. 학습에 사용한 데이터로 평가를 하면 이미 공부하면서 풀어본 기출문제로 시험까지 보는 것과 같은 상황입니다.

그래서 평가하려면 항상 학습에 사용되지 않은 데이터가 필요합니다. 대학 진학을 위한 수능시험을 예로 들게요. 수능시험을 보려고 수험생들은 기출문제를 풀고 6월 평가원 모의고사, 9월 평가원 모의고사를 보게 됩니다. 학습을 위해 기출문제를 열심히 풀어보고 학습해보지 않은 6월 모의고사를 통해 본인의 실력을 가늠해봅니다. 그러면 우리는 성적을 잘 받으려고 기출문제를 많이 분석하며 공부하고 다시 한번 6월 모의고사 문제를 풀어봅니다. 원하는 성적을 받을 때까지 이 과정을 반복하고 9월 평가원 모의고사를 통해 최종 자신의 성적을 확인해봅니다. 이 성적으로 수능 성적을 가늠해볼 수 있습니다. AI 모델학습도 같습니다. 준비된 데이터를 3등분하여 훈련 데이터는 기출문제, 검증 데이터는 6월 평가원, 평가 데이터는 9월 평가원 모의고사라고 생각하면 됩니다. 수능은 AI 모델이 상용 서비스에 들어간 상태로 이해하면 됩니다. 이러한 과정을 거쳐 범용적인 데이터에 잘 맞는 모델을 만들게 됩니다.

Check Point

AIDU ez에서는 훈련 데이터 : 검증 데이터 : 평가 데이터의 비율을 7 : 1 : 2로 나누고 있습니다

3) 과대적합(Over Fitting)

모델은 학습하고 나면 3가지(Under, Ideal, Over Fitting) 중 한 가지 상태가 됩니다. 우리는 이상적인 모델(Ideal Fitting)을 원하지만 과소적합(Under Fitting) 또는 과대적합(Over Fitting)이 되기도 합니다. 과소적합은 학습을 너무 적게 진행한 상태를 의미합니다. 아직 공부가 덜 된 상태라고 할 수 있는데, 이 문제는 해결하기가 매우 쉽습니다. 공부를 더 하면 됩니다. 학습 반복 횟수를 더 많이 늘려주면 과소적합은 해결할 수 있습니다. 과대적합은 어떨까요? 과대 적합이란 학습용 훈련 데이터가 대표성을 갖지 않거나 훈련 데이터를 가지고 지나치게 많은 학습을 하여 훈련 데이터에 대해서는 성능이 잘 나오지만, 검증 데이터나 평가 데이터에

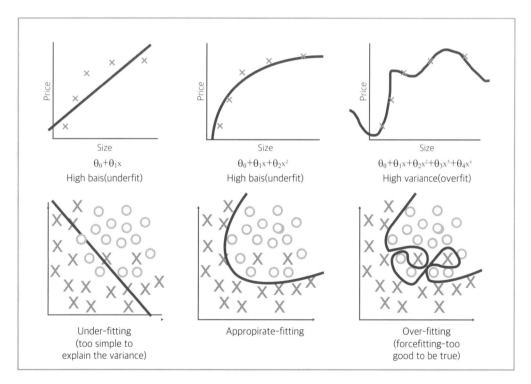

[그림 02-21] **과대적합(Over Fitting)**

출처: ML | Underfitting and Overfitting – GeeksforGeeks

서는 성능이 잘 나오지 않는 경우를 의미합니다. 즉, 훈련 데이터에 너무 편향된 상태입니다. 여기서 대표성을 갖지 않는다는 것은 어떤 의미일까요? 어떤 학교의 학업 성취도를 확인하려고 학생들 일부를 선택하여 시험을 대표로 보게 합니다. 이때 선택한 학생들을 골고루 뽑았다면 이 학교 성적을 대표할 수 있지만, 만약 최상위권 학생들로만 구성됐다면 학교 전체 성적을 대표할 수 없습니다. 후자의 경우에 훈련 데이터가 대표성을 갖지 않는다고 이야기합니다.

이번엔 지나치게 많은 학습을 한 경우를 알아보겠습니다. 수능시험을 대비하려고 기출문제를 풀 때 출제 의도와 핵심 원리 등을 파악하는 것이 아닌 단순히 답만 외우는 경우라고 할 수 있습니다. 기출문제의 답은 다 알고 있어서 같은 기출문제로 평가할 때는 성적이 잘 나오지만 처음 보는 6월, 9월 평가원 문제나 수능 문제에서는 성적이 잘 안 나오게 됩니다. 이 문제는 단순하게 해결되지는 않습니다. 이미 알려진 여러 기법을 사용해봐야 합니다. 대표적인 방법은 Early Stop을 사용하거나 딥러닝 알고리즘이라면 Drop out이라는 기법도 사용할 수 있습니다.

잠깐! AI 용어 Tip

- Early Stop: 과대적합을 막으려고 에폭 횟수 전에 학습을 조기 종료하기 위한 파라미터.
- Drop out: 과대적합을 줄이려고 임의로 노드를 제거해주는 확률 수준.

---

4) 딥러닝 하이퍼파라미터(Hyper Parameter)

본 내용을 학습하기 전에 'Step 3 더 깊게 알기_06. 딥러닝'을 학습하면 이해에 도움이 됩니다.

딥러닝 모델학습을 할 때 정해야 할 3가지 하이퍼파라미터 값이 있습니다. [그림 02-22]와 같이 에폭(Epoch), 배치 사이즈(Batch size), 조기 종료(Early stop)인데요. AIDU ez에 있는 기능 중심으로 살펴보겠습니다.

에폭은 훈련 데이터 전체를 몇 번 반복해서 학습할지 정하는 파라미터입니다. 에폭이 100이라면 훈련 데이터를 100번 반복해서 학습한다고 할 수 있습니다. 만약 학습 결과가 과소적합이라면 에폭이 부족한 상태라 이 수치를 늘려주면 됩니다.

배치 사이즈(Batch Size)는 데이터를 더 작은 단위인 미니 배치(Mini Batch)로 나누어 효율적인 학습을 하기 위한 파라미터입니다. 학습 데이터 전체를 가지고 한 번에 학습을 진행하면 매우 느리고 정말 많은 계산량이 필요합니다. 메모리 등 현재 가진 리소스를 넘어설 수도 있습니다. 그래서 데이터를 미니 배치로 나누어 학습하게 되는데, 이 미니 배치에 들어가는 데이터 크기를 배치 사이즈라고 합니다. 이렇게 미니 배치로 데이터를 나누게 되면 미니 배치 단위로 모델의 가중치가 업데이트 됩니다. 그러면 한 번의 학습(1epoch)에서 몇 번의 모델 가중치 업데이트가 일어날까요? 데이터 크기를 배치 사이즈로 나눈 횟수만큼 일어나게 되겠죠? 이 횟수를 이터레이션(Iteration)이라고 부릅니다. 조금 용어가 복잡하게 느껴질 겁니다. 용어보다는 효율적인

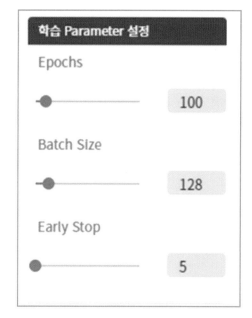

[그림 02-22] **딥러닝 하이퍼파라미터 설정(AIDU ez)**

학습을 위해 데이터를 더 작은 단위로 나누어 학습을 진행하고, 이 단위별로 가중치 업데이트가 일어난다는 점에 집중해주세요.

[그림 02-23]에 간단한 예제가 나와 있습니다. 앞서 배운 데이터 분할(Train, Valid, Test) 개념까지 적용했을 때 주어진 데이터와 하이퍼파라미터로 한 번 학습에 몇 번의 가중치가 업데이트 될지 계산해볼게요. 주어진 데이터가 103,904개이고 배치 사이즈는 128입니다. 103,904를 배치 사이즈인 128로 나눠주면 약 812이 나옵니다. 그럼 한 번의 학습에 812회의 가중치 업데이트가 이루어질까요? 아닙니다. 가중치 업데이트는 학습 데이터로 공부할 때 이루어집니다. 전체 데이터로 학습을 했다면 812번의 가중치 업데이트가 이루어지겠지만 우

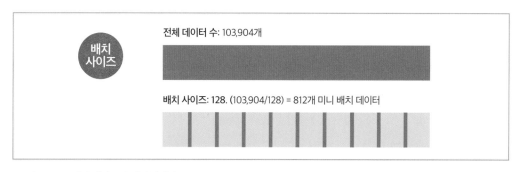

[그림 02-23] **배치 사이즈와 이터레이션**

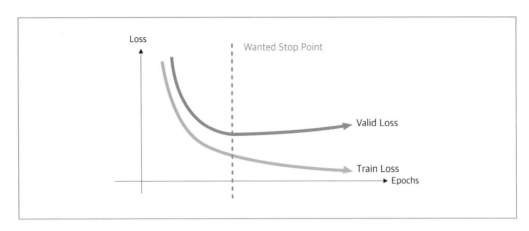

[그림 02-24] 조기 종료 조건

리는 전체 데이터를 7 : 1 : 2의 비율로 나누어 70%의 훈련 데이터로만 학습을 진행합니다. 즉, 812의 70%인 약 570회 가중치 업데이트가 이루어지는 것입니다.

다음은 조기 종료에 대해서 알아보겠습니다. 대표적인 과대적합(Over Fitting) 방지 기법의 하나인데요. 지정한 학습 횟수(Epochs)에 도달하지 않았어도 조건을 충족시킨다면 학습을 조기 종료시키는 기법입니다. AIDU ez에서는 학습시키면서 훈련 데이터, 검증 데이터의 손실(loss)을 관찰할 수 있는데요. 이때 학습 손실(Train loss)은 감소하나, 검증 손실(Valid loss)은 감소하지 않는 시점이 발생하면 그 시점으로부터 조기 종료 파라미터값만큼 학습을 더 해보며 지켜보다가 검증 손실이 더 이상 줄어들지 않는다면 학습을 중지시키게 됩니다.

총학습 횟수가 100이고 조기종료 파라미터가 5라고 해볼게요. 만약 N번째 에폭(epoch)에서 학습 손실은 감소했지만, 검증 손실은 감소하지 않는 현상이 발생했다면 조기종료 파라미터가 5이기 때문에 5번의 추가 학습 기회를 부여합니다. N+1, N+2, N+3, N+4, N+5번째

[그림 02-25] 조기 종료 예시

에폭까지 추가 학습을 진행해도 검증 손실이 개선(손실이 더 줄어드는 경우)되지 않는다면 100번의 학습 횟수를 채우지 않았어도 N+5번째 에폭에서 학습을 조기 종료하게 됩니다. 만약 N+3번째 에폭에서 검증 손실이 개선됐다면 학습을 지속하고 이후에 다시 학습 손실은 감소, 검증 손실은 감소하지 않는 에폭이 발생하면 해당 에폭부터 다시 5번의 추가 학습 기회를 부여받습니다.

5) 머신러닝 하이퍼파라미터(Hyper Parameter)

본 내용을 학습하기 전에 'Step 3 더 깊게 알기_05. 머신러닝'을 학습하면 이해에 도움이 됩니다.

머신러닝 모델학습을 할 때 알고리즘별로 설정할 수 있는 몇 가지 하이퍼파라미터 값이 있습니다. 알고리즘마다 구조가 달라 하이퍼파라미터에서도 차이가 있는데요. 대표적인 5개 알고리즘[선형 회귀, 로지스틱 회귀, KNN(K Nearest Neighbor), 의사결정나무, 랜덤 포레스트]에 대해서 AIDU ez에 있는 기능 중심으로 하나하나 살펴보겠습니다.

[그림 02-26]의 3가지 알고리즘 중 선형 회귀(Linear Regression)를 먼저 살펴볼게요. 선형 회귀 알고리즘은 회귀를 위한 알고리즘입니다. 다음과 같이 독립변수(x_1, x_2,···, x)와 파라미터(β_0, β_1, ···, β_n)의 선형 결합(Linear Combination)으로 이루어진 구조인데요.

[그림 02-26] 머신러닝 하이퍼파라미터_선형 회귀, 로지스틱 회귀, KNN(AIDU ez)

$$y(\text{예측 결과}) \approx \beta_0 + \beta_1 \times x_1 + \cdots + \beta_n \times x_n$$

[그림 02-26] AIDU ez 화면에서 fit_intercept는 $\beta_0=0$ 또는 $\beta_0 \neq 0$를 선택하는 하이퍼파라미터이고 normalize는 독립변수($x_1, x_2, \cdots, x_n$)에 대해 정규화를 적용할지 여부를 선택하는 하이퍼파라미터입니다. 단, normalize는 fit_intercept가 True인 경우에만 적용할 수 있습니다.

로지스틱 회귀(Logistic Regression)는 분류를 위한 알고리즘이며 penalty라는 하이퍼파라미터가 있습니다. 비용 함수(Cost Function)가 너무 복잡해지면 과대적합의 가능성이 커지는데요. 이를 막기 위해서 비용 함수가 너무 복잡해지면 제약 조건을 추가하는 역할을 penalty가 합니다. penalty의 종류에는 'l1'과 'l2'가 있고 이 penalty 강도를 설정하는 것이 C값입니다. C가 클수록 비용 함수에 대한 penalty의 영향이 줄어들게 됩니다.

KNN(K Nearest Neighbor)은 분류와 회귀 모두에 사용할 수 있는 알고리즘이며 새로운 데이터를 예측하기 위해서 예측하려는 데이터로부터 가장 거리가 가까운 k개의 최근접 데이터를 참조합니다. 이 알고리즘에서 n_neighbors가 k를 정하는 하이퍼파라미터입니다. 그리고 가중치는 데이터 간 거리를 계산할 때 거리가 가까울수록 큰 가중치를 부여할지 거리와 관계 없이 같은 가중치를 부여할지 결정하는 하이퍼파라미터입니다.

이번에는 [그림 02-27]에 나와 있는 나머지 2가지 알고리즘, 의사결정나무(Decision Tree)와 랜덤 포레스트(Random Forest)를 살펴볼게요. 두 알고리즘 모두 분류와 회귀 모두에 사용할 수 있습니다.

[그림 02-28]에 의사결정나무를 시각화해 보았습니다. 나무뿌리처럼 노드(node)를 적절한 조건에 따라서 계속 분기를 해나가는 알고리즘입니다. 의사결정나무에서 깊이(Depth)란 최상위 노드인 뿌리 노드부터 가장 마지막 노드까지의 층수를 의미합니다. 나무의 깊이가 너무 깊어지면 그만큼 분기된 노드 또한 많아져 과대적합의 가능성이 커집니다. 그래서 최대 깊이를 미리 지정하여 과대적합의 가능성을 줄여주는 역할을 하는 하이퍼파라미터가 max_depth입니다.

max_depth는 나무의 깊이를 조정해주었다면 노드 자체가 생성되는 조건을 조정하여 과대적합을 줄여주는 하이퍼파라미터도 있습니다. 먼저 노드에 속하는 데이터 수를 토대로 노드의 생성 제한 방법을 알아보겠습니다. [그림 02-28]을 다시 살펴보면 뿌리 노드에는 10개의 데이터가 있고 중간 노드에는 8개, 끝 노드에는 각각 2, 3, 5개의 데이터가 있습니다. 즉, 노드에 속하는 데이터 숫자는 끝 노드에 가까워질수록 줄어듭니다. 그러면 노드에 속하는 데이터

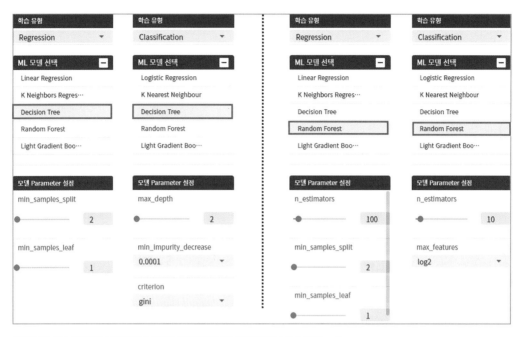

[그림 02-27] **머신러닝 하이퍼파라미터_의사결정나무, 랜덤 포레스트 (AIDU ez)**

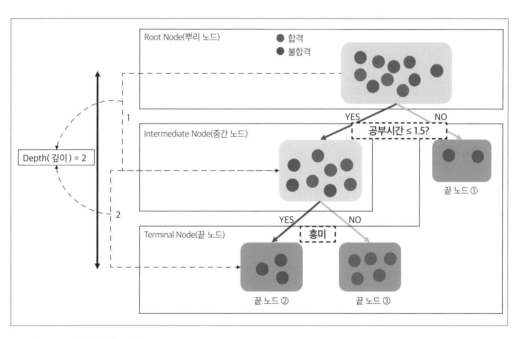

[그림 02-28] **의사결정나무 예제**

터 수를 제한하면 노드의 생성을 막을 수 있지 않을까요? 만약 끝 노드에 속하는 데이터 수를 최소 세 개로 제한한다면 끝 노드 ①은 만들어질 수 없을 것입니다. 이처럼 노드에 속하는 데이터 수를 제한하는 하이퍼파라미터가 2가지 있는데요. 노드별로 분기하기 위한 최소 데이터는 min_samples_split, 끝 노드에 있어야 할 최소 데이터 수를 min_samples_leaf 하이퍼파라미터로 조절할 수 있습니다.

이번에는 분기 조건의 측면에서 노드의 생성을 제한하는 방법을 살펴보겠습니다. 의사결정나무 중 분류 모델은 노드를 분기할 때 불순도(Impurity)라는 것을 최소화하는 방향으로 분기 조건을 찾게 됩니다. 이 불순도의 최소 감소 폭을 제한하여 노드의 생성을 조절할 수 있습니다. 우리는 min_impurity_decrease라는 하이퍼파라미터를 통해 최소 불순도를 지정할 수 있습니다. 또한 불순도를 계산할 수 있도록 수치화하는 방법을 선택할 수 있는 criterion이라는 하이퍼파라미터도 있습니다.

마지막으로 랜덤 포레스트(Random Forest)에 대해 살펴보겠습니다. [그림 02-29]에 랜덤 포레스트를 시각화해 보았습니다. 랜덤 포레스트는 의사결정나무 여러 개를 묶어서 만든 알고리즘이라 같은 하이퍼파라미터가 존재합니다. 랜덤 포레스트의 개별 의사결정나무의 노드 생성을 조절해주는 min_samples_split와 min_samples_leaf는 앞서 의사결정나무에서 살펴본 것과 같습니다.

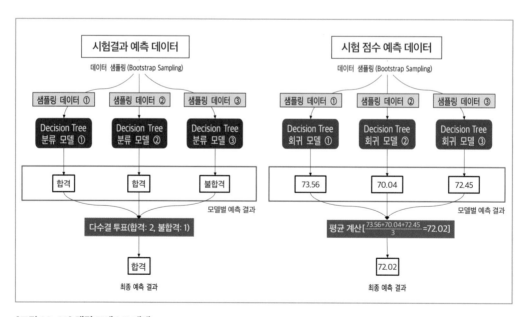

[그림 02-29] 랜덤 포레스트 예제

머신러닝 모델	하이퍼파라미터	설명
선형 회귀 (Linear Regression) [회귀]	fit_intercept	$y=ß_0+ß_1x_1+\cdots+ß_nx_n$에서 절편($ß_0$) 여부 -fit_intercept=False: $ß_0=0$
	normalize	독립 변수에 대해 정규화 적용 여부 (fit_intercept=True 경우에만 적용)
로지스틱 회귀 (Logistic Regression) [분류]	penalty	비용 함수가 너무 복잡해지면 제약을 걸어 과대적합을 방지하기 위한 기법 -penalty='l1': L1Regularization(Lasso regression) 비용 함수(Cost Function)$+\lambda(\lvert\beta_0\rvert+(\lvert\beta_1\rvert+\cdots+\lvert\beta_n\rvert)$ -penalty='l2': L2 Regularixation(Ridge regression) 비용 함수(Cost Function)$+\lambda\sqrt{\beta_0{}^2+\beta_1{}^2+\cdots+\beta_n{}^2}$
	C	Penalty의 강도를 설정($C=\frac{1}{\lambda}$) -C가 클수록 λ가 작아져 penalty의 영향이 줄어들게 됨
KNN (K Nearst Neighbor) [회귀/분류]	n_neighbors	예측에 사용할 최근접 데이터의 숫자
	weights	데이터 간 거리를 계산할 때 거리에 따라 가중치를 부여할지 여부 -weights='uniform': 동등한 가중치 -weights='distance': 거리에 반비례하게 가중치 부여(가까울수록↑)
의사결정나무 (Decision Tree) [회귀/분류]	max_depth	나무의 최대 깊이 지정 -과대적합 제어: 값이 클수록 노드가 많아져 과대적합 가능성 증가
	min_samples_split	노드를 분기하기 위한 최소한의 샘플 데이터 수 -과대적합 제어: 값이 작을수록 노드가 많아져 과대적합 가능성 증가
	min_samples_leaf	끝 노드에 있어야 할 최소한의 샘플 데이터 수 -과대적합 제어: 값이 작을수록 노드가 많아져 과대적합 가능성 증가
	min_impurity_ decrease	최소 불순도(Impurity) -노드를 분기할 때 불순도의 감소가 이 값보다 크거나 같아야 함
	criterion	불순도를 수치화하는 지표 선택 -criterion='gini': 지니계수(Gini Index) -criterion='entropy'=엔트로피(Entropy)
랜덤 포레스트 (Random Forest) [회귀/분류]	n_estimators	랜덤 포레스트를 구성하는 의사결정나무의 개수
	min_samples_split	각 의사결정나무의 노드를 분기하기 위한 최소한의 샘플 데이터 수 -과대적합 제어: 값이 작을수록 노드가 많아져 과대적합 가능성 증가
	min_samples_leaf	각 의사결정나무의 끝 노드에 있어야 할 최소한의 샘플 데이터 수 -과대적합 제어: 값이 작을수록 노드가 많아져 과대적합 가능성 증가
	max_features	노드를 분기할 때 고려할 독립변수의 수 -max_features='log2': $\log_2$(독립변수의 수) -max_features='sqrt': $\sqrt{\text{독립변수의 수}}$

[표 02-6] **머신러닝 하이퍼파라미터**

랜덤 포레스트는 의사결정나무의 묶음이라고 설명했는데요. 그러면 몇 개의 의사결정나무가 하나의 랜덤 포레스트를 구성할까요? 바로 n_estimators 하이퍼파라미터를 통해 직접 지정할 수 있습니다. 여러 사람이 한 가지 주제에 대해 다양한 의견을 제시하는 것과 같이 랜덤 포레스트는 다양한 의사결정나무의 의견을 수렴합니다. 그렇다면 다양한 의사결정나무로 랜덤 포레스트를 구성해야 할 텐데요. 우리는 각 노드를 분기하는 조건을 만들 때 사용하는 독립변수를 다양하게 하여 서로 다른 의사결정나무를 만들어낼 수 있습니다. 이를 위해 고려할 독립변수 수를 제한해주는 max_features 하이퍼파라미터를 사용합니다.

지금까지 5개 머신러닝 알고리즘의 대표적인 하이퍼파라미터들을 살펴보았고 [표 02-6]에 정리해보았습니다. 각 하이퍼파라미터들을 설정하는 정답이 있는 것은 아니기 때문에 하나하나 조절해보며 모델의 성능이 커지는 쪽으로 계속 수정합니다.

 Review

▶ 적절한 AI 알고리즘을 선택하려면 과제의 목적이 예측인지 설명인지 결정해야 합니다.

▶ 과대적합을 방지하려면 조기종료(early stopping), 드롭아웃(Drop Out)을 사용할 수 있습니다.

▶ 효율적인 학습을 위해서 학습 데이터를 미니 배치(Mini Batch)로 나누어 학습합니다.

 Q&A

Q 다음 빈칸에 들어갈 알맞은 답을 골라주세요.

딥러닝 알고리즘의 경우 비교적 모델의 성능은 [높고/낮고]

모델의 설명력은 [높습니다/낮습니다].

A. 높고, 낮습니다.

4.2 결과 평가

 학습목표

모델의 종류에 따라 적절한 평가 지표를 선택하는 방법을 배우고 평가의 비교 대상을 선정하는 방법론을 학습합니다.

모델학습의 결과를 평가하려면 모델의 종류와 과제의 목적에 따라서 적절한 평가 지표를 선택하고 평가의 기준이 되는 비교 대상을 선정해야 합니다.

1) 평가 지표 선택

평가 지표 선택을 먼저 알아보겠습니다. 지도학습에는 크게 2가지 종류의 모델이 있습니다. 회귀(Regression) 모델과 분류(Classification) 모델인데요. [그림 02-30]에 나와 있듯이 평가 지표가 조금 다릅니다.

회귀 모델의 경우에는 평균절대오차(MAE, Mean Absolute Error), 평균제곱오차(MSE, Mean Squared Error), 평균제곱근오차(RMSE, Root Mean Squared Error), 결정계수(R2)를 주로 사용합

회귀 모델

MAE(Mean Absolute Error)

$$MAE = \frac{1}{n}\sum_{i=1}^{n}|Y_i - \hat{Y}_i|$$

MSE(Mean Square Error)

$$MSE = \frac{1}{n}\sum_{i=1}^{n}(Y_i - \hat{Y}_i)^2$$

RMSE(Root Mean Square Error)

$$RMSE = \sqrt{\frac{\sum(y - \hat{y})^2}{n}}$$

R2(Rsquared)

$$R^2 = 1 - \frac{SS_{RES}}{SS_{TOT}} = 1 - \frac{\sum_i(y_i - \hat{y}_i)^2}{\sum_i(y_i - \bar{y}_i)^2}$$

분류 모델

$$\text{Accuracy(정확도)} = \frac{\text{각 Label별 정답 개수}}{\text{전체 Label 개수}}$$

$$\text{Precision(정밀도)} = \frac{\text{내가 맞힌 1의 개수}}{\text{내가 1이라 예측한 개수}}$$

$$\text{Recall(재현율)} = \frac{\text{내가 맞힌 1의 개수}}{\text{전체 데이터 중 1의 개수}}$$

$$\text{F1-score} = 2 \times \frac{\text{Precision} \times \text{Recall}}{\text{Precision} + \text{Recall}}$$

[그림 02-30] **모델 평가 지표**

니다.

평균절대오차, 평균제곱오차, 평균제곱근오차는 실제값과 예측값 차이인 오차를 표현하는 방식이고 값이 작을수록 좋은 모델입니다. 조금 더 자세히 살펴보면 평균절대오차는 실제값(Y_i)과 우리 모델의 예측값($\hat{Y}_i$)을 뺀 값(오차)에 음수값을 가지지 않도록 절댓값을 취해주는 방식 ($|Y_i-\hat{Y}_i|$)으로 모든 오차를 더한 후 데이터의 개수(n)로 나누어 평균값을 구해줍니다. 평균제곱오차는 평균절대오차와 유사한데요. 오차값에 절댓값을 취하는 것 대신에 제곱 ($|Y_i-\hat{Y}_i|^2$)을 해준다는 차이만 있습니다. 에러에 제곱하다 보니 에러가 크면 클수록 그에 따른 가중치가 높아집니다. 평균제곱근오차는 평균제곱오차에 루트를 씌운 값입니다.

이번에는 결정계수를 살펴보겠습니다. 오차를 직접 나타낸 앞선 3가지 지표와 달리 이 지표는 값이 1에 가까울수록 모델 성능이 좋다고 볼 수 있습니다. 회귀 모델이 얼마나 설명력이 있는지 나타낸 지표로 예측값과 실제값이 얼마나 강한 상관관계를 가지는지 설명력을 요약해줍니다.

다음은 분류 모델의 평가 지표를 알아보겠습니다. [그림 02-31]에 나와 있듯이 정확도 (Accuracy), 정밀도(Precision), 재현율(Recall), F1스코어(F1-Score)가 있습니다.

정확도는 우리의 분류 모델이 전체 데이터 중에 몇 개나 정확하게 예측했는지를 표현하는 방식입니다. 정밀도와 재현율은 조금 더 세밀한 평가 지표인데요. 우리 분류 모델이 양성 (Positive)과 음성(Negative) 중 하나를 예측하는 모델이고, 특정 상황이 중요하다면 정밀도나

$$\text{정확도(Accuracy)} = \frac{\text{각 Label별 정답 개수}}{\text{전체 Label 개수}} = \frac{TP+TN}{TP+FN+FP+TN}$$

$$\text{정밀도(Precision)} = \frac{\text{내가 맞힌 A의 개수}}{\text{내가 A라 예측한 개수}} = \frac{TP}{TP+FP}$$

$$\text{재현율(Recall)} = \frac{\text{내가 맞힌 A의 개수}}{\text{전체 데이터 중 A의 개수}} = \frac{TP}{TP+FN}$$

$$\text{F1스코어(F1-score)} = 2 \times \frac{\text{Precision} \times \text{Recall}}{\text{Precision} + \text{Recall}}$$

[그림 02-31] **분류 모델 평가 지표**

재현율을 사용해야 합니다. 양성에 대한 정밀도는 우리 모델이 양성이라고 예측한 개수 중에 실제로 양성인 개수의 비율입니다. 양성에 대한 재현율은 실제로 양성인 개수 중에 우리 모델이 양성이라고 잘 맞춘 개수의 비율입니다.

마지막으로 F1스코어는 서로 trade-off 관계에 있는 정밀도와 재현율을 조화 평균하여 한 번에 포괄적으로 보기 위한 지표입니다.

그럼 정밀도와 재현율은 어떨 때 봐야 하는 지표일까요? 암 진단을 위한 AI 모델 (양성: 암, 음성: 정상)일 때 양성을 음성으로 판정하는 경우가 음성을 양성이라고 판정한 경우보다 훨씬 더 위험합니다. 이 상황에서 정밀도와 재현율 수식을 확인해볼게요.

$$\text{양성 정밀도} = \frac{\text{양성인데 양성으로 잘 예측}}{\text{양성인데 양성으로 잘 예측} + \text{음성인데 양성으로 잘못 예측}}$$

$$\text{양성 재현율} = \frac{\text{양성인데 양성으로 잘 예측}}{\text{양성인데 양성으로 잘 예측} + \textbf{양성인데 음성으로 잘못 예측}}$$

양성을 음성으로 잘못 예측하는 경우가 가장 피해야 할 상황인데 정확도만 가지고는 판단이 힘듭니다. 그렇다면 정밀도와 재현율 중 이 수치를 낮추려면 어떤 것을 봐야 할까요? 우리가 피하고 싶은 상황은 재현율의 분모에 들어가 있습니다. 따라서 분모를 최대한 작게 만들려면 재현율 자체가 커져야 하므로 암 진단 모델에서는 재현율이 가장 중요한 평가 지표입니다.

이번에는 스팸 메일을 판단하는 AI 모델(양성: 스팸, 음성: 정상)을 살펴보겠습니다. 이 경우에는 음성을 양성으로 판정하는 경우가 양성을 음성이라고 판정하는 경우보다 훨씬 위험합니다. 정상 메일을 받지 못해 업무 등에 영향을 줄 수 있기 때문입니다. 다시 한번 수식을 살펴보겠습니다.

$$\text{양성 정밀도} = \frac{\text{양성인데 양성으로 잘 예측}}{\text{양성인데 양성으로 잘 예측} + \textbf{음성인데 양성으로 잘못 예측}}$$

$$\text{양성 재현율} = \frac{\text{양성인데 양성으로 잘 예측}}{\text{양성인데 양성으로 잘 예측} + \text{양성인데 음성으로 잘못 예측}}$$

우리가 피하고 싶은 상황은 정밀도의 분모에 들어가 있습니다. 따라서 스팸 메일 판단 AI 모

		현실	
		Positive	Negative
예측	Positive	TP(True Positive)	FP(False Positive)
	Negative	FN(False Negative)	TN(True Negative)

[그림 02-32] 혼동 행렬(Confusion Matrix)

델은 정밀도가 가장 중요한 평가 지표입니다.

한편, 정밀도와 재현율은 TP(True Positive), FP(False Positive), FN(False Negative), TN(True Negative)이라는 용어를 사용해서 표현합니다. 이 표현은 [그림 02-32]의 혼동 행렬(Confusion Matrix)로 정리해볼 수 있습니다. 우리 모델이 잘 예측했다면 'True', 잘못 예측했다면 'False'가 되는 것이고 예측 결과가 양성이면 'Positive', 음성이면 'Negative'라는 표현을 사용합니다. 그래서 True Positive(TP)란 말은 우리 모델이 실제 양성인데 양성(Positive)으로 잘(True) 예측한 것을 의미하고, False Negative(FN)는 우리 모델이 실제 양성인데 음성(Negative)으로 잘못(False) 예측한 것을 의미합니다. 즉, 앞에 T(True)와 F(False)는 정답인지 오답인지 여부를 나타내고, 뒤에 P(Positive)와 N(Negative)은 우리 모델이 예측한 결과입니다. 다시 한번 수식으로 정리해볼게요.

$$양성\ 정밀도 = \frac{양성(Positives)으로\ 잘(True)\ 예측(TP)}{양성(Positives)로\ 잘(True)\ 예측[TP] + 양성(Positives)으로\ 잘못(False)\ 예측[FP]}$$

$$양성\ 재현율 = \frac{양성(Positives)으로\ 잘(True)\ 예측(TP)}{양성(Positives)로\ 잘(True)\ 예측[TP] + 음성(Negatives)으로\ 잘못(False)\ 예측(FN)}$$

2) 평가 기준 세우기

모델을 평가할 지표를 정하는 것보다 기준을 세우는 것이 무엇보다 중요합니다. 어떤 분류 모델의 정확도가 90%가 나왔습니다. 좋은 모델이라고 이야기할 수 있을까요? 아닙니다. 그렇다면 좋지 않은 모델일까요? 그것도 아닙니다. 비교 대상이 없으므로 우리는 좋은지 나쁜지 판단할 수 없습니다. 조금 더 쉽게 얘기해볼게요. A라는 시험과 B라는 시험이 있고 둘 다

100점 만점입니다. 어떤 학생이 A라는 시험은 30점, B라는 시험에서는 90점을 받았습니다. A시험은 안 좋은 성적이고 B라는 시험에서는 좋은 성적을 받은 걸까요? 여전히 우리는 알 수 없습니다. 비교 대상이 없기 때문입니다. 만약 A라는 시험의 1등이 30점이면 이 학생은 엄청난 성적을 거뒀다고 할 수 있습니다. 반대로 B라는 시험의 평균이 98점이라면 90점은 높은 점수가 아닙니다. 이처럼 평가라는 것은 비교 대상이 있어야만 그 가치를 판단할 수 있습니다.

그럼 이 비교 대상은 어떻게 알 수 있을까요? 유사한 AI 과제가 있다면 해당 과제의 모델 성능을 비교 대상으로 잡을 수 있습니다. 그 후에는 우리가 만든 기준이 되는 베이스라인 (baseline) 모델과 계속 비교해보면 됩니다. 만약 유사한 과제가 없다면 어떻게 해야 할까요? 이런 경우엔 AI가 아닌 기존 방식을 살펴보면 됩니다. 사람이 수작업으로 진행했거나 액셀 또는 다른 자동화 도구를 사용해서 진행했을 때의 성능을 지표화하여 비교해보면 됩니다. 가장 어려운 것은 기존 방식을 지표화할 수 없거나 유사한 과제도 없고 기존에 하던 일이 아닌 경우입니다. 이럴 때는 우리가 만든 베이스라인 모델과 계속 비교해보고 어느 정도의 성능을 보여야 사용자가 만족할지 설문조사 등을 통해서 그 기준을 세워야 합니다.

 Review

▶ 회귀 모델은 MAE, MSE, RMSE, R2 Score, 분류 모델은 Accuracy, Precision, Recall, F1-Score 평가 지표를 사용합니다.

▶ 평가의 비교 대상이 있어야 평가할 수 있습니다. 유사한 과제의 AI 모델 성능이나 기존 방식의 성능 등과 비교할 수 있습니다.

 Q&A

Q 반도체의 불량 여부를 판단하는 AI 모델을 만들고자 합니다. 반도체 불량률은 엄청나게 낮아서 정확도는 99% 이상이 나오게 됩니다. 이런 경우에는 평가 지표를 정밀도나 재현율로 선정해야 하는데요. 정밀도와 재현율 중 어떤 지표를 극대화해야 할까요? (정상인 반도체이지만 불량으로 잘못 예측하는 것보다 불량인데 정상으로 잘못 예측하는 것이 훨씬 위험한 상황이라고 합니다.)

A. 재현율

$$양성\ 재현율 = \frac{불량\ 반도체로\ 잘\ 예측}{불량\ 반도체로\ 잘\ 예측+정상\ 반도체로\ 잘못\ 예측}$$

4.3 더 나은 모델 만들기

 학습목표

비교 대상이 되는 모델보다 더 성능이 좋은 모델을 만들어내는 방법을 학습합니다.

우리는 전처리 된 데이터를 갖고 베이스라인 모델을 만들게 됩니다. 이 모델의 성능은 대부분 기대 수준보다 낮을 것입니다. 그렇다면 이 베이스라인 모델의 성능을 비교 대상으로 하여 더 나은 성능을 보여주는 모델을 만들어야 할 텐데 어떻게 해야 성능이 좋아질까요? 대표적인 4가지 방법이 있습니다.

① 더 많은 수의 데이터를 학습에 사용하는 것입니다. 흔히 빅데이터(Big Data)라고 부르는 엄청난 양의 데이터를 학습에 집어넣는다면 성능이 향상될 수 있습니다.

② 사용하는 AI 알고리즘을 바꿔보는 것입니다. 데이터의 특성에 따라 적합한 알고리즘이 다르므로 적합한 알고리즘을 찾으려고 알고리즘을 다양하게 바꿔보며 성능을 비교해볼 필요가 있습니다.

③ AI 알고리즘의 하이퍼파라미터를 바꿔서 모델을 튜닝시키는 것입니다. 딥러닝 알고리즘이라면 은닉계층(Hidden layer)의 개수나 노드(Node)의 개수를 바꿔보는 등의 시도를 해볼 수 있습니다.

④ 가장 어려우면서도 가장 효과적인 방법인데요. 바로 피처엔지니어링(Feature Engineering)을 해보는 것입니다. 우리는 전처리를 잘 끝냈다고 답할 수 있겠지만 여기서는 단순한 데이터 가공에서의 전처리를 의미하는 것이 아닙니다. 데이터를 더 분석해 보고 만들어낼 수 있는 파생변수를 찾는 과정입니다. 이미 존재하는 입력데이터 피처(Feature)는 그대로 두고 성능을 높이기가 쉽지 않습니다. 기존 피처 간의 관계나 새로운

관점에서 분석하여 새로운 피처를 만드는 과정이 힘들지만 그만큼 강력합니다. 단, 기존 피처를 가지고 새로운 피처를 만든다고 무조건 성능이 좋아지는 것은 아닙니다. 정말 많은 시도를 해봐야 성능을 향상시킬 수 있습니다. 다양한 방법 중 가장 대표적인 방법을 실습 시간에 소개하겠습니다.

 Review

▶ 모델을 개선하는 4가지 방법이 있습니다.

① 더 많은 수의 학습 데이터 사용

② AI 알고리즘 변경

③ AI 알고리즘의 하이퍼파라미터 변경

④ 피처 엔지니어링(Feature Engineering)을 통한 파생변수 생성

 Q&A

Q 모델 성능을 개선할 수 있는 다양한 방법 중에 피처 엔지니어링을 통한 [   ] 생성이 있습니다. 빈칸에 들어갈 말은 무엇일까요?

A. 파생변수

STEP
2

해보기

AI Certificate  **for Everyone**

03
EZ로 AI 실습하기(분류)

[분류]
호텔 예약 취소 여부 예측

과거에는 특별한 날이나 행사, 출장 등의 일정이 있을 때 주로 호텔을 방문했습니다. 그러나 최근에는 다른 지역으로 떠나는 일반적인 휴가와 달리 호텔에서 휴가를 보낸다는 호캉스라는 말이 생겨나면서 호텔 수요가 늘어났습니다. 호텔 수요가 늘어난 만큼 예약하고 취소하는 고객들의 수도 많이 늘어났는데요. 그에 따라서 취소 객실의 관리가 더욱 중요해졌습니다. 사전에 예약이 취소될 가능성이 큰 객실들을 알 수 있다면 객실 관리가 훨씬 수월해질 수 있지 않을까요? 이러한 문제 제기를 통해 우리 과제의 목적과 목표를 정의해보겠습니다.

- 과제 목적: 사전에 객실 수요 파악 하기
- 과제 목표: 호텔 예약 취소 여부 예측

과제의 목적과 목표를 토대로 첫 번째 실습인 분류 과제로 호텔 예약 취소 여부를 예측해보려고 합니다. 우리는 1(예약 취소) 또는 0(예약 유지) 둘 중 하나의 값으로 구성된 타깃(Target)변수를 예측하는 이진 분류 모델을 만들게 되는 것입니다. 여기서 타깃변수란 AI 모델이 예측하고자 하는 칼럼입니다. 이번 실습은 분류 과제이기 때문에 AI 모델의 성능 평가 지표로 정확도(Accuracy), 정밀도(Precision), 재현율(Recall), F1스코어(F-1 Score)를 사용합니다.

1.1 데이터 가져오기

학습목표

캐글 웹사이트에서 데이터를 다운받는 방법을 배우고 AIDU ez에 데이터를 업로드 후 데이터의 칼럼별 의미를 살펴봅니다.

우리가 실습할 과제는 캐글(데이터과학과 머신러닝 경진대회를 주최하는 온라인 커뮤니티로 구글에서 운영)에 공개된 데이터를 사용합니다.

1) 캐글에서 데이터 다운 받기

데이터를 다운 받기 위해서 [그림 03-1]과 같이 캐글 웹사이트(https: //www.kaggle.com) 에 접속 후 회원가입을 해주세요. 우측 상단의 Register 버튼을 누르고 사용할 자신의 이메일 주소와 캐글에서 비밀번호를 입력하면 계정이 생성됩니다. 로그인한 후 검색창에 Hotel booking demand를 입력하고 범주를 Datasets를 누른 후 나타난 결과의 첫 번째 게시물에

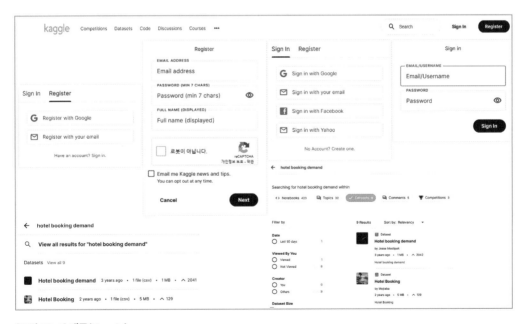

[그림 03-1] 캐글(Kaggle)

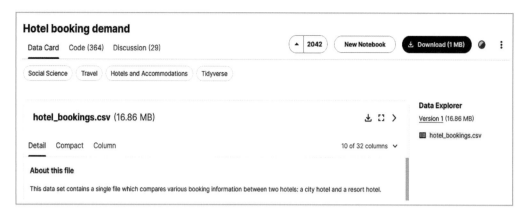

[그림 03-2] 캐글데이터 다운로드

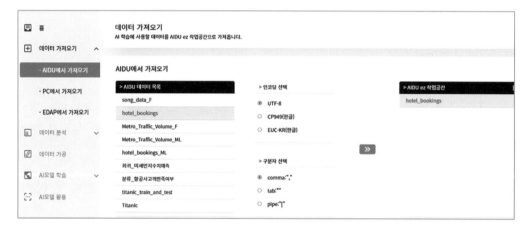

[그림 03-3] AIDU ez 데이터 업로드

들어가세요. 스크롤을 조금 아래로 내리다 보면 hotel_bookings.csv라는 이름과 함께 우측에는 다운로드 버튼이 있고 아래에는 데이터 미리보기가 있습니다. 다운로드 버튼을 눌러주세요.

데이터를 사용하려면 다운 받은 hotel_bookings.csv 파일을 AIDU ez 플랫폼에 업로드 해야 합니다. 업로드 방법은 〈부록 1. 코딩이 필요없는 AIDU ez 활용법〉 '1.2 데이터 가져오기'를 참고해주세요.

2) 데이터 칼럼 살펴보기

우리의 데이터는 119,390개의 행, 32개의 열로 구성된 테이블 형태의 데이터입니다. 우리가 예측하려는 타깃변수는 is_canceled이고 개별 열의 설명은 [표 03-1]에 정리했습니다.

칼럼명	데이터 타입	설명	칼럼명	데이터 타입	설명
hotel	Object	호텔 타입	is_repeated_guest	Numeric	재방문 여부
is_canceled	Numeric	취소 여부	previous_cancellations	Numeric	과거 취소 이력
lead_time	Numeric	예약 접수일~ 체크인 날짜 사이에 경과한 일수	previous_bookings_not_canceled	Numeric	과거 숙박 이력
arrival_date_year	Numeric	체크인 연도	reserved_room_type	Object	예약 객실 타입
arrival_date_month	Object	체크인 월	assigned_room_type	Object	배정 객실 타입
arrival_date_week_number	Numeric	체크인 주 (52주 기준)	booking_changes	Numeric	예약 변경 횟수
arrival_date_day_of_month	Numeric	체크인 일	deposit_type	Object	보증금 타입
stays_in_weekend_nights	Numeric	숙박 기간 중 주말 수	agent	Numeric	여행사 ID
stays_in_week_nights	Numeric	숙박 기간 중 주중 수	company	Numeric	예약했거나 지급할 책임 있는 회사 ID
adults	Numeric	adults 투숙객 인원수	days_in_waiting_list	Numeric	예약 접수 후 확정까지 걸린 기간
children	Numeric	Children 투숙객 인원수	customer_type	Object	고객 타입
babies	Numeric	Babies 투숙객 인원수	adr	Numeric	총 숙박 건을 숙박 일로 나눈 비율
meal	Object	식사 예약 타입	required_car_parking_spaces	Numeric	주차 차량 대수
country	Object	투숙객 국적	total_of_special_requests	Numeric	투숙객 특별 요구사항 횟수
market_segment	Object	마켓 분류	reservation_status	Object	예약 상태
distribution_channel	Object	유통 채널	reservation_status_date	Object	예약 상태 업데이트 날짜

[표 03-1] **칼럼별 의미**

 **Review**

▶ 캐글에서 hotel_bookings.csv 파일을 다운 받습니다.

▶ AIDU ez에 다운 받은 데이터를 업로드 합니다.

▶ 타깃변수(is_canceled) 포함 32개의 열(칼럼)을 간단하게 살펴보았습니다.

 Q&A

Q 우리의 타깃변수는 1(예약 취소) 또는 0(예약 유지) 둘 중 하나의 값으로 구성돼 있습니다. 이 데이터를 갖고 회귀와 분류 중 어떤 모델을 만들게 될까요?

A. 분류 모델

예약 취소 또는 예약 유지 둘 중 하나를 맞추는 이진 분류 모델

1.2 탐색적 데이터 분석(EDA) – ① 기초 정보 분석

 학습목표

기초 정보 분석을 통해 데이터의 특성을 파악하고 추가적인 시각화 분석 필요 여부를 확인할 수 있으며, 전처리에 필요한 인사이트를 찾을 수 있습니다.

성능 좋은 AI 모델을 만들려면 데이터 이해, 데이터 전처리와 가공이 중요합니다. 이를 위해 각 데이터 칼럼별 데이터 분포, 결측치, 이상치 확인을 하고 데이터 시각화를 하는데, 이를 탐색적 데이터 분석(Exploratory Data Analysis, 이하 EDA)이라고 합니다.

잠깐! AI 용어 Tip

- 타깃변수(Target Variable): 라벨 칼럼(Label Column), 종속변수

- 피처(Feature): 입력 칼럼(Input Column), 독립변수, 데이터의 여러 칼럼 중 타깃변수를 제외한 나머지 열

우리는 EDA를 통해서 어떤 피처(feature)가 중요한지, 어떤 피처를 제거할지, 만들 수 있는 새로운 피처는 있는지 등 데이터의 가공 방향 또한 결정할 수 있습니다. EDA의 방법에는 그래픽 요소를 사용하지 않고 통계적인 수치를 통해 데이터를 분석하는 비시각화(Non-Graphic)와 차트, 그림 등을 이용하여 데이터를 확인하는 시각화(Graphic)로 나뉩니다. 또한 우리가 분석할 변수를 기준으로는 1개의 변수만을 분석하는 일변량(Univariate) 분석과 2개 이상의 변수 사이의 관계를 분석하는 다변량(Multi-variate) 분석으로도 나눌 수 있습니다.

데이터를 자세히 살펴보기 전에 용어 정리를 잠깐 해보겠습니다. 우리가 다루는 테이블 형태의 데이터(Tabular Data)에서 사용하는 몇 가지 용어가 있는데요. 가로줄은 행(Row), 세로줄은 열(Column, 이하 '칼럼')이고 특별히 칼럼은 종류에 따라 2가지로 나뉩니다. 칼럼 중에 우리가 예측하려는 타깃변수는 'is_canceled'이고 이를 라벨 칼럼 또는 종속변수라고도 부릅니다. 나머지 칼럼은 입력 칼럼(Input Column), 독립변수 또는 피처라고도 부릅니다. 그리고 주어진 데이터를 깨끗하게 만들어주는 결측값(missing) 처리, 이상치 처리 등 데이터 정제(Data Cleaning) 과정을 데이터 전처리(Data Preprocessing)라고 합니다. 전처리 된 데이터를 가공해 모델의 성능을 더 높이기 위한 작업도 진행하는데요. 이를 피처 엔지니어링(Feature Engineering)이라고 부릅니다. 대표적인 피처 엔지니어링에는 문자를 숫자로 바꿔주는 인코딩, 수치형 데이터의 범위를 조절해주는 스케일링, 기존 피처를 통해 새로운 피처를 만들어내는 파생변수 생성 등이 있습니다.

먼저 AIDU ez의 기초 정보 분석을 통해 비 시각화 분석을 해보겠습니다. 본격적인 분석을 해보기 전에 우리가 확보한 데이터가 어떻게 생겼는지 [그림 03-4]와 같이 데이터 샘플 보

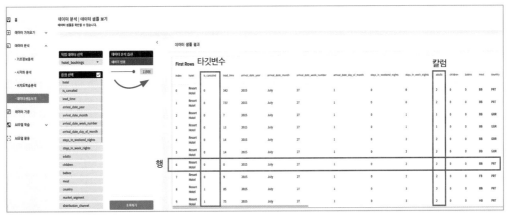

[그림 03-4] 데이터 샘플

기를 통해 살펴보겠습니다.

좌측 메뉴 중 '데이터 분석-데이터 샘플 보기' 메뉴로 들어가보겠습니다. 데이터 범위를 드래그해서 오른쪽 끝까지 이동시켜 전체 데이터(119,390행)를 선택하고 조회하기 버튼을 누르게 되면 우측에 테이블 형태로 데이터가 보입니다. 데이터의 상단 10개(First Rows), 하단 10개(Last Rows)의 데이터를 샘플로 보여주고 있습니다.

개별 칼럼을 분석하기 전에 데이터의 전체 통계 요약을 먼저 살펴보겠습니다. 좌측 메뉴 중 '데이터 분석-기초 정보 분석' 메뉴로 들어가보겠습니다. 데이터 범위를 드래그해서 오른쪽 끝까지 이동시켜 전체 데이터를 선택하고 조회하기 버튼을 누른 뒤 바로 보이는 정보가 통계 요약 정보입니다. [그림 03-5]를 보면 데이터 정보에는 6가지 정보가 나와 있는데요. Number of variables는 열(칼럼)의 개수를 의미하고 Number of observations는 행의 개수를 의미합니다. Missing cells는 각 칼럼의 결측치(비어있는 값)의 개수의 합으로 전체 데이터 내 결측값의 개수를 의미하고 가장 주의 깊게 봐야 할 정보입니다. 결측값 유무에 따라 데이터 가공의 방향이 달라지기 때문입니다. Duplicated rows는 전체 칼럼을 기준으로 중복된 행이 몇 개나 있는지 알려주고 있습니다. 우측의 유형은 데이터 타입의 분포를 보여줍니다.

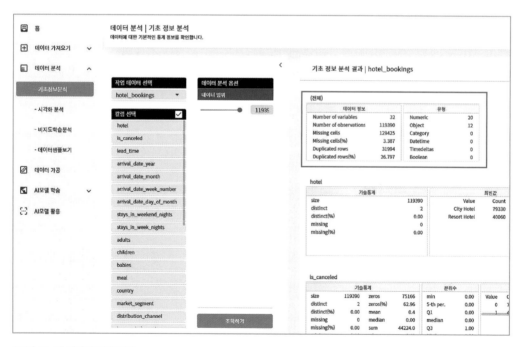

[그림 03-5] 데이터 통계 요약

나의 AI 경쟁력 AICE시험 완벽 대비 BASIC편

우리가 사용할 데이터의 통계 요약 정보를 확인해보세요. Missing cells의 값이 0이 아니네요. 결측값이 존재합니다. 우리는 어떤 칼럼에 결측값이 있는지 그리고 어떻게 이 값들을 채워 넣을지 다음에 진행할 칼럼을 분석할 때 생각해봐야 합니다.

요약 정보의 유형을 확인해보면 우리의 피처는 크게 문자형(Object)과 수치형(Numeric)으로 나뉘는데요. 이 유형에 따라서 칼럼별 분석 결과도 조금 다릅니다.

먼저, Object는 기술 통계(summary statistics), 최빈값(mode), 막대그래프(Bar chart)로 구성이 됩니다. 기술 통계 안에는 size, distinct, missing, 그리고 전체 size 대비 distinct와 missing의 비율을 보여줍니다. 여기서 size는 우리 데이터의 행 개수이고 distinct는 유일한 값의 개수입니다. 좀 더 쉽게 설명하면 엑셀에서 특정 열의 중복값 제거를 실행하고 남은 데이터의 개수가 distinct입니다. missing은 빈 값, 즉 결측값의 개수를 의미합니다. 최빈값은 유일한 값들의 출현 빈도를 순서대로 최대 6개까지 보여줍니다. 막대그래프는 유일한 값의 빈도순으로 각 값의 출현 횟수를 최대 4개까지 그래프로 보여주고 4개를 초과하면 나머지 값들의 출현 횟수의 총합을 Others(4개를 초과하는 나머지 값들의 수)로 나타냅니다.

Numeric 타입은 Object보다 분석 결과가 더 다양합니다. 기술 통계, 분위수(Quantile), 최빈값, 히스토그램(histogram)으로 구성됩니다. 기술 통계 안에는 수치로 계산이 가능한 정보들이 더 나타나는데요. 상대적으로 쉬운 개념인 최솟값(minimum), 최댓값(maximum), 데이터에서 0의 개수(zeros), 평균값(mean), 중앙값(median)부터 통계적 배경지식이 필요한 표준편차(sd, standard deviation), 왜도(skewness)까지 나와 있습니다.

각 용어의 의미를 간단하게 설명하겠습니다. 평균은 데이터의 전체 합계(sum)를 데이터의 개수(size)로 나눈 값인 산술평균을 의미하고, 중앙값은 데이터를 크기순으로 나열했을 때 가운데에 있는 데이터값을 의미합니다. 여기까지는 어렵지 않습니다. 남은 2가지가 생소하면서도 어렵습니다. 이런 개념이 있다는 정도만 알면 됩니다. 표준편차는 평균에 대한 오차입니다. 즉, 실제 데이터값이 평균을 기준으로 할 때 얼마나 퍼져 있는지 나타냅니다. 표준편차가 작을수록 데이터들이 평균 근처에 몰려 있다는 것을 의미합니다. 마지막으로 왜도는 데이터 분포의 대칭성이 얼마나 깨져 있는지 나타내는 지표입니다. 보통 -1보다 작거나 1보다 크면 상당히 치우쳐 있는 데이터로 볼 수 있습니다.

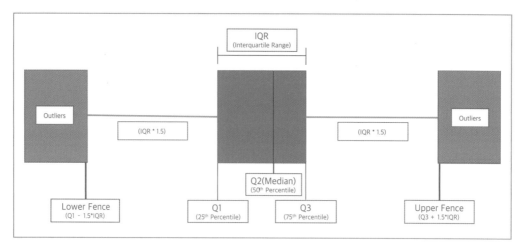

[그림 03-6] **사분위수**

분위수(quantile)는 데이터를 오름차순으로 정렬하고 전체 데이터를 일정한 수로 나눌 때, 그 기준이 되는 수를 의미합니다. 이때 데이터를 N개로 나눈다면 N분위수라고 합니다. 데이터를 4개로 나누면 사분위수(quartile), 100개로 나누면 백분위수(percentile)가 된다고 이해하면 됩니다. [그림 03-6]을 보면 사분위수(quartile)는 데이터를 최솟값부터 최댓값까지 순서대로 나열했을 때 데이터를 4등분하여 각각 분위의 경계점에 있는 데이터값(Q1, Q2, Q3)을 보여주고 있습니다. 사분위수는 데이터를 크게 4등분한 것이라면 백분위 수는 데이터를 100등분하고 퍼센트(%)를 이용하여 특정 위치의 값을 표현할 수 있는 개념입니다.

우리의 데이터 총 100개가 순서대로 나열되어 있다고 가정해볼게요. 그러면 1번째 데이터는 최솟값이고 100번째 데이터는 최댓값이 됩니다. 5-th per.는 5번째 데이터, Q1(25-th per.)은 25번째 데이터, median(50-th per.)은 50번째 데이터, Q3(75-th per.)은 75번째 데이터, 그리고 95-th per.는 95번째 데이터를 각각 의미합니다. 마지막으로 히스토그램 그래프를 살펴보겠습니다. 이 그래프는 수치형 데이터의 구간별 빈도수를 나타냅니다. 가로축이 구간이고 세로축이 빈도가 되는데요. 특정 구간 내에 속하는 데이터 숫자를 구간별 빈도수라고 이해하면 됩니다.

지금까지 기초 정보 분석 결과에 등장하는 용어들을 살펴보았습니다. 요약 정보를 통해 확인해보았듯이 32개의 칼럼으로 데이터가 구성되어 있습니다. 특이한 특성이 있거나 데이터 전처리나 피처 엔지니어링 관련 인사이트를 얻을 수 있는 칼럼 위주로 분석을 하며 각 용어가 어떻게 해석되는지 확인해볼게요.

1) 문자형(Object) 칼럼

문자형 피처인 'hotel' 칼럼(피처)을 먼저 살펴보겠습니다. 기본적으로 문자형 데이터는 컴퓨터가 알아들을 수 있게 문자를 숫자로 변경해줘야 합니다. 문자를 숫자로 바꿔주는 대표적인 방법 2가지는 Ordinal Encoding과 One-hot Encoding인데요. 어떤 방법을 사용할지 결정 짓는 기준은 바로 유일한 값(distinct)들 사이에 순서가 있는지입니다. 순서가 있으면 Ordinal Encoding을 사용하고 그렇지 않은 카테고리라면 One-hot Encoding을 사용합니다. 최빈값 항목에서 유일한 값들을 확인해보니 City Hotel 또는 Resort Hotel 중 하나로 순서가 없는 카테고리입니다. 따라서 이 피처는 One-hot Encoding을 통해 처리해야 합니다.

'arrival_date_month' 칼럼(피처)은 숙박 시작 날짜와 관련된 피처 중에 유일하게 문자형으로 구성된 데이터입니다. 1월부터 12월까지를 문자로 표현했고, 각 값 사이에는 시간 순서가 있습니다. 그러면 순서가 있는 카테고리라 무조건 Ordinal Encoding을 적용해야 할까요? 아닙니다. 우리의 타깃변수를 예측하는데 이 순서가 도움이 되는지 판단해봐야 합니다. 1월 → 2월→ ⋯ → 12월 낮은 순서 또는 높은 순서일 때 특별하게 호텔 예약 취소가 더 많이 또는 더 적게 일어나지는 않습니다. 특정한 계절적 요인은 있을 수 있지만 순서 자체가 중요하지는 않은 경우입니다. 따라서 One-hot Encoding으로 처리해야 합니다.

[그림 03-7] 칼럼 분석(hotel)

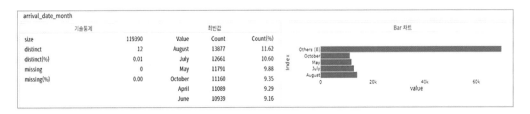

[그림 03-8] 칼럼 분석(arrival_date_month)

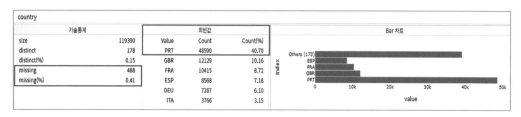

[그림 03-9] 칼럼 분석(country)

meal	market_segment	distribution_channel	reserved_room_type
assigned_room_type	deposit_type	customer_type	

[표 03-2] 문자형 피처

'Country' 칼럼(피처)은 결측값(missing)이 존재합니다. 결측값을 채우거나 결측값이 존재하는 행 또는 열(칼럼)을 삭제하는 등의 방법을 채택할 수 있습니다. AIDU ez에서는 피처 삭제 기능과 최빈값/중앙값/평균값/상수로 결측값을 채우는 기능을 제공하고 있는데, 결측값의 비율이 낮기 때문에 피처를 삭제할 필요는 없어 결측값을 채우는 방식을 고려해보겠습니다. 수치형이 아닌 문자형이기 때문에 중앙값/평균값은 사용할 수 없어 최빈값을 이용하여 결측값을 채워야 합니다.

문자형 피처 중 남은 7개 피처가 [표 03-2]에 정리되어 있습니다. 이 중 인사이트를 얻을 만한 내용이 있는 피처 위주로 살펴보겠습니다. 기본적으로 카테고리 개수가 상이하지만 모두 순서가 없는 카테고리 데이터라 One-hot Encoding을 적용하는 것은 동일합니다. 순서가 있는지 없는지는 hotel 피처에서 확인한 것처럼 피처의 이름과 최빈값 정보를 통해 확인할 수 있는 최대 6가지 카테고리값을 보고 판단할 수 있습니다. 카테고리 사이에 순서가 있는지 확인해보면 쉽게 판단할 수 있습니다.

2) 수치형(Numeric) 칼럼

2-1) 수치형 카테고리 칼럼

칼럼 중에는 숫자로 구성되어 수치형으로 분류가 되지만 그 내용을 살펴보면 숫자로만 구성이 되어 있지 실제로는 카테고리 형태의 데이터인 경우도 있습니다. 이런 경우에는 수치형이지만 나중에 'AI 모델학습' 메뉴에서 카테고리(Category)로 데이터 타입을 변경해줘야 합니다.

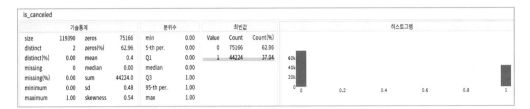

[그림 03-10] 칼럼 분석(is_canceled)

'is_canceled' 칼럼은 우리의 타깃변수입니다. 데이터가 숫자로 구성되어 수치형 칼럼으로 분류되긴 하지만 취소 여부를 1과 0으로 나타낸 카테고리 데이터입니다. 따라서 'AI 모델학습' 메뉴에서 출력(Output) 칼럼의 데이터 유형을 카테고리로 변경해줘야 합니다. 이 부분이 정말 중요한데요. 카테고리로 변경하지 않으면 분류 모델이 아닌 회귀 모델이 적용되어 원치 않는 결과가 도출됩니다.

[표 03-3]에 있는 3가지 피처는 예약자의 숙박 시작 날짜에 대한 내용입니다. 이 세 날짜 피처는 수치형 칼럼이고, 시간의 순서가 있지만 'arrival_date_month' 피처와 마찬가지로 순서 자체가 중요하지는 않은 경우입니다. 따라서 순서가 없는 카테고리 취급을 해주기 위해서 One-hot Encoding으로 처리해야 합니다.

[그림 03-11]을 보면 'is_repeated_guest' 칼럼(피처)은 수치형이지만 재방문 여부를 1과 0으로 나타내는 피처로 순서가 없는 카테고리 데이터입니다. 따라서 이 피처 또한 One-hot Encoding을 통해 처리해야 합니다.

'agent'와 'company' 피처는 언뜻 보기에는 수치형 칼럼이지만 실제로는 'agent'와 'company' 종류를 문자 대신 숫자 코드 형태로 표현하고 있는 데이터입니다. 따라서 순서

arrival_date_year	arrival_date_week_number	arrival_date_day_of_month

[표 03-3] 수치형 카테고리 피처

[그림 03-11] 칼럼 분석(is_repeated_guest)

가 없는 카테고리 취급을 해줘야 해서 One-hot Encoding을 적용해야 합니다. 더 확인해볼 내용이 있을까요? 이 두 피처는 여기서 분석이 끝날 정도의 평범한 피처가 아닙니다. 이미 눈치챘겠지만 눈길을 끄는 특징이 보입니다. 바로 결측값이 상당히 많이 존재하는데요. 결측 값 비율을 먼저 확인해보겠습니다. [그림 03-12]를 보면 각각 약 14%, 94%로 적지 않은 비중을 차지하고 있습니다. 'company' 피처의 경우 결측값 비율이 90%가 넘어갈 정도로 결측 값이 많습니다. 이러한 'company' 피처의 특성을 고려해보면 10% 미만의 값으로 90%가 넘어가는 데이터의 결측값을 유추하는 것은 어렵습니다. 그래서 'company' 피처는 칼럼 자체를 삭제하는 편이 좋겠습니다.

'agent' 피처의 경우 'company' 피처보다는 상대적으로 훨씬 적은 비중의 결측값이 존재합니다. 그럼 특정값을 이용하여 채울 수 있을까요? 정확한 판단을 위해서 최빈값을 살펴보겠습니다. 'agent' 피처의 최빈값은 9이고 비중은 약 27%입니다. 그 다음으로 많은 빈도를 차지하는 값은 240이고 비중은 약 12%입니다. 우리 피처의 결측값 비율은 약 14%인데 두 번째로 많은 빈도를 차지하는 값보다도 높은 수치입니다. 따라서 이 값을 단순히 최빈값으로 대체하기에는 결측값의 비율이 높습니다. 즉, 'agent' 피처의 특성을 고려해볼 때 14%의 결측값 비중은 결코 적은 수치가 아닙니다. 이런 경우에는 최빈값으로 결측값을 채웠을 때 오히려 모델학습에 좋지 않은 영향을 가져올 수 있습니다. 그러면 수치형이니 최빈값 대신 숫자로 평균값이나 중앙값으로 채우면 되지 않을까요? 아닙니다. 앞에서 언급한 것처럼 이 피

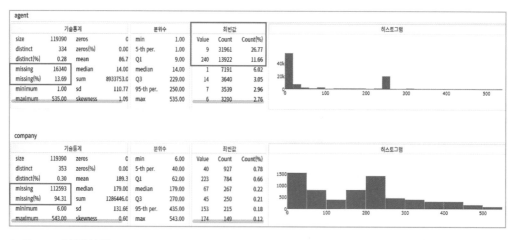

[그림 03-12] **칼럼 분석(agent, company)**

처들은 수치형이지만 실제로는 순서가 없는 카테고리이기 때문에 값을 계산할 수 있지만 평균값이나 중앙값을 이용해서는 안 됩니다. 아직 헷갈리시나요? 만약에 어떤 피처가 초등학교의 4개 반을 나타낸다고 가정해볼게요. 1반은 숫자 1, 2반은 숫자 2, 3반은 숫자 3, 4반은 숫자 4라면 1~4의 평균인 2.5라는 숫자가 의미하는 바가 있을까요? 없습니다. 이처럼 숫자처럼 생겨도 카테고리의 의미라면 평균값과 중앙값은 의미가 없어집니다. 따라서 'agent' 피처 또한 칼럼 삭제를 해보겠습니다.

결측값이 존재하는 두 피처를 통해 어떻게 처리해야 하는지 분석해보았는데요. 특정 칼럼 기준 결측값이 몇 %일 때 칼럼을 삭제하는지에 대한 정답은 없습니다. 지금처럼 각 피처의 특성에 맞게 판단해야 합니다. 또한 여기에서는 삭제하기로 했지만, 이 호텔의 관계자 등 여러 상황을 잘 알고 있는 분석가라면 또 다른 결론을 내릴 수도 있습니다. 즉, 데이터 분석은 주관적인 해석이 반영되는 영역입니다.

2-2) 수치형(Numeric) 칼럼 분석

[그림 03-13]을 보면 수치형 칼럼인 'lead_time'에는 결측값은 없지만, 이상치를 많이 가진 데이터로 보입니다. 어떻게 알 수 있을까요? 가장 정확한 것은 시각화 도구인 박스차트(box plot)를 그려보는 것인데 이 부분은 시각화 파트에서 확인해보겠습니다. 여기에서는 통계 정보만을 가지고도 어떻게 분석해볼 수 있는지 살펴보겠습니다. 우선 평균값과 중앙값의 차이를 보면 됩니다. 이 두 수치의 차이가 크게 난다면 그만큼 이상치가 영향을 많이 주었다는 것을 알 수 있습니다.

한편 [그림 03-14]의 세 번째 그림처럼 평균값이 중앙값보다 크다면 크기가 큰 이상치가 더 큰 영향을 주고 있다는 것이고, [그림 03-14]의 첫 번째 그림처럼 평균값이 중앙값보다 작다

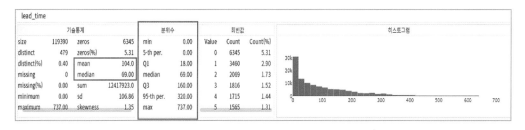

[그림 03-13] 칼럼 분석(lead_time)

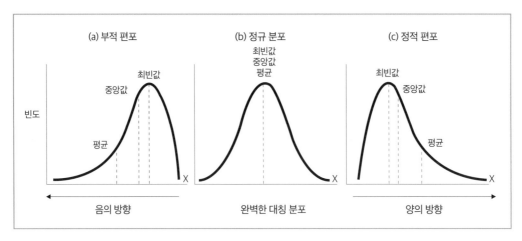

[그림 03-14] **평균값, 중앙값, 그리고 이상치**

면 크기가 작은 이상치가 더 큰 영향을 주고 있다는 것을 의미합니다.

'lead_time' 피처의 경우 평균값(104)이 중앙값(69)보다 약 1.5배 더 크네요. 크기가 큰 이상치가 있을 것 같습니다. 분위수를 확인해야 더 정확한 분석이 가능합니다. 이상치가 아닌 데이터 불균형으로 평균값과 중앙값이 차이가 날 수 있기 때문입니다. 분위수를 살펴보겠습니다. 중앙값을 기준으로 최솟값으로 가면서 수치가 줄어드는 정도와 최댓값으로 가면서 수치가 커지는 정도를 살펴보면 됩니다. Q3부터 점점 더 커지면서 최댓값까지 데이터 크기가 증가하는 정도가 점점 더 커지고 있음을 확인할 수 있습니다. 이처럼 이상치가 영향을 많이 주는 피처는 스케일링(Scaling) 시 Min-Max Scaling보다는 이상치에 상대적으로 조금 덜 영향을 받을 가능성이 있는 Standard Scaling을 사용해보겠습니다. 스케일링의 방법을 선택하는 것은 답이 정해져 있는 것이 아니라, 분석 과정에서 분석가의 주관에 따라 선택할 수 있는 부분임을 참고해주길 바랍니다.

잠깐! AI 용어 Tip

- 스케일링(Scaling): 변수 간 비교를 위해 수치 간의 단위를 맞추려고 수치의 크기를 변경하는 것, 대표적 스케일링 기법으로 Min-Max Scaling, Standard Scaling이 있음.

- Min-Max Scaling: 정규화(Normalization)라고도 하며, 값을 0과 1 사이로 축소해 비율의 값을 갖게 됨(가장 작은 값 0, 가장 큰 값 1).

- Standard Scaling: 표준화(Standardization)라고도 하며, 평균과 표준편차를 이용하여 스케일링하는 기법.

stays_in_weekend_nights	stays_in_week_nights	adults	children
babies	previous_cancellations	previous_bookings_not_canceled	booking_changes
days_in_waiting_list	adr	required_car_parking_spaces	total_of_special_requests

[표 03-4] **수치형 피처**

[표 03-4]의 12개 피처는 결론부터 말씀드리면 모두 극단적인 이상치가 있습니다. 'lead_time' 피처를 분석할 때처럼 평균값과 중앙값 차이가 크게 나는지와 분위수를 자세히 들여다보면 확인할 수 있습니다. 따라서 'lead_time' 피처와 마찬가지로 스케일링 시 Standard Scaling을 사용해보겠습니다.

[표 03-4]의 12개 피처 중 'children', 'babies' 피처는 조금 독특한 특성이 있는데요. 'children' 피처는 자세히 살펴보면 결측값이 존재합니다. 큰 이상치가 존재하기 때문에 평균값과 중앙값 중 이상치에 영향을 덜 받는 중앙값을 사용하여 채우거나 최빈값으로 채워보겠습니다. 최빈값을 자세히 살펴보면 0이 약 93% 비중으로 최빈값을 형성하고 있습니다. 최빈값의 비중이 50%가 넘기 때문에 중앙값 또한 0입니다. 'children' 피처는 중앙값이자 최빈값인 0으로 결측값을 채워보겠습니다. 'babies' 피처는 결측값은 없지만 zeros(%)를 잘 봐주세요. zeros(%)는 전체 데이터 중 0이 차지하는 비율을 나타내는데 99% 이상이 0으로 채워져 있습니다. 0 하나로만 이루어져 있다고 봐도 무방할 정도로 높은 비율이라 이 피처는 학습에 넣는 것이 의미가 없을 가능성이 있습니다. 하지만 적은 데이터라도 모델에 영향을 줄

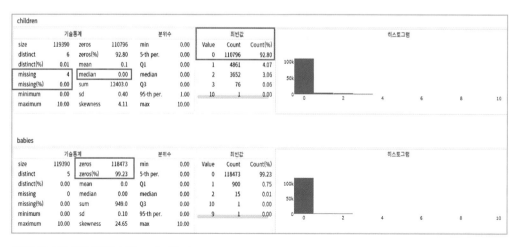

[그림 03-15] **칼럼 분석(children, babies)**

수 있으니 삭제보다는 학습에서 제외한 결과와 포함한 결과를 비교해보고 사용 여부를 결정해보겠습니다.

3) 정보 누설(Data Leakage) 칼럼

분석하다 보면 타깃변수를 예측하는 시점에서는 알 수 없는 정보를 가진 피처들이 있습니다. 즉, 우리가 확보한 데이터는 과거 데이터라 존재할 수 있는 데이터들인데요. 이런 피처가 학습 데이터에 포함되면 보통 정보 누설(Data Leakage)이라고 표현합니다. 실제 미래의 상태를 예측하고자 하는 시점에도 수집이 가능한 피처인지를 생각해보면 손쉽게 구분할 수 있습니다.

우리 데이터에는 'reservation_status'와 'reservation_status_date' 피처가 이에 해당하는데요. 특정 시점에서의 예약 상태를 조회한 결과로 우리의 타깃변수와 상당 부분 일치하는 값들을 가지고 있습니다. 실제로 예측하려는 시점에서는 알 수 없는 정보들입니다. 그래서 이 두 피처는 삭제해야 합니다.

 Review

▶ EDA 중 비시각화 분석을 위해 데이터 분석 메뉴의 데이터 샘플 보기와 기초 정보 분석 기능을 사용해보았습니다.

▶ 테이블 형태의 데이터에는 행과 열이 있고 열은 또다시 2가지로 나뉘게 됩니다. 예측하려는 타깃변수를 라벨 칼럼 또는 종속변수라고도 부르고 나머지 칼럼은 입력 칼럼, 독립변수 또는 피처라고도 부릅니다.

▶ 이번 과제에서는 ①문자형 칼럼, ②수치형 칼럼, ③정보 누설 칼럼으로 나눠 분석을 진행했습니다.

 Q&A

Q 'children' 칼럼에는 결측값이 존재합니다. 몇 개의 결측값이 발견됐나요?

A. 4개

기초 정보 분석에서 해당 칼럼의 결측값을 확인

1.3 탐색적 데이터 분석(EDA) – ② 시각화 분석

 학습목표

기초 정보 분석을 통해 얻은 인사이트로 칼럼의 시각화 분석을 진행합니다. 칼럼 자체를 분석하는 박스차트(수치형 칼럼의 분포를 시각화)와 칼럼 간 관계를 분석하는 히트맵(수치형 칼럼들 간 상관관계 정도를 시각화)을 사용합니다.

기초 정보 분석을 바탕으로 시각화 분석을 해보겠습니다. 기초 정보 분석으로 심도 있게 분석한 것 같은데 시각화 분석은 왜 할까요? 데이터를 한눈에 알아보기 쉬우며 수치 분석으로는 한 번에 파악하기 힘든 인사이트를 쉽게 발견할 수 있기 때문입니다.

시각화 분석 도구는 사용 목적에 따라 칼럼 자체를 분석하기 위한 것과 칼럼 간 관계를 분석하기 위한 것으로 나뉩니다. [표 03-5]에는 AIDU ez에서 제공하는 시각화 도구를 정리했습니다. 소개해드린 시각화 도구 중 일부를 사용하여 시각화 분석을 진행해보겠습니다. 좌측 메뉴 중 '데이터 분석-시각화 분석' 메뉴로 들어가보겠습니다.

1) 박스차트(BoxPlot)

시각화 종류 선택 메뉴에서 박스차트를 선택해주세요. X 칼럼은 우리의 타깃변수인 'is_

구분	시각화 도구	설명
칼럼 자체 분석	히스토그램 (Histogram)	수치형 데이터의 구간별 빈도수를 나타냄 (hue 파라미터로 범주별 구분 가능)
	박스차트 (BoxPlot)	수치형 데이터의 범주별 분포의 통계 정보를 박스모양으로 나타냄
	카운트 플롯 (CountPlot)	범주형 데이터의 개수를 나타냄
칼럼 간 관계 분석	산점도 (Scatter Plot)	수치형 칼럼 간의 관계를 점으로 표현함
	히트맵 (Heatmap)	수치형 칼럼 간의 관계를 색상으로 표현함

[표 03-5] **시각화 도구**

canceled'를 선택하고, 우리가 분석하려는 피처인 'lead_time'을 Y 칼럼에서 선택해주세요. 데이터의 범위를 드래그하여 끝까지 선택하고 조회하기 버튼을 눌러보겠습니다. 상자 모양의 그래프 2개가 나타났네요. 좌측에는 0(예약 유지), 우측에는 1(예약 취소)에 대한 박스차트입니다. 마우스를 박스 위에 가져가세요. 기초 정보 분석에서 보셨던 통계 정보도 보이고 처음 보는 내용도 있을 거예요. 우선 박스 차트의 박스 상단은 Q3, 하단은 Q1을 나타내고, 박스 안에 있는 선은 중앙값을 나타냅니다. 박스와 조금 떨어져서 위아래로 나타나 있는 선은 각각 상단 경계(Upper fence)와 하단 경계(Lower fence)를 의미하는데, 최댓값이 상단 경계보다

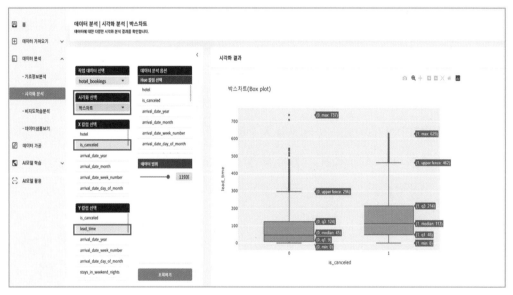

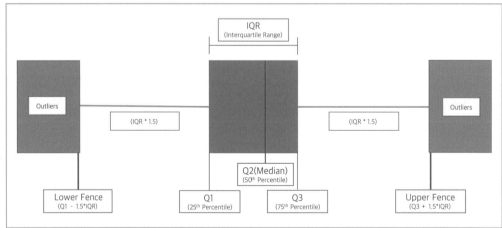

[그림 03-16] 박스차트(lead_time)

작거나 최솟값이 하단 경계보다 크다면 해당 선이 나타나지 않을 수 있습니다. 이런 이유로 우리의 'lead_time' 피처의 박스차트에는 하단 경계가 나타나 있지 않은 거고요. 조금 더 자세히 들여다보면 상단 경계 위쪽으로 최댓값 사이에 여러 점이 찍혀 있는데 점 하나하나가 실제 데이터의 값입니다. 왜 다른 데이터는 보여주지 않고 경계(fence)를 벗어난 데이터만 표시되어 있을까요? 앞에서 박스차트를 통해 이상치 확인을 할 수 있다고 말씀드렸는데요. 바로 이 상단 경계와 하단 경계를 벗어난 값들이 사분위수 기준의 이상치입니다. 이상치를 강조하려고 그래프상에도 이렇게 이상치 값들을 하나하나 점으로 표현한 거고요.

우리의 이상치 값 중에 제일 크게 벗어난 2가지 값은 어떤 걸까요? 마우스를 점 위에 가져다 대면 그 값을 읽어올 수 있습니다. 737, 709입니다. 상단과 하단 경계를 벗어난 데이터들을 살펴보면 기초 정보 분석을 통해서도 확인한 것처럼 이상치가 꽤 크네요. [표 03-4]의 피처들도 마찬가지로 박스 차트를 다 그려보면 이상치가 큰 것을 확인할 수 있습니다.

이상치 판단 외에도 예약 취소 여부에 따라 'lead_time'의 분포도 볼 수 있습니다. 우측의 예약 취소 고객들의 'lead_time'이 조금 더 높은 수치에 분포해있음을 확인할 수 있습니다. 이를 통해 예약을 취소한 고객들은 예약을 유지한 고객들보다 예약부터 체크인까지 걸리는 기간이 상대적으로 길었다는 것을 알 수 있습니다.

2) 히트맵(Heatmap)

시각화 종류 선택 메뉴에서 히트맵을 선택해주세요. 박스차트에서 했던 것과 마찬가지로 데이터 범위를 드래그하여 끝까지 선택하고 조회하기 버튼을 눌러보겠습니다. 우리는 피처 간 상관관계보다는 타깃변수('is_canceled')와의 상관도가 궁금합니다. 타깃변수 'is_canceled'와 나머지 피처 간의 상관도가 계산된 부분이 첫 번째 행입니다. 이 행 내 작은 박스 위에 마우스를 두면 어떤 피처와의 상관계수가 계산된 것인지 나타나 있습니다. 우리의 타깃변수와 가장 큰 양의 상관계수를 가진 피처와 가장 큰 음의 상관계수를 가진 피처를 찾아보겠습니다. 빨간색 중 가장 진한 것과 파란색 중 가장 진한 것을 찾아보면 각각 'lead_time'(0.29)과 'total_of_special_requests'(-0.23)입니다. 박스 차트를 통해 'lead_time' 피처가 취소 여부에 따라 분포 차이가 난다는 것을 볼 수 있었는데 상관계수도 가장 높은 중요한 피처라는 것을 알 수 있습니다. 반대로 가장 상관계수가 작은 것은 'stays_in_weekend_nights'(-0.001)입니다.

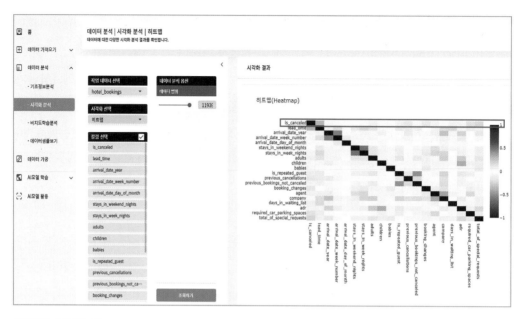

[그림 03-17] **히트맵**

Review

▶ 칼럼 자체를 분석하는 시각화 도구인 박스차트를 통해 이상치 여부를 확인할 수 있었고, 타깃변수에 따른 분포 차이도 확인할 수 있었습니다.

▶ 칼럼 간 관계를 분석하는 시각화 도구인 히트맵을 통해 타깃변수와 상관계수가 높거나 낮은 피처를 확인할 수 있었습니다.

Q&A

Q 타깃변수인 'is_canceled'와 'previous_cancellations' 피처의 상관계수는 얼마인가요? (소수점 이하 셋째 자리까지)

A. 0.110

시각화 도구 중 히트맵을 사용하여 두 칼럼 간 교차하는 부분에서 확인이 가능

1.4 데이터 전처리와 피처 엔지니어링

 학습목표

데이터 전처리(Data Preprocessing)와 피처 엔지니어링(Feature Engineering)을 왜 해야 하는지 살펴보고, EDA를 통해 도출한 칼럼별로 적절한 기법(결측값 처리, 스케일링, 인코딩, 칼럼 삭제 등)을 적용합니다.

데이터 전처리(Data Preprocessing)에는 주어진 데이터를 깨끗하게 만들어주는 여러 가지 데이터 정제(Data Cleaning) 방법이 있는데 비어있는 값을 채워주는 결측값 처리, 통계적인 기준을 벗어난 데이터인 이상치 처리 등이 있습니다.

한편 데이터 전처리 후 진행하는 피처 엔지니어링(Feature Engineering)에는 대표적으로 문자를 숫자로 바꿔주는 인코딩(Encoding), 칼럼 간 수치 크기를 유사하게 해주는 스케일링(Scaling), 기존 피처에서 파생된 새로운 피처를 만드는 파생변수 생성 등이 있습니다.

AI 모델을 만들다보면 데이터 전처리와 피처 엔지니어링에 상당히 많은 시간을 할애하게 되는데, 이렇게 시간과 노력이 매우 필요한 이러한 작업은 왜 하는 걸까요? 같은 데이터를 보고 사람과 컴퓨터가 인식하는 것이 다르고 컴퓨터는 문자를 학습하지 못하기 때문입니다. 그래서 컴퓨터가 인식하고 더 나은 결과를 낼 수 있도록 데이터 가공을 해줘야 합니다.

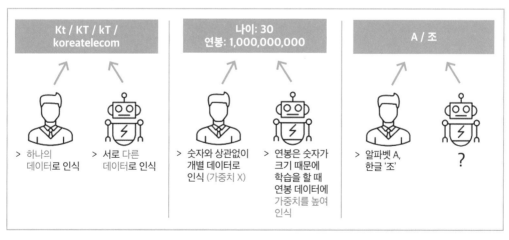

[그림 03-18] **전처리/피처 엔지니어링의 이유**

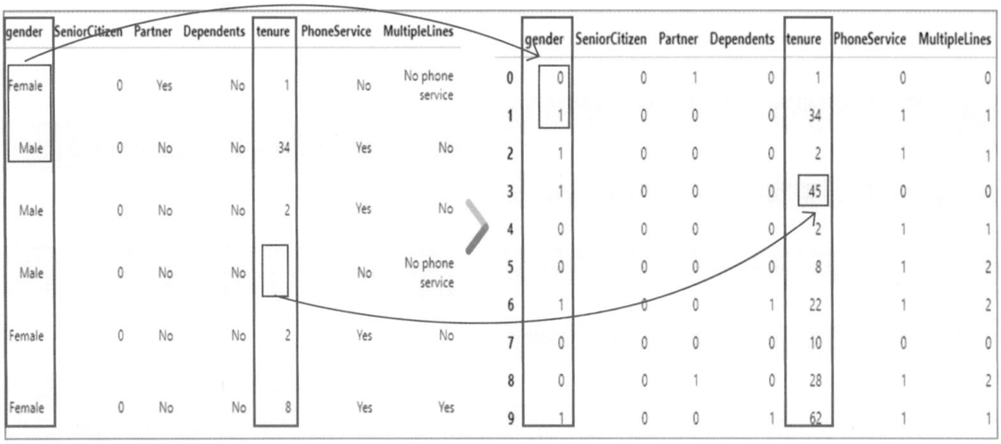

gender	SeniorCitizen	Partner	Dependents	tenure	PhoneService	MultipleLines
Female	0	Yes	No	1	No	No phone service
Male	0	No	No	34	Yes	No
Male	0	No	No	2	Yes	No
Male	0	No	No		No	No phone service
Female	0	No	No	2	Yes	No
Female	0	No	No	8	Yes	Yes

	gender	SeniorCitizen	Partner	Dependents	tenure	PhoneService	MultipleLines
0	0	0	1	0	1	0	0
1	1	0	0	0	34	1	1
2	1	0	0	0	2	1	1
3	1	0	0	0	45	0	0
4	0	0	0	0	2	1	1
5	0	0	0	0	8	1	2
6	1	0	0	1	22	1	2
7	0	0	0	0	10	0	0
8	0	0	1	0	28	1	2
9	1	0	0	1	62	1	1

[그림 03-19] 데이터 가공 전 · 후 비교

[그림 03-19]는 데이터 가공 전 · 후 모습입니다. 무엇이 바뀌었을까요? 예를 들어, 제일 첫 번째 칼럼인 'gender'를 보시면, Female은 0, Male은 1로 치환이 된 것을 볼 수 있습니다. 'tenure' 피처에서는 4번째 행에 결측값이 있었는데 45로 결측값을 채운 것을 확인할 수 있습니다.

EDA를 통해 얻은 데이터 가공방식(안)을 [표 03-6]에 정리해보았습니다. AIDU ez에서 데이터 가공을 할 수 있는 메뉴는 '데이터 가공' 메뉴와 'AI 모델학습' 메뉴인데요. 구분을 위해 [표 03-6]에서는 각각 노란색(데이터 가공 메뉴)과 파란색(AI 모델학습 메뉴)으로 하이라이트 표기를 했습니다. 이를 바탕으로 하나씩 처리해볼게요. 우선 AIDU ez 좌측 메뉴 중 '데이터 가공' 메뉴로 들어가보겠습니다. 칼럼별로 하나씩 가공해볼 건데요. '가공 데이터 저장' 버튼은 누르지 말아주세요. 마지막에 설명할게요!

칼럼명	데이터 타입	데이터 가공 방식(안)	칼럼명	데이터 타입	데이터 가공 방식(안)
hotel	Object	인코딩(One-hot)	is_repeated_guest	Numeric	타입 변환 (Numeric → Category) 인코딩(One-hot)
is_canceled	Numeric	타입 변환 (Numeric→ Category)	previous_cancellations	Numeric	스케일링(Standard Scaler)
lead_time	Numeric	스케일링(Standard Scaler)	previous_bookings_not_canceled	Numeric	스케일링(Standard Scaler)
arrival_date_year	Numeric	타입 변환 (Numeric → Category) 인코딩(One-hot)	reserved_room_type	Object	인코딩(One-hot)
arrival_date_month	Object	인코딩(One-hot)	assigned_room_type	Object	인코딩(One-hot)
arrival_date_week_number	Numeric	인코딩(One-hot)	booking_changes	Numeric	스케일링(Standard Scaler)
arrival_date_day_of_month	Numeric	타입 변환 (Numeric → Category) 인코딩(One-hot)	deposit_type	Object	인코딩(One-hot)
stays_in_weekend_nights	Numeric	스케일링(Standard Scaler)	agent	Numeric	칼럼 삭제(결측값 14%)
stays_in_week_nights	Numeric	스케일링(Standard Scaler)	company	Numeric	칼럼 삭제(결측값 94%)
adults	Numeric	스케일링(Standard Scaler)	days_in_waiting_list	Numeric	스케일링(Standard Scaler)
children	Numeric	결측값 처리(중앙값) 스케일링(Standard Scaler)	customer_type	Object	인코딩(One-hot)
babies	Numeric	스케일링(Standard Scaler) 칼럼 제외 (zero 비율 99%)	adr	Numeric	스케일링(Standard Scaler)
meal	Object	인코딩(One-hot)	required_car_parking_spaces	Numeric	스케일링(Standard Scaler)
country	Object	결측값 처리(최빈값) 인코딩(One-hot)	total_of_special_requests	Numeric	스케일링(Standard Scaler)
market_segment	Object	인코딩(One-hot)	reservation_status	Object	칼럼 삭제(Data Leakage)
distribution_channel	Object	인코딩(One-hot)	reservation_status_date	Object	칼럼 삭제(Data Leakage)

[표 03-6] 칼럼별 데이터 가공 내역

1) 결측값 처리

결측값 처리 방식에는 대표적으로 3가지가 있습니다.
① 결측값이 포함된 행을 제거하기
② 결측값이 포함된 피처(칼럼) 자체를 제거하기
③ 특정값으로 채워 넣기

평균값 등 특정값을 이용하여 결측값을 채우면 아무리 비슷한 값을 채워도 실제값과 일치할 가능성이 작습니다. 그래서 전체 데이터 수 대비 결측값이 포함된 행의 수가 적다면 보통 행 삭제를 선호합니다. 다만, 삭제될 행이 너무 많으면 과도한 데이터가 사라지게 되므로 결측값 비중이 매우 낮을 때에만 사용할 수 있습니다.
피처 삭제는 주의할 필요가 있습니다. 모델링에서 피처 하나하나가 중요하기 때문입니다. 단일 피처에 일정 비중 이상을 결측값이 차지하는 경우에만 삭제해야 하는데 이 기준은 다소 주관적입니다. 탐색적 데이터 분석(EDA) 시, 각 피처의 특성을 고려하여 판단해야 합니다.

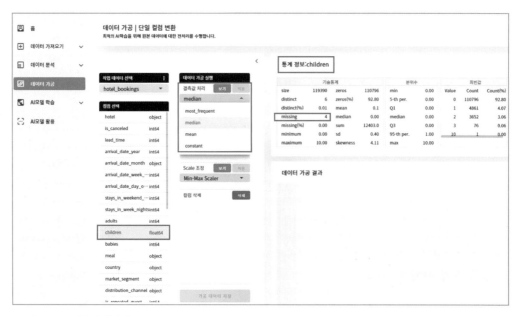

[그림 03-20] **결측값 처리 전(children)**

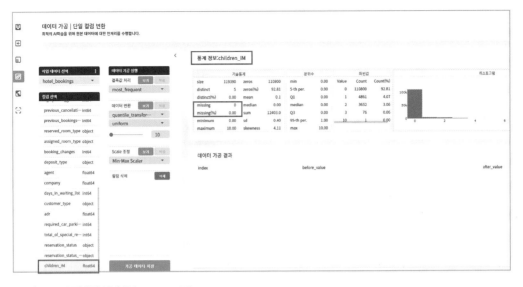

[그림 03-21] **결측값 처리 후(children_IM)**

마지막으로 특정값으로 결측값을 채우는 방식입니다. 결측값을 채우는 특정값으로 평균값, 중앙값, 최빈값을 가장 많이 사용하고 있습니다. 참고로 AIDU ez에서는 피처 삭제와 결측값 채우기 기능을 제공하고 있습니다.

AIDU ez에서 지금부터 결측값이 발견된 4개의 피처 중 'children', 'country'는 특정값으로 결측값을 채워넣는 가공을 해보겠습니다. 칼럼 선택에서 가공할 피처를 선택하고 결측값 처리 메뉴에서 최빈값(most_frequent), 평균값, 중앙값, 상수값(constant) 중 한 가지 방식을 선택합니다. EDA를 통해 도출한 처리 방식에 따라 'children' 피처는 중앙값, 'country' 피처는 최빈값으로 가공합니다. 보기 버튼을 누르면 오른쪽 아래의 데이터 가공 결과에서 결과를 미리 확인할 수 있습니다. 적용 버튼이 활성화되면 적용 버튼도 눌러줍니다. 결측값 처리가 완료된 피처는 '피처명_IM('children_IM', 'country_IM')'이라는 새로운 피처로 생성됩니다. 결측값 처리 전 원본 피처와 처리가 된 '피처명_IM' 피처 둘 다 존재하므로 원본 피처('children', 'country') 는 다시 한번 클릭 후 삭제 버튼을 눌러 삭제해줍니다. 마지막으로 'agent', 'company' 피처 는 삭제 방법을 사용해보겠습니다. 'agent', 'company' 피처를 각각 클릭 후 삭제 버튼을 눌러줍니다. 이때 '가공 데이터 저장' 버튼은 누르면 안됩니다. 피처에 대한 모든 가공을 마치고 나서 가장 마지막에 누를 예정입니다. 조금만 기다려주세요.

2) 스케일링(Scaling)

스케일링에는 대표적으로 Min-Max Scaling과 Standard Scaling 2가지 방식이 있습니다. Min-Max Scaling은 최댓값이 1, 최솟값이 0인 범위로 바꿔주며 데이터의 기존 분포 형태를 최대한 유지하며 스케일을 변환합니다. Standard Scaling은 평균 0, 분산 1이 되도록 기존 분포를 정규분포로 변경시킵니다.

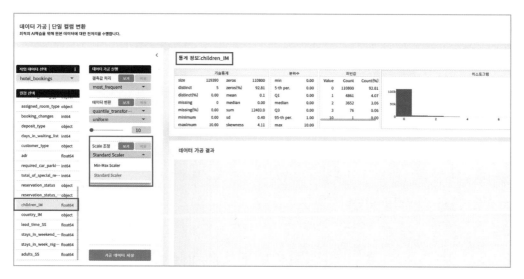

[그림 03-22] 스케일링 처리 전(children_IM)

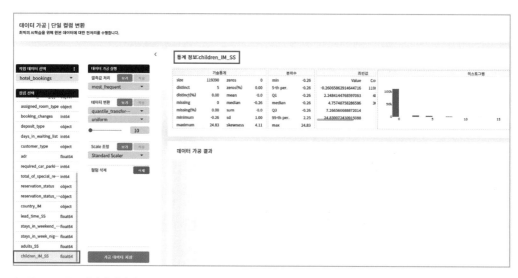

[그림 03-23] 스케일링 처리 후(children_IM_SS)

나의 AI 경쟁력 AICE시험 완벽 대비 **BASIC편**

칼럼 선택에서 가공할 피처를 선택하고 Scale 조정 메뉴에서 Min-Max Scaler 또는 Standard Scaler 중 한 가지 방식을 선택합니다. 처리 방식은 EDA를 통해 도출한 가공 아이디어의 결과인 [표 03-6]을 참고하여 지정합니다. 보기 버튼을 누른 후 적용 버튼이 활성화되면 적용 버튼도 눌러줍니다. 스케일링이 완료된 피처는 Scaler의 앞 글자를 따서 '피처명_MS' 또는 '피처명_SS'라는 새로운 피처로 생성됩니다. 원본 피처는 다시 한번 클릭 후 삭제 버튼을 눌러 삭제해줍니다.

3) 인코딩(Encoding)

EDA 결과 우리 데이터에는 순서가 있는 카테고리가 없으므로 Ordinal Encoding을 사용하지 않고 One-hot Encoding만 사용합니다. AIDU ez에서 Ordinal Encoding은 '데이터 가공' 메뉴에서 적용할 수 있지만 One-hot Encoding은 'AI 모델학습' 메뉴에서 적용할 수 있습니다. One-hot Encoding 적용은 나중에 'AI 모델학습' 메뉴에서 해보겠습니다.

4) 피처 삭제

정보 누설(Data Leakage)이 발생한 피처라고 판단된 'reservation_status'와 'reservation_status_date' 피처는 클릭 후 바로 삭제 버튼을 눌러 삭제 처리해보겠습니다. zero의 비율이

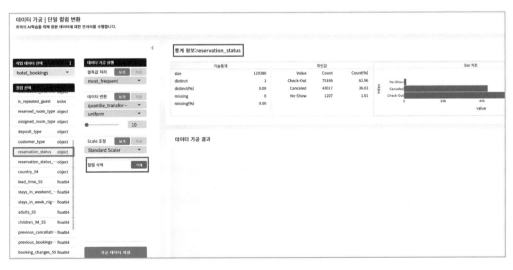

[그림 03-24] **피처 삭제(reservation_status)**

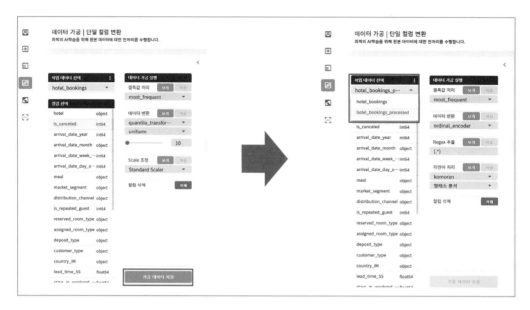

[그림 03-25] **가공 데이터 저장**

99%가 넘는 'babies' 피처는 삭제가 아닌 'AI 모델학습' 메뉴에서 제외 기능을 활용해보겠습니다.

지금까지 총 32개 칼럼을 대상으로 데이터 가공을 진행해보았는데요. 지금까지 처리한 결과를 hotel_bookings_processed.csv라는 이름으로 저장해보겠습니다. 가공 데이터 저장 버튼을 눌러주세요. 왼쪽 위의 작업 데이터 선택을 눌러보면 hotel_bookings_processed라는 파일이 생성 및 선택된 걸 확인할 수 있습니다. 여기서 주의할 점은 모두 가공을 하고 가장 마지막에 저장을 한 번만 해줘야 합니다. 만약 중간중간에 저장을 계속했다면 저장할 때마다 _processed라는 이름이 파일명 뒤에 추가로 저장 횟수만큼 붙게 됩니다. OO_processed_processed_processed_......_csv와 같이 아주 긴 파일명을 보게 될 거예요.

 Review

▶ AI 모델을 만들기 전에 데이터 가공을 해야 하는 이유를 살펴보았습니다.

▶ 데이터 가공 기법 4가지(결측값 처리, 스케일링, 인코딩, 피처 삭제)를 학습하고 적용해보았습니다.

▶ 가공한 데이터를 저장하는 방법을 학습했습니다.

Q 아래 예시 데이터에는 어떤 데이터 가공 기법을 적용해야 할까요?

A. One-hot Encoding

문자형 데이터를 수치로 바꿔주는 인코딩 기법을 적용했으며 대표적인 인코딩 기법에는 Ordinal Encoding과 One-hot Encoding이 있는데 문제에서 값 간 순서가 없다고 했으므로 One-hot Encoding을 적용해야 합니다.

1.5 AI 모델 만들기 및 활용하기 - ① 딥러닝

 학습목표

가공된 데이터를 가지고 AI 모델의 입·출력 파라미터를 설정하여 딥러닝 기반 베이스라인 모델을 만들어봅니다. 모델 성능을 정확도와 정밀도 지표 등을 통해 평가해보고 모델의 파라미터를 조정하여 더 나은 모델을 만들어봅니다.

지금까지 우리는 데이터를 분석하고 거기서 얻은 아이디어로 데이터 가공까지 해보았습니다. 우리가 사용할 최종 칼럼은 [표 03-7]에 정리했습니다. AI 모델을 하나 만들기 위해 여기까지 오셨는데요. 꽤 긴 여정이었네요. 포기하지 않고 여기까지 온 여러분 자신에게 격려의 박수를 보내주세요! 짝짝짝. 거의 다 왔습니다. AI 모델을 만들기 위한 데이터가 준비됐으니 이제 본격적으로 모델 만들기와 활용하기 실습을 해볼게요. 좌측 메뉴 중 'AI 모델학습' 메뉴로 들어가보겠습니다. 딥러닝 학습과 머신러닝 학습 2가지 세부 메뉴가 보일 텐데요. 우선 우리는 딥러닝 모델부터 사용해보겠습니다.

1) AI 모델링–베이스라인(Baseline) 모델

'작업 데이터 선택'을 눌러 우리가 최근에 가공한 hotel_bookings_processed가 선택돼 있는지 확인해주세요. 이 파일이 우리가 학습에 사용할 데이터입니다.

데이터 준비가 모두 끝이 났으니 본격적으로 AI 모델학습을 위한 파라미터 설정을 해보겠

칼럼명	데이터 가공 방식(안)	칼럼명	데이터 가공 방식(안)
hotel	인코딩(One-hot)	Country_IM	결측값 처리(최빈값)
			인코딩(One-hot)
is_canceled	타입 변환 (Numeric → Category)	lead_time_SS	스케일링(Standard Scaler)
arrival_date_year	타입 변환 (Numeric → Category) 인코딩(One-hot)	stays_in_weekend_nights_SS	스케일링(Standard Scaler)
arrival_date_month	인코딩(One-hot)	stays_in_week_nights_SS	스케일링(Standard Scaler)
arrival_date_week_number	타입 변환 (Numeric → Category) 인코딩(One-hot)	adults_SS	스케일링(Standard Scaler)
arrival_date_day_of_month	타입 변환 (Numeric → Category) 인코딩(One-hot)	children_IM_SS	결측값 처리(중앙값)
			스케일링(Standard Scaler)
meal	인코딩(One-hot)	babies_SS	스케일링(Standard Scaler)
			칼럼 제외
market_segment	인코딩(One-hot)	previous_cancellations_SS	스케일링(Standard Scaler)
distribution_channel	인코딩(One-hot)	previous_bookings_not_ canceled_SS	스케일링(Standard Scaler)
is_repeated_guest	타입 변환 (Numeric → Category) 인코딩(One-hot)	booking_changes_SS	스케일링(Standard Scaler)
reserved_room_type	인코딩(One-hot)	days_in_waiting_list_SS	스케일링(Standard Scaler)
assigned_room_type	인코딩(One-hot)	adr_SS	스케일링(Standard Scaler)
deposit_type	인코딩(One-hot)	required_car_parking_spaces_ SS	스케일링(Standard Scaler)
customer_type	인코딩(One-hot)	total_of_special_requests_SS	스케일링(Standard Scaler)

[표 03-7] 베이스라인 모델에 사용할 칼럼

습니다. 초깃값으로 모든 칼럼이 'Input 칼럼'에 들어가 있는데요. 이 중 우리의 타깃변수인 'is_canceled'를 선택하여 'Output 칼럼'으로 옮겨주세요.

이제 'Input 칼럼'에는 우리의 독립변수인 피처만 남아 있네요. AIDU ez에서는 'Input 칼럼'에서 '제외 칼럼'으로 피처들을 옮기면 데이터 가공의 피처 삭제와 유사한 기능을 하게 됩니다. 이 기능은 특정 피처가 모델 성능에 주는 영향을 EDA로는 판단 못 해서 삭제 여부를 정하지 못했을 때 사용합니다. 만약 데이터 가공에서 피처를 삭제해버리면 모델학습에서 아예 사용할 수 없지만, 이 제외 기능을 이용하면 학습 전에 언제든지 피처를 학습에서 포함 또는 배제할 수 있습니다.

각 칼럼을 클릭하고 오른쪽 칼럼 파라미터 설정 탭을 통해 칼럼별로 파라미터(Parameter)를 설정하겠습니다. 먼저 Output 칼럼인 'is_canceled'를 누르고 '칼럼 파라미터 설정' 탭을 확인하면 0/1의 숫자로 구성된 칼럼이라 기본 데이터 유형이 numerical(수치형)로 선택이 돼 있습니다. 그래서 모델 유형 또한 자동으로 회귀 모델을 의미하는 regressor가 선택돼 있고요. 우리는 회귀가 아닌 분류 모델을 만들고자 하므로 데이터 유형을 카테고리로 바꿔줘야 합니다. 그러면 자동으로 모델 유형이 분류 모델을 뜻하는 classifier로 변경된 것을 확인할 수 있습니다. 활성 함수는 기본값으로 설정된 softmax를 그대로 사용해보겠습니다. 참고로 이진 분류이기 때문에 활성 함수 선택 시 softmax와 sigmoid의 결과는 같습니다.

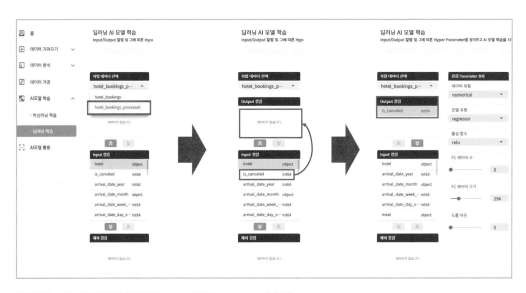

[그림 03-26] 가공 데이터 선택과 Output 칼럼(is_canceled) 선택

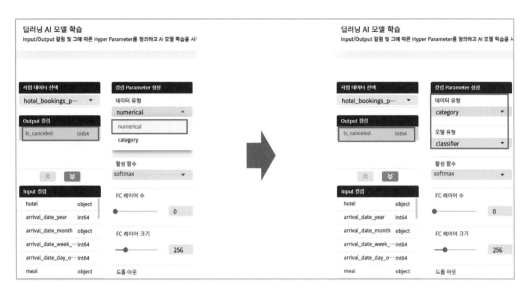

[그림 03-27] Output 칼럼 데이터 유형 변경

아래쪽에 FC 레이어(Fully Connected Layer) 수와 FC 레이어 크기 그리고 드롭아웃(Drop out) 이 나와 있습니다. 이 설정은 우리가 만들고자 하는 딥러닝 모델의 구조를 설정하는 파라미 터입니다. [그림 03-28]을 같이 보면서 이야기해보겠습니다. FC 레이어 수는 딥러닝 모델의 히든 레이어(Hidden Layer) 수를 뜻하고 FC 레이어 크기는 각 히든 레이어를 구성하는 노드 (Node) 수를 뜻합니다.

마지막으로 드롭아웃(Drop out)은 모델의 과대적합(Overfitting)을 막기 위해 레이어 내의 노 드를 랜덤으로 제거할 확률을 설정하는 값입니다. 베이스라인 모델(초기 모델, 성능의 기준이 되 는 모델)이므로 모델 구조 파라미터는 기본값으로 두겠습니다.

이번에는 'Input 칼럼'을 설정해보겠습니다. 수치형 피처(int64 또는 float64)는 별도로 설정할 내용이 없고 수치형 카테고리 피처 또는 문자형 피처만 One-hot Encoding이 필요합니다.

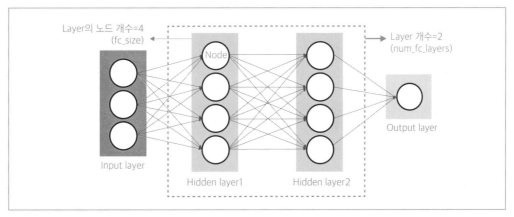

[그림 03-28] **딥러닝 구조**

hotel	arrival_date_year	arrival_date_month	arrival_date_week_number
arrival_date_day_of_month	meal	market_segment	distribution_channel
is_repeated_guest	reserved_room_type	assigned_room_type	deposit_type
customer_type	country_IM		

[표 03-8] **One-hot Encoding 적용 필요 피처**

해당 피처는 [표 03-8]에 정리해두었습니다. 이들 피처에 대해서 데이터 유형은 카테고리, 데이터 인코더는 dense에서 sparse로 변경해주세요. 마지막으로 'babies_SS' 피처는 제외 칼럼으로 옮겨보겠습니다.

잠깐! AI 용어 Tip

- sparse: One hot Encoding에서 타깃값은 1이고 나머지는 0으로만 표현하는데, 이처럼 대부분 0으로 표현되는 방법을 Sparse Vector(벡터)라고 부름. AIDU ez에서 One hot Encoding은 데이터 인코더를 sparse로 설정해야 함.

  * sparse: (밀도가) 희박한

  예)사과=[0, 0, 1, 0, 0]처럼 표현

- dense: 변수들의 값을 0과 1외에도 실수값으로 표현하는 벡터, 벡터의 차원이 조밀해졌다고 dense vector라고 함

  * dense: 밀집한

  예)공책=[0.2, 1.5, -2.4, 1.6, 1.1]처럼 표현

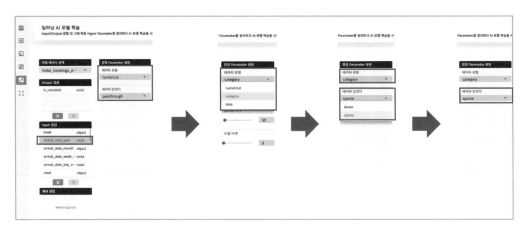

[그림 03-29] One-hot Encoding 설정(arrival_date_year)

모든 칼럼의 설정이 끝났습니다. 마지막으로 Epochs(학습 반복 횟수), Batch size(Gradient descent를 실행하고, 모델의 가중치 갱신을 위해 데이터를 분할하는 크기. 학습 단위를 위해 분할한 데이터의 크기), Early Stop(오버피팅 막기 위해 Epochs 횟수 전에 학습을 조기 종료하기 위한 파라미터) 등의 학습 파라미터는 기본값으로 유지하고 바로 학습시켜 보겠습니다. 학습 시작 버튼을 눌러주세요. 모델학습에는 시간이 조금 걸립니다. 학습을 기다리는 동안 잠깐의 휴식을 취해보세요!

잠깐! AI 용어 Tip

- Epoch(에폭) : 전체 데이터 샘플을 학습하는 횟수, 훈련데이터(Train data) 전체를 몇 번 반복해서 학습할지 정하는 파라미터. 예를 들어 1,000만 개의 데이터셋을 5번 학습시켰다면 Epoch은 5임.

- Batch size(배치 사이즈): 데이터셋을 학습시킬 때, 메모리 한계와 속도의 저하를 고려하여 전체 데이터를 쪼개서 학습하는데, 쪼개진 데이터셋을 Batch라고 하며 그 크기를 Batch size라고 함.
  1,000만 개의 데이터를 10,000개의 단위로 쪼갠다면 Batch size는 10,000이고 각 배치를 학습하는 과정을 1,000번 반복. 이 반복하는 과정을 Iteration(이터레이션)이라고 부름.

- Early stop: 대표적인 과대적합(Over Fitting) 방지 기법의 하나며, 지정한 학습 횟수(Epochs)에 도달하지 않았어도 조건을 충족시킨다면 학습을 종료시키는 기법.

- Optimizer 함수: 딥러닝 모델의 매개변수(Weight)를 조절해서 손실함수(예측값-실제값 차이 활용)의 값을 최저로 만드는 과정의 함수. Adam을 많이 사용.

- Learning Rate: 인공신경망의 가장 기본이 되는 최적화 방법인 경사하강법(Gradient Descent)에서 경사를 따라 최소점을 찾으려고 반복적으로 내리막길을 내려가야 되는데, 이때 이동하는 보폭(step size).

[그림 03-30] **학습 시작**

2) 결과 평가

학습이 끝났습니다. 오래 기다리셨나요? 우리의 AI 모델이 잘 만들어졌는지 확인해볼게요. 조금 긴장이 되네요. 잘 만들어졌는지 2가지를 확인하면 됩니다. 먼저 성능 평가 지표를 확인하여 모델의 성능을 확인하고 그다음으로 학습 그래프를 확인하여 과대적합이나 과소적합이 되지 않았는지 살펴보면 됩니다.

성능 평가 지표를 보려면 모델학습 결과의 스크롤을 제일 아래로 내려보세요. 로그를 순서대로 읽어보겠습니다. 39번째 epoch에서 가장 높은 성능이 나타났고 EARLY STOPPING에 의해 5번의 추가 학습을 진행했지만, 성능의 개선이 나오지 않아 44번째 epoch에서 모델학습이 조기 종료됐습니다. 분류 모델이기 때문에 Accuracy라는 성능 평가 지표가 제시돼 있는데요. 약 82%입니다. 예약 유지 비율이 약 63%라서 만약 모델이 모든 경우를 유지로 예측하게 되면 63%의 성능이 나옵니다. 이보다 약 20%p 높은 수준이라 괜찮은 성능처럼 보이네요. 참고로 AIDU ez 내부적으로 데이터 분할 등에서 랜덤 추출이 진행되어 직접 실습할 때

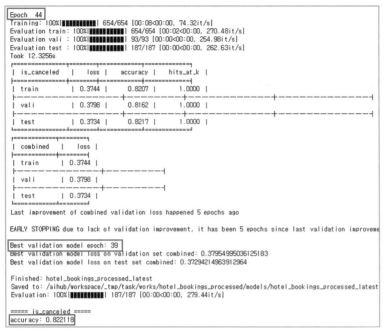

```
Epoch  44
Training: 100%|██████████| 654/654 [00:08<00:00, 74.32it/s]
Evaluation train: 100%|██████████| 654/654 [00:02<00:00, 270.48it/s]
Evaluation vali : 100%|██████████| 93/93 [00:00<00:00, 254.98it/s]
Evaluation test : 100%|██████████| 187/187 [00:00<00:00, 262.63it/s]
Took 12.3256s
╒══════════════╤════════╤══════════╤══════════╕
│ is_canceled  │ loss   │ accuracy │ hits_at_k│
╞══════════════╪════════╪══════════╪══════════╡
│ train        │ 0.3744 │ 0.8207   │ 1.0000   │
├──────────────┼────────┼──────────┼──────────┤
│ vali         │ 0.3798 │ 0.8162   │ 1.0000   │
├──────────────┼────────┼──────────┼──────────┤
│ test         │ 0.3734 │ 0.8217   │ 1.0000   │
╘══════════════╧════════╧══════════╧══════════╛
╒══════════════╤════════╕
│ combined     │ loss   │
╞══════════════╪════════╡
│ train        │ 0.3744 │
├──────────────┼────────┤
│ vali         │ 0.3798 │
├──────────────┼────────┤
│ test         │ 0.3734 │
╘══════════════╧════════╛
Last improvement of combined validation loss happened 5 epochs ago

EARLY STOPPING due to lack of validation improvement, it has been 5 epochs since last validation improveme

Best validation model epoch: 39
Best validation model loss on validation set combined: 0.37954995036125183
Best validation model loss on test set combined: 0.37294214963912964

Finished: hotel_bookings_processed_latest
Saved to: /aihub/workspace/_tmp/task/works/hotel_bookings_processed/models/hotel_bookings_processed_latest
Evaluation: 100%|██████████| 187/187 [00:00<00:00, 279.44it/s]

===== is_canceled =====
accuracy: 0.822118
```

[그림 03-31] 베이스라인 모델의 성능 평가 지표(1)-Accuracy

는 모델 성능이나 가장 높은 성능이 나온 epoch 등은 조금 다르게 나타날 수 있습니다. 로그를 더 내려가서 확인해보면 'is_canceled'가 1(예약 취소)인 경우와 0(예약 유지)인 경우 각각에 대해서 조금 더 자세한 성능 지표들이 나타나 있습니다. 우리는 예약 취소했는지 알고 싶으므로 1(예약 취소)인 경우의 로그를 살펴보면 됩니다.

어떤 지표를 신경 써서 봐야 할까요? 예약 취소의 정밀도(Precision)와 재현율(Recall)의 수식을 살펴보겠습니다.

$$정밀도 = \frac{실제\ 예약\ 취소인데\ 예약\ 취소로\ 잘\ 예측}{실제\ 예약\ 취소인데\ 예약\ 취소로\ 잘\ 예측 + 실제\ 예약\ 유지인데\ 예약\ 취소로\ 잘못\ 예측}$$

$$재현율 = \frac{실제\ 예약\ 취소인데\ 예약\ 취소로\ 잘\ 예측}{실제\ 예약\ 취소인데\ 예약\ 취소로\ 잘\ 예측 + 실제\ 예약\ 취소인데\ 예약\ 유지로\ 잘못\ 예측}$$

실제 예약 유지 고객을 예약 취소 고객으로 잘못 판단하는 경우와 실제 예약 취소인데 예약 유지로 잘못 판단하는 경우 중에 어떤 것이 더 피해야 하는 상황인지 확인해보면 됩니다.

```
1: {  'accuracy': 0.822118001758203,
    'f1_score': 0.7363455809334657,
    'fall_out': 0.09102368473429312,
    'false_discovery_rate': 0.187842278203724,
    'false_negative_rate': 0.3265213442325159,
    'false_negatives': 2876,
    'false_omission_rate': 0.17349339446220668,
    'false_positive_rate': 0.09102368473429312,
    'false_positives': 1372,
    'hit_rate': 0.6734786557674841,
    'informedness': 0.582454971033191,
    'markedness': 0.6386643273340693,
    'matthews_correlation_coefficient': 0.6099124627988002,
    'miss_rate': 0.3265213442325159,
    'negative_predictive_value': 0.8265066055377933,
    'positive_predictive_value': 0.812157721796276,
    'precision': 0.812157721796276,
    'recall': 0.6734786557674841,
    'sensitivity': 0.6734786557674841,
    'specificity': 0.9089763152657069,
    'true_negative_rate': 0.9089763152657069,
    'true_negatives': 13701,
    'true_positive_rate': 0.6734786557674841,
    'true_positives': 5932}}
```

[그림 03-32] 베이스라인 모델의 성능 평가 지표(2)-예약 취소 1: F1_score/Precision/Recall

호텔을 운영하는 사람 입장에서 생각해볼게요. 취소할 것으로 예상한 고객 A의 객실을 고객 B에게 미리 판매했는데 예측과 다르게 A 고객이 예약을 취소하지 않았습니다. 여유 객실이 없어 고객 B의 판매를 취소했습니다. 고객은 엄청난 항의를 하고 이런 일이 계속 발생한다면 호텔의 평점 자체가 떨어지게 될 것입니다. 반면에 A고객이 예약을 유지할 가능성이 크다고 AI 모델이 알려줘서 해당 객실을 다른 고객에게 팔지 않았습니다. 이 경우에는 A고객이 결국 취소한다고 할지라도 빈 객실이 생겨 매출은 조금 줄겠지만, 고객의 항의를 받지는 않게 될 것입니다. 즉, 호텔 운영 시에는 실제 예약 유지 고객을 예약 취소 고객으로 잘못 판단하는 경우를 최소화해야 합니다. 따라서 재현율보다는 'is_canceled'가 1(예약 취소)인 것에 대한 정밀도가 더 중요합니다. [그림 03-32]의 아래쪽 로그를 더 살펴보면 '1'인 경우의 정밀도(precision) 값이 약 0.81로 나타나 있습니다. 우리 모델이 100명의 예약 취소로 예측했다면 그중 81명은 실제로 취소로 이어졌고 19명은 예약을 유지했다는 의미입니다.

이번에는 로그 상단의 '차트 보기' 버튼을 눌러 모델 성능의 그래프를 확인해보겠습니다. Loss 그래프는 작아질수록, Accuracy 그래프는 커질수록 모델 성능이 좋다고 해석합니다. [그림 03-33]에서 살펴보면, 훈련(train), 검증(valid), 평가(test)의 추세가 유사하게 나타나 있어 과대적합의 우려는 하지 않아도 되네요.

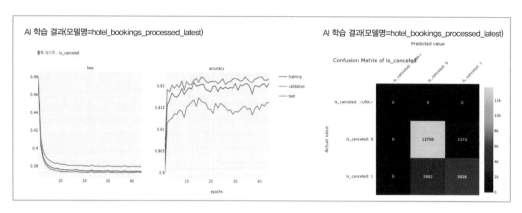

[그림 03-33] 베이스라인 모델의 성능 평가 그래프

3) 더 나은 모델

이번에는 우리가 만든 베이스라인 모델보다 더 나은 성능을 보여주는 모델을 만들어보겠습니다. 보통 모델 성능을 높이기 위해서는 피처 엔지니어링(Feature engineering)을 하거나 모델을 바꾸거나 아니면 모델 또는 학습 파라미터를 변경하게 됩니다.

2가지 방법을 사용해보려고 하는데요. 첫 번째 방법은 피처 엔지니어링의 한 가지 방법인 피처 선택입니다. EDA를 하면서 'babies' 피처는 학습에서 일단 제외했는데, 이번에는 포함을

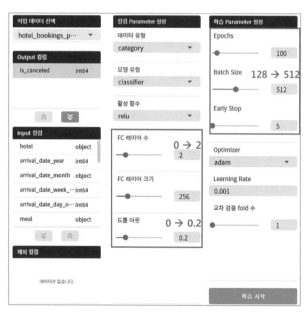

[그림 03-34] 모델의 파라미터 변경과 새로운 학습 시작

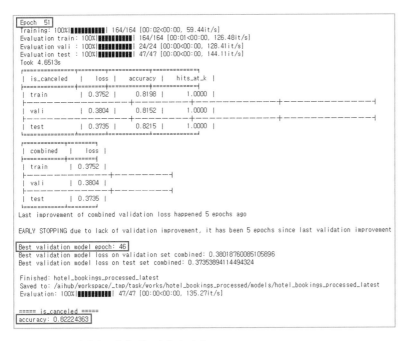

```
Epoch  51
Training: 100%|██████████| 164/164 [00:02<00:00, 59.44it/s]
Evaluation train: 100%|██████████| 164/164 [00:01<00:00, 126.48it/s]
Evaluation vali : 100%|██████████| 24/24 [00:00<00:00, 128.41it/s]
Evaluation test : 100%|██████████| 47/47 [00:00<00:00, 144.11it/s]
Took 4.6513s
╒══════════════╤═══════╤══════════╤══════════╕
│ is_canceled  │ loss  │ accuracy │ hits_at_k │
╞══════════════╪═══════╪══════════╪══════════╡
│ train        │ 0.3752│ 0.8198   │ 1.0000   │
├──────────────┼───────┼──────────┼──────────┤
│ vali         │ 0.3804│ 0.8152   │ 1.0000   │
├──────────────┼───────┼──────────┼──────────┤
│ test         │ 0.3735│ 0.8215   │ 1.0000   │
└──────────────┴───────┴──────────┴──────────┘

╒══════════════╤═══════╕
│ combined     │ loss  │
╞══════════════╪═══════╡
│ train        │ 0.3752│
├──────────────┼───────┤
│ vali         │ 0.3804│
├──────────────┼───────┤
│ test         │ 0.3735│
└──────────────┴───────┘
Last improvement of combined validation loss happened 5 epochs ago

EARLY STOPPING due to lack of validation improvement, it has been 5 epochs since last validation improvement

Best validation model epoch: 46
Best validation model loss on validation set combined: 0.38018760085105896
Best validation model loss on test set combined: 0.37353894114494324

Finished: hotel_bookings_processed_latest
Saved to: /aihub/workspace/_tmp/task/works/hotel_bookings_processed/models/hotel_bookings_processed_latest
Evaluation: 100%|██████████| 47/47 [00:00<00:00, 135.27it/s]

===== is_canceled =====
accuracy: 0.82224363
```

[그림 03-35] 개선된 모델의 성능 평가 지표(1)-Accuracy

```
1: {  'accuracy': 0.8222436246388343,
      'f1_score': 0.7328676609401549,
      'fall_out': 0.08359317985802428,
      'false_discovery_rate': 0.17789072426937735,
      'false_negative_rate': 0.33889645776566757,
      'false_negatives': 2985,
      'false_omission_rate': 0.177699726157876,
      'false_positive_rate': 0.08359317985802428,
      'false_positives': 1260,
      'hit_rate': 0.6611035422343324,
      'informedness': 0.5775103623763083,
      'markedness': 0.6444095495727467,
      'matthews_correlation_coefficient': 0.6100435988456157,
      'miss_rate': 0.33889645776566757,
      'negative_predictive_value': 0.822300273842124,
      'positive_predictive_value': 0.8221092757306226,
      'precision': 0.8221092757306226,
      'recall': 0.6611035422343324,
      'sensitivity': 0.6611035422343324,
      'specificity': 0.9164068201419757,
      'true_negative_rate': 0.9164068201419757,
      'true_negatives': 13813,
      'true_positive_rate': 0.6611035422343324,
      'true_positives': 5823}}
```

[그림 03-36] 개선된 모델의 성능 평가 지표(2)-예약 취소 1: F1_score/Precision/Recall

시켜서 학습해보겠습니다. 베이스라인 모델 대비 성능이 소폭 하락했습니다. 'babies' 피처는 학습에 포함하지 않는 것이 더 좋네요. 더 나은 성능을 보여준 베이스라인 모델을 가지고 두 번째 방법을 사용해보겠습니다. 바로 가장 손쉽게 할 수 있는 파라미터 변경으로 모델 성능을 개선해보려고 합니다. [그림 03-34]처럼 다른 파라미터는 유지한 채로 FC 레이어 수는 2, 드롭아웃 0.2, Batch Size는 512로 변경해보겠습니다.

[그림 03-35]에서 보이는 바와 같이 46번째 epoch에서 가장 높은 성능이 나타났고 EARLY STOPPING에 의해 5번의 추가 학습을 진행했지만, 성능의 개선이 나오지 않아 51번째 epoch에서 모델학습이 조기 종료됐습니다. 이전 모델과 유사한 성능이 나왔네요. Accuracy는 약 82%입니다. 예약 취소 기준의 Precision 값도 살펴보겠습니다. Precision은 0.82입니다. Accuracy는 개선이 되지 않았지만, 우리에게 조금 더 중요한 지표인 Precision은 베이스라인 모델 대비 소폭 개선이 이루어졌습니다([표 03-9]).

'차트 보기'를 통해 성능 그래프를 확인해보니 앞선 베이스라인 모델과 마찬가지로 과대적합은 발생하지 않았습니다.

성능 지표	베이스라인 모델	babies 피처 추가	개선된 모델
Accuracy	0.8221	0.8218	0.8222
Precision	0.8122	0.8119	0.8221
Recall	0.6735	0.6728	0.6611
F1_score	0.7363	0.7358	0.7329

[표 03-9] 성능 비교

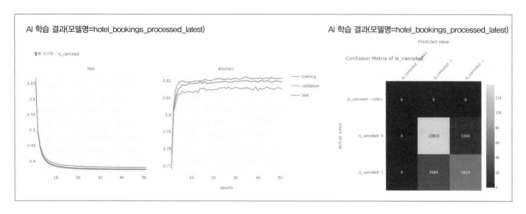

[그림 03-37] 개선된 모델의 성능 평가 그래프

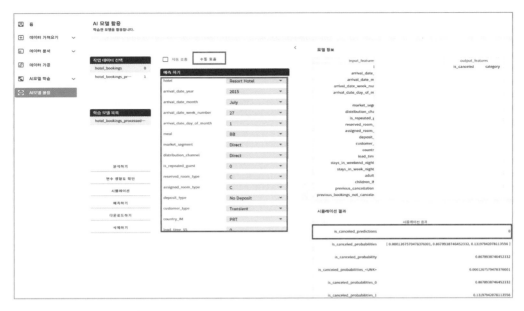

[그림 03-38] **모델 시뮬레이션**

4) 시뮬레이션

우리가 만든 모델을 활용해보겠습니다. [그림 03-38]의 좌측 메뉴 중 'AI 모델 활용' 메뉴로 들어가보겠습니다. '작업 데이터 선택'은 옆에 숫자가 1로 나온 데이터를 선택해주세요. 이 숫자가 해당 데이터셋으로 만들어진 모델의 숫자입니다. 모델이 존재하는 데이터를 선택하면 아래 학습 모델 목록에 모델이 나타나고 이 모델을 클릭해주시면 아래 메뉴가 활성화됩니다.

여러 메뉴 중 시뮬레이션을 클릭해주세요. 예측에 사용될 데이터를 입력해주고 위에 수동 호출 버튼을 눌러주면 우측에 우리 모델이 예측한 결괏값을 보여줍니다.

 Review

▶ AI 모델의 Input과 Output을 지정하고 과제의 목적인 Classifier(분류) 모델 유형인지 확인하는 방법을 배웠습니다.

▶ Ordinal Encoding은 데이터 가공에서 적용할 수 있었지만, One-hot Encoding은 AI 모델 칼럼 설정에서 데이터 유형을 카테고리, 데이터 인코더를 sparse로 변경하여 적용

할 수 있습니다.

▶ 모델 파라미터(FC레이어 수, FC레이어 크기, 드롭아웃 등)와 학습 파라미터(Epochs, Batch Size, Early Stop, Optimizer, Learning Rate)를 조정하여 모델을 개선할 수 있습니다.

 Q&A

Q AI 분류 모델을 만들려면 'is_canceled' 칼럼의 어떤 파라미터를 수정해야 할까요?

타깃변수인 'is_canceled'는 0과 1로 이루어져 있는 수치형 칼럼입니다.

A. 데이터 유형

수치형 칼럼이라 기본 옵션으로 데이터 유형이 numerical로 설정이 되어 있어 모델 유형도 자동으로 regressor(회귀모델)로 지정이 되어 있습니다. 따라서 데이터 유형을 카테고리로 변경하여 모델 유형이 classifier(분류모델)가 되도록 해야 합니다.

1.6 AI 모델 만들기 및 활용하기 – ② 머신러닝

 학습목표

가공된 데이터를 가지고 AI 모델의 입·출력 파라미터를 설정하여 머신러닝 기반 모델을 만들어봅니다. 모델 성능을 Accuracy/Precision 지표 등을 통해 평가해보고 모델의 파라미터를 조정하여 더 나은 모델을 만들어봅니다.

딥러닝에 이어 이번에는 머신러닝 모델을 사용하여 학습을 해보겠습니다. 우리의 데이터에는 딥러닝 또는 머신러닝이 적합할지 확인해보겠습니다. AI 모델학습 메뉴의 머신러닝 학습 메뉴로 들어가주세요. 딥러닝과 다르게 AIDU ez의 머신러닝 학습에는 One-hot Encoding을 적용할 수 있는 기능이 없어 One-hot Encoding은 별도로 하지 않겠습니다. 최종 칼럼은 [표 03-10]에 정리해놓았습니다. 딥러닝에서 사용했던 칼럼과 같으며 One-hot Encoding만 제외됐습니다. 그리고 One-hot Encoding 대상 칼럼 중 데이터 타입이 int64인 칼럼은 모두 카테고리로 타입을 변환시켰습니다.

[그림 03-39] **가공 데이터 선택과 Output 칼럼(is_canceled) 선택**

칼럼명	데이터 가공 방식(안)	칼럼명	데이터 가공 방식(안)
hotel		Country_IM	결측값 처리(최빈값)
is_canceled	타입 변환 (Numeric→ Category)	lead_time_SS	스케일링(Standard Scaler)
arrival_date_year	타입 변환 (Numeric→ Category)	stays_in_weekend_nights_SS	스케일링(Standard Scaler)
arrival_date_month		stays_in_week_nights_SS	스케일링(Standard Scaler)
arrival_date_week_number	타입 변환 (Numeric→ Category)	adults_SS	스케일링(Standard Scaler)
arrival_date_day_of_month	타입 변환 (Numeric→ Category)	children_IM_SS	결측값 처리(중앙값) 스케일링(Standard Scaler)
meal		babies_SS	스케일링(Standard Scaler) 칼럼 제외
market_segment		previous_cancellations_SS	스케일링(Standard Scaler)
distribution_channel		previous_bookings_not_ canceled_SS	스케일링(Standard Scaler)
is_repeated_guest	타입 변환 (Numeric→ Category)	booking_changes_SS	스케일링(Standard Scaler)
reserved_room_type		days_in_waiting_list_SS	스케일링(Standard Scaler)
assigned_room_type		adr_SS	스케일링(Standard Scaler)
deposit_type		required_car_parking_spaces_SS	스케일링(Standard Scaler)
customer_type		total_of_special_requests_SS	스케일링(Standard Scaler)

[표 03-10] **머신러닝 모델에 사용할 칼럼**

1) AI 모델링

딥러닝에서 했던 것과 동일하게 Output 칼럼으로 우리의 타깃변수(is_canceled)를 옮기고 babies_SS 피처는 딥러닝에서 확인한 결과, 성능 향상에 도움이 되진 않아서 제외 칼럼으로 옮겨줍니다. 타깃변수를 선택한 후 데이터 유형이 'Categorical'인지 그리고 학습 유형이 'Classification'인지 반드시 확인해주세요.

마지막으로 ML 모델 선택을 할 건데요. AIDU ez의 머신러닝 학습에는 다양한 알고리즘을 제공하고 있어서 적절한 알고리즘을 골라 학습할 수 있습니다. 분류(Classification) 알고리즘 중에 대표적인 몇 가지를 적용해보고 딥러닝과의 성능을 비교해보겠습니다. 다양한 알고리즘이 있지만 그중 2가지 알고리즘(Logistic Regression, Random Forest)을 사용해볼 예정입니다. 각 모델을 선택하고 학습 시간을 줄이기 위해 교차 검증 fold 수를 최솟값인 2로 설정한 뒤에 학습을 해보겠습니다. 모델 파라미터 설정은 기본값으로 유지해주세요([그림 03-40]).

잠깐! AI 용어 Tip

- 교차 검증: 훈련(Train) 데이터와 평가(Test) 데이터를 K번(fold 수) 변경하고 학습·평가하여 모델을 검증하는 방법. K가지의 훈련·평가 데이터셋을 사용하여 모델을 학습·평가하고 해당 결과의 평균과 표준편차 등을 확인하여 일반화된 모델 여부를 검증. 장점은 모델의 신뢰성 향상과 특정 데이터셋의 과대적합 방지 등을 할 수 있다는 것이고 단점은 모델 훈련과 평가 소요 시간이 증가한다는 것입니다.

2가지 머신러닝 알고리즘을 사용하여 학습을 진행해보았고, 각각의 결과는 [그림 03-41]과 [그림 03-42]에 나타나 있습니다. 앞서 진행한 딥러닝 모델과의 비교를 위해 [표 03-11]에 모든 결과를 정리해보았습니다. Random Forest 알고리즘이 딥러닝보다 좋은 성능을 보여줬습니다.

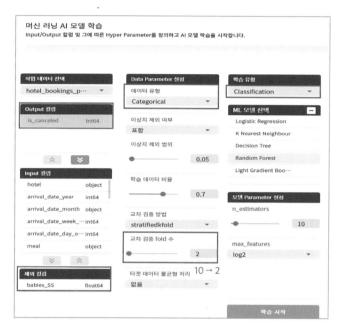

[그림 03-40] 머신러닝 모델 설정

성능 지표	딥러닝(개선ver)	Logistic Regression	Random Forest
Accuracy	0.8222	0.8184	0.8633
Precision	0.8221	0.8129	0.8765
Recall	0.6611	0.6671	0.7395
F1_score	0.7329	0.7328	0.8022

[표 03-11] 성능 비교

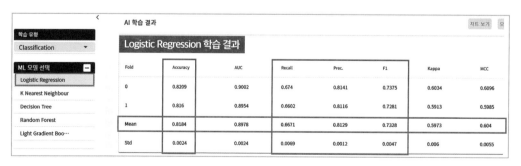

[그림 03-41] 모델(Logistic Regression) 결과

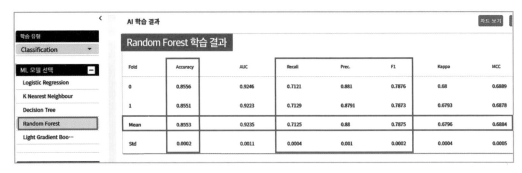

[그림 03-42] **모델(Random Forest) 결과**

3) 더 나은 모델

이번에는 우리가 앞서 만든 머신러닝 모델(Random Forest)보다 더 나은 성능을 보여주는 모델을 만들어보겠습니다. 파라미터 변경으로 모델 성능을 개선해보려고 합니다. 다른 파라미터는 유지한 채로 'n_estimators'를 10 → 20으로 변경 후 학습을 해보겠습니다. 파라미터 조정에는 정답이 있는 것은 아니고 높여도 보고 낮춰도 보면서 성능의 변화를 확인하면서 조정해주면 됩니다.

[표 03-12]에 지금까지 학습한 모델들의 성능을 비교·작성해보았는데요. Random Forest의 파라미터 변경으로 만든 모델의 성능이 가장 뛰어났습니다.

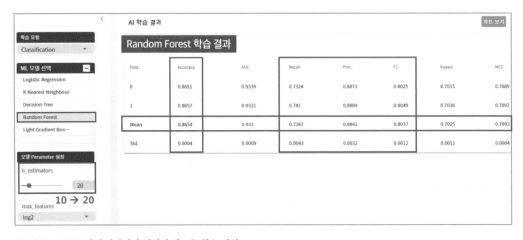

[그림 03-43] **모델의 파라미터 변경과 새로운 학습 시작**

성능 지표	딥러닝^{개선ver}	Logistic Regression	Random Forest	Random Forest^{개선ver}
Accuracy	0.8222	0.8184	0.8633	0.8654
Precision	0.8221	0.8129	0.8765	0.8841
Recall	0.6611	0.6671	0.7395	0.7367
F1_score	0.7329	0.7328	0.8022	0.8037

[표 03-12] **성능 비교**

 Review

▶ 머신러닝 모델의 Input과 Output을 지정하고 과제의 목적인 분류 모델 유형인지 확인하는 방법을 배웠습니다.

▶ 머신러닝 모델인 로지스틱 회귀와 랜덤 포레스트 활용 및 파라미터 조정을 통해 호텔 취소 여부를 예측해보았습니다.

04
EZ로 AI 실습하기(회귀)

[회귀]
지하철 이용객 수 예측

평소에 지하철을 이용해보면 사람이 별로 없어 쾌적하게 이동하는 날도 있지만 때로는 너무 많은 사람이 몰려 제대로 서 있는 것조차 힘든 이른바 지옥철을 경험하게 되는 날도 있습니다. 여러 가지 변수에 의해 지하철 이용객 수는 달라지는데 몇 가지 정보를 이용하여 이용객 수를 예측할 수 있다면 몰리는 시간을 피하거나 다른 이동 수단을 이용해 조금 더 쾌적한 이동을 할 수 있지 않을까요?

이러한 문제 제기를 바탕으로 우리 과제의 목적과 목표를 정의해보겠습니다.

- 과제 목적: 지하철을 좀 더 쾌적하게 이용하기
- 과제 목표: 지하철 이용객 수 예측

두 번째 실습인 회귀 과제로 지하철 이용객 수 예측을 해보려고 합니다.

즉, 승객의 숫자라는 정숫값으로 구성된 타깃(TARGET)변수를 예측하는 회귀 모델을 만들게 되는 것입니다. 타깃변수란 용어가 앞선 실습을 하면서 익숙해졌을 텐데요. 다시 한번 말씀 드리면 우리의 AI 모델이 예측하고자 하는 칼럼입니다. 이번 실습은 회귀 과제이기 때문에 AI 모델의 성능 평가지표로 MSE, MAE, R2 Score를 사용합니다.

- MSE(Mean Square Error, 평균제곱오차): (실제값-예측값)의 제곱의 평균이며 작을수록 좋음.

- MAE(Mean Absolute Error, 평균절대오차): (실제값-예측값)의 절댓값의 평균이며 작을수록 좋음.

- R2 Score(R squared, 결정계수): 독립변수가 종속변수를 얼마나 잘 설명하는지 나타내며, 값이 1에 가까울수록 좋음.

1.1 데이터 가져오기

 학습목표

데이터 다운 받는 방법을 배우고 AIDU ez에 데이터 업로드 후 데이터의 칼럼별 의미를 살펴봅니다.

1) 데이터 다운 받기

이번 실습 데이터는 공공데이터를 학습 의도에 맞게 재가공한 데이터로 이용할 예정입니다. 데이터를 다운 받으려면 AICE 웹사이트(https: //aice.study)에 접속하여 '공지사항' 게시글에서 다운받아주세요. 이제 다운 받은 Metro_Traffic_Volume_F.csv 파일을 AIDUez 플랫폼에 업로드해 보겠습니다([그림 04-1]).

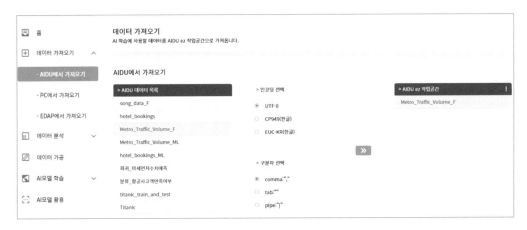

[그림 04-1] **AIDU ez 데이터 업로드**

2) 데이터 칼럼 살펴보기

우리의 데이터는 48,204개의 행, 17개의 열로 구성된 테이블 형태의 데이터입니다. 분류 과제와 달리 17개의 열 중에 마지막 8개 열은 원본 데이터 기반으로 사전에 피처 엔지니어링(Feature Engineering)을 통해 만들어낸 칼럼입니다. 이에 대해서는 뒤에서 자세히 설명할게요. 우리가 예측하려는 타깃변수는 'traffic_volume'이고 개별 칼럼에 대한 설명은 아래 [표 04-1]에 정리했습니다. 새롭게 재가공하여 만든 칼럼은 설명에 '재가공 데이터'라고 별도 표기했습니다.

칼럼명	데이터 타입	설명	칼럼명	데이터 타입	설명
traffic_volume	Numeric	이용객 수	year	Numeric	재가공 데이터(수집 연도)
holiday	Object	휴일 종류	month	Numeric	재가공 데이터(수집 월)
temp	Numeric	기온	day	Numeric	재가공 데이터(수집 일)
rain_1h	Numeric	강수량	hour	Numeric	재가공 데이터(수집 시간)
snow_1h	Numeric	강설량	is_holiday	Object	재가공 데이터(휴일 여부)
clouds_all	Numeric	구름양	dayofweek	Numeric	재가공 데이터(수집 요일)
weather_main	Object	날씨 중분류	is_weekend	Object	재가공 데이터(주말 여부)
weather_description	Object	날씨 소분류	season	Object	재가공 데이터(계절)
date_time	Datetime	데이터 수집 날짜			

[표 04-1] **칼럼별 의미**

 Review

▶ 제공된 별도 웹사이트에서 Metro_Traffic_Volume_F. 파일을 다운 받아 데이터를 준비합니다.

▶ AIDU ez에 다운 받은 데이터를 업로드합니다.

▶ 타깃변수(Traffic_volume) 포함 17개의 열을 간단하게 살펴봤습니다.

Q&A

Q 우리의 타깃변수는 숫자로 구성돼 있습니다. 이 데이터를 가지고 회귀와 분류 중 어떤 모델을 만들게 될까요?

A. 회귀 모델

이용객 수를 맞추는 회귀 모델

1.2 탐색적 데이터 분석(EDA) – ①기초 정보 분석

학습목표

기초 정보 분석을 통해 데이터 특성을 파악, 추가적인 시각화 분석 필요 여부를 확인할 수 있으며, 전처리에 필요한 인사이트를 찾을 수 있습니다.

우리가 확보한 데이터가 어떤 특성이나 패턴을 갖고 있는지, 인사이트를 얻어낼 수 있는 부분이 있는지 등 탐색적 데이터 분석(EDA)으로 찾아보겠습니다. 먼저 AIDU ez의 기초 정보 분석으로 비시각화 분석을 해보겠습니다. 본격적인 분석을 해보기 전에 우리가 확보한 데이터가 어떻게 생겼는지 데이터 샘플 보기로 살펴보겠습니다.

좌측 메뉴 중 '데이터 분석-데이터 샘플 보기' 메뉴로 들어가보겠습니다. '데이터 범위'를 드래그해서 오른쪽 끝까지 이동시켜 전체 데이터를 선택하고 조회하기 버튼을 누르게 되면 우측에 테이블 형태로 데이터가 보입니다. 문자형(Object) 칼럼도 보이고 수치형(Numeric) 칼럼들도 보이네요. 그리고 분류 과제에는 없었던 날짜형(Datetime) 데이터도 있네요. 우리의 타깃변수인 'traffic_volume'은 수치형 칼럼으로 보입니다([그림 04-2]).

우리가 사용할 데이터의 통계 요약 정보를 확인해보세요. [그림 04-3]을 보면 좌측 메뉴 중 '데이터 분석-기초 정보 분석' 메뉴로 들어가보겠습니다. '데이터 범위'를 드래그해서 오른쪽 끝까지 이동시켜 전체 데이터를 선택하고 조회하기 버튼을 누른 뒤 바로 보이는 정보가 통계 요약 정보입니다. 분류 데이터와 마찬가지로 Missing cells의 값이 0이 아니네요. 결측값이 존

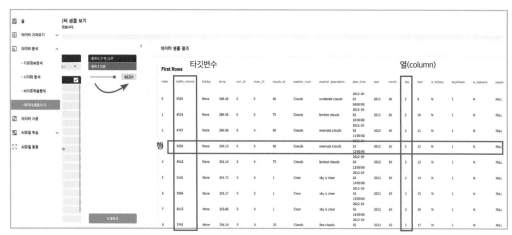

[그림 04-2] 데이터 샘플

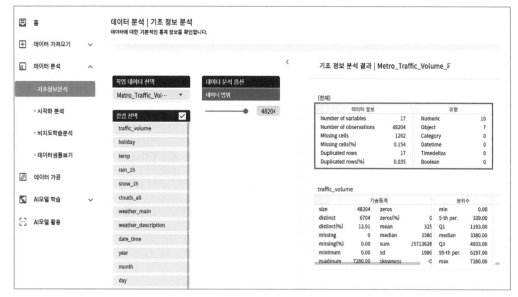

[그림 04-3] 데이터 통계 요약

재합니다. 칼럼 분석 시 어떤 칼럼에 결측값이 있는지 그리고 어떻게 이 값들을 채워넣을지 생각해봐야겠죠?

요약 정보를 통해 확인해봤듯이 17개의 칼럼으로 데이터가 구성돼 있습니다. 이 중 사전에 가공된 8개 칼럼을 제외하고 나머지 9개 칼럼의 분석을 하며 앞 장의 분류 과제에서 배웠던 분석에 사용하는 용어들이 어떻게 해석되는지 다시 한번 확인해보겠습니다.

1) 문자형(Object) 칼럼

첫 번째 문자형 칼럼인 'holiday' 피처(Feature)를 살펴보겠습니다. 문자 데이터는 컴퓨터가 알아들을 수 있게 문자를 숫자로 변경을 해줘야 합니다. 대표적인 방법 2가지는 Ordinal Encoding과 One-hot Encoding이 있다고 설명했습니다. Labor Day, Thanksgiving Day, New Years Day 등 11가지의 미국 휴일과 휴일이 아닌 날 한 가지로 구성된 총 12가지 (distinct) 카테고리로 구성된 데이터입니다. 즉, 유일한 값(distinct)들 사이에 순서가 없으므로 이 피처는 One-hot Encoding을 통해 처리해야 합니다. 이 방법 외에 추가로 'holiday' 피처를 갖고, 피처 엔지니어링(Feature Engineering)을 통해 새로운 파생변수를 만들어보겠습니다. 여기서 파생변수란 기존에 갖고 있던 피처들을 이용해서 새로운 피처를 만들어내는 과정을 이야기합니다. AIDU ez에서는 파생변수 생성 기능을 제공하지 않아 별도로 가공을 하여 'is_holiday'라는 칼럼명으로 붙여놓았습니다. 파생변수를 만드는 과정만 집중해보면 됩니다. holiday 피처에는 11가지의 미국 휴일이 나와 있지만 저는 휴일별 특성이 아닌 휴일인지 아닌지에 집중하고 싶습니다. 그래서 11가지의 미국 휴일은 모두 Y, 나머지 날은 N으로 휴일 유무만 나타내는 새로운 파생변수 'is_holiday'를 만들어보았습니다. 새로 만든 파생변수도 순서가 없는 카테고리라 One-hot Encoding을 해줘야 합니다.

weather로 시작하는 두 피처는 날씨에 대한 데이터를 갖고 있습니다. 'weather_main'은 날씨를 크게 11가지 종류로 나눴고 'weather_description'은 38개로 더 세분화해서 나눴습니다. holiday와 마찬가지로 순서가 없으므로 이 피처들 또한 One-hot Encoding을 통해 처

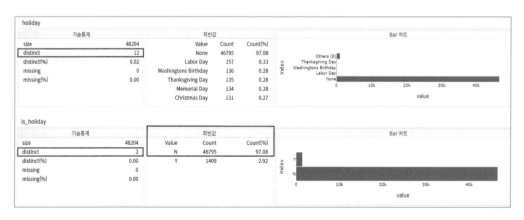

[그림 04-4] **칼럼 분석(holiday, is_holiday)**

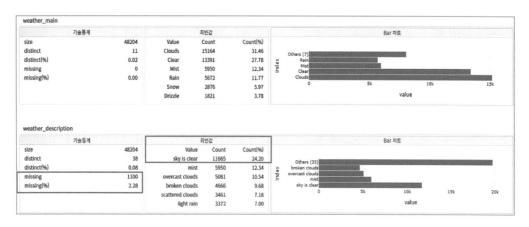

[그림 04-5] 칼럼 분석(weather_main, weather_description)

리해야 합니다. 'weather_description'에서는 더 살펴봐야 할 부분이 있는데요. 분류 과제를 잘 소화했으면 충분히 발견했을 것이라 생각합니다. 바로 결측값(missing) 여부인데 1,100개의 결측값이 존재합니다. 결측값을 채우거나 결측값이 존재하는 행 또는 열을 삭제하는 등의 방법을 채택할 수 있습니다. AIDU ez에서는 피처 삭제 기능과 최빈값/중앙값/평균값/상수로 결측값을 채우는 기능을 제공하고 있는데요. 이 피처의 경우 Missing(%)을 통해 결측값 비율을 보니 약 2% 정도로 큰 비중을 차지하는 것이 아니고 수치형이 아닌 문자형이기 때문에 중앙값/평균값은 사용할 수 없어 최빈값으로 결측값을 채워보려고 합니다. 추가로, 'weather_description'은 'weather_main'의 세부 분류라 'weather_main'만 학습에 사용해보고 'weather_description'은 학습에서 제외해보도록 하겠습니다.

2) 날짜형(Datetime) 칼럼

분류 과제 데이터에는 없었던 날짜형(Datetime) 피처를 다뤄보겠습니다. 말 그대로 날짜나 시간 데이터를 가지고 있는 칼럼을 날짜형 칼럼이라고 부릅니다. 간혹 날짜형 대신 문자형으로 데이터 타입이 지정되어 있을 수 있고, 이런 경우에는 문자형을 날짜형으로 데이터 타입 변환 처리를 해주기도 합니다. 날짜 데이터는 그대로 학습에 사용하기보다는 데이터 가공을 한 번 하고 사용하는 경우가 많습니다. 직접 우리의 칼럼을 사용해서 배워보겠습니다.

'date_time' 피처의 기술통계를 보면 distinct가 4만 개 넘습니다([그림 04-6]). 즉, 우리의 데이터는 시간 단위로 수집된 데이터라 이렇게 distinct가 많아지는데요. 이러면 더더욱 데이

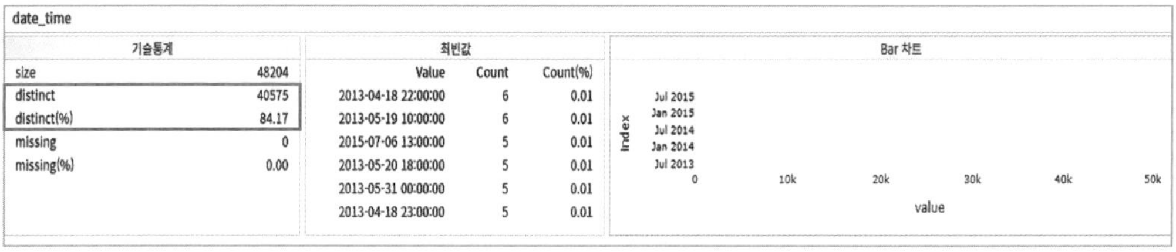

date_time						
기술통계		**최빈값**			**Bar 차트**	
size	48204	Value	Count	Count(%)		
distinct	40575	2013-04-18 22:00:00	6	0.01		
distinct(%)	84.17	2013-05-19 10:00:00	6	0.01		
missing	0	2015-07-06 13:00:00	5	0.01		
missing(%)	0.00	2013-05-20 18:00:00	5	0.01		
		2013-05-31 00:00:00	5	0.01		
		2013-04-18 23:00:00	5	0.01		

Bar 차트 (Index): Jul 2015, Jan 2015, Jul 2014, Jan 2014, Jul 2013 / value: 0, 10k, 20k, 30k, 40k, 50k

[그림 04-6] 칼럼 분석(date_time)

터 가공을 하지 않을 수 없습니다. 만약 이 피처를 그대로 학습에 사용한다면 대부분이 다른 값을 지닌 데이터이기 때문에 마치 데이터의 행 번호처럼 분석에 의미 없는 데이터를 그대로 학습에 사용하는 것이 되어버립니다. 다만, 'holiday' 피처와 마찬가지로 날짜데이터를 별도로 가공하여 여러분의 데이터 뒤에 붙여놓았는데요. 어떤 아이디어를 갖고 가공이 됐는지 설명하겠습니다.

여기에서 우리는 기본적이지만 강력한 피처 엔지니어링 기법을 배워보려고 합니다. AI 모델의 성능을 높일 수 있는 가장 중요한 기술은 바로 기본 피처에서 피처 엔지니어링을 통해 유의미한 새로운 피처(파생변수)를 만들어내는 것입니다. 날짜는 기본적으로 '연-월-일 시간 : 분 : 초'로 구성되어 있습니다. 이 하나의 날짜 피처를 갖고 얼마나 많은 파생변수를 생성해낼 수 있을까요? 다음 내용을 읽기 전에 어떤 내용을 뽑아 낼 수 있을지 잠깐 생각하는 시간을 가져보세요.

떠오르는 아이디어가 있었나요? 하나하나 알려드릴게요. 가장 간단한 것은 긴 날짜를 단위별로 쪼개서 새로운 피처를 만드는 것입니다. 연도(year), 월(month), 일(day), 시간(hour) 이런 식으로요. 분(minute)과 초(second) 단위까지 쪼갤 수 있지만, 우리 데이터에는 시간까지만 날짜가 나와 있습니다. 이렇게 단위별로 새로운 피처를 만들면 어떤 부분이 좋아질까요? 예를 들어 기존에는 저 날짜 데이터들이 전부 서로 다른 값이라 묶일 수 있는 부분이 없었습니다. 하지만 이제는 연, 월, 일, 시간 등의 날짜 단위가 모두 별개의 정보가 되어 월이 같으면 월별 특성이 반영될 수 있고 시간이 같으면 시간대별 특성이 반영될 수 있습니다. 여기서 조금 더 아이디어를 내보겠습니다. 월(month)을 가지고 무엇을 할 수 있을까요? 바로 계절을 알 수 있습니다. 이 데이터로 봄, 여름, 가을, 겨울 사계절(season) 피처를 새롭게 만들어낼 수 있습니다. 처음에는 아이디어를 떠올리기가 어려웠을 거예요. 이제는 그 방식을 알았으니 새로운 아이디어가 몇 가지 더 떠오를 것 같습니다. 이번에는 날짜 전체를 이용해볼게요. 우리는 날짜를 알면 요일을 계산할 수 있습니다. 해당 날짜가 월요일~일요일 사이에 어떤 요일인지 나타내는 새로운 피처(dayofweek)를 만들 수 있습니다. 마지막으로 하나만 더 해볼게요. 요일을 알았으니 평일인지 주말인지 이제 구분할 수 있습니다. 주말 여부(is_weekend) 피처까지 우린 만들어볼 수 있습니다. 지금까지 하나의 날짜 피처(date_time)에서 7개의 추가 피처를 만들어낼 수 있는 아이디어를 얻었습니다. 놀랍지 않나요? 더 놀라운 점은 이 피처 엔지니어링의 효과입니다. 그건 뒤에서 모델학습 때 경험할 거예요. 기대하십시오.

3) 수치형(Numeric) 칼럼

'traffic_volume' 칼럼은 타깃변수입니다. 시간대별 지하철 이용객 수로 수치형 칼럼입니다. [그림 04-7]을 보면 평균과 중앙값도 유사하고 분위수를 봐도 크게 이상치가 있는 데이터는 아닌 것 같습니다. 데이터 유형이 이미 수치형이라서 자동으로 회귀(regressor) 모델로 유형이 지정되므로 별도로 출력(Output) 칼럼의 데이터 유형을 바꿀 필요가 없습니다. 타깃변수의 경우에는 피처(Input 칼럼)와 달리 스케일링을 하지 않아도 됩니다. 스케일링은 학습에 사용되는 피처 간 스케일이 달라 학습에 좋지 않은 영향을 주는 것을 막기 위해서 사용하기 때문입니다.

[그림 04-8]을 보면 'temp' 피처는 평균과 중앙값이 유사하고 분위수를 보아도 데이터가 고르게 분포한 것을 알 수 있어 심한 이상치(outlier)는 없다고 볼 수 있습니다. 박스 차트를 통

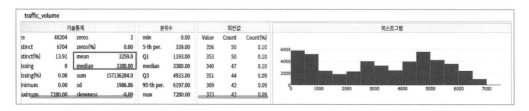

[그림 04-7] 칼럼 분석(traffic_volume)

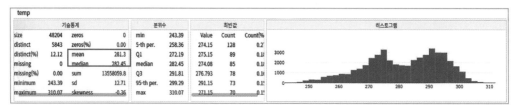

[그림 04-8] 칼럼 분석(temp)

해 조금 더 확인을 해보겠습니다. 영향을 줄 만한 이상치가 없다면 스케일링(Scaling)은 Min-Max Scaling을 사용하겠습니다.

[그림 04-9]를 보면 'rain_1h' 피처는 전체 데이터 중 0의 비중인 zeros(%)가 약 92%입니다. 데이터가 대부분 0에 몰려 있으나 max값은 지나치게 큽니다. 이런 경우에는 극단적인 이상치(outlier)가 존재한다고 볼 수 있고 이런 값은 그 숫자가 적다면 해당 행을 삭제하거나 다른 값으로 치환하는 것도 좋은 방법입니다. 어떤 방법이 좋을지는 분석가의 주관적인 판단에 따라 선택과 적용을 하면 됩니다. 다만, 이번 실습에서는 이상치 유무 확인과 그에 맞는 스케일링 기법 선택에 집중하도록 하겠습니다. 심한 이상치가 있으므로 스케일링은 Min-Max Scaling과 Standard Scaling 중에 Standard Scaling을 사용하면 될 것 같습니다. 박스차트로 이상치를 좀 더 정확하게 판단해보겠습니다.

[그림 04-10]을 보면 'snow_1h' 피처는 결측값(missing)이 존재합니다. 평균값과 중앙값이 일치하고 최빈값까지 0으로 동일합니다. 이런 경우에는 결측값을 0으로 처리하면 됩니다. 평균값/중앙값/최빈값이 모두 일치하므로 편의상 평균값으로 처리하도록 하겠습니다. zeros를 자세히 보면 zeros(%)가 99%가 넘습니다. 즉, 0 하나로만 이루어져 있다고 봐도 무방할 정도로 높은 비율이라 이 피처는 학습에 넣는 것이 의미가 없을 가능성이 있지만, 눈이 내린 날이 많지 않아 그런 것이고 눈이 내린 날만 한정해서 보면 'snow_1h' 값이 모델에게 영향을 줄 가능성이 있습니다. 따라서 피처를 삭제하기보다는 앞 장 분류 과제에서 했던 것처럼 피처를 제외한 경우와 포함한 경우 각각의 모델 성능을 확인해보고 결정하겠습니다.

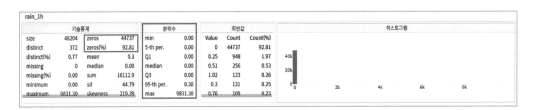

[그림 04-9] 칼럼 분석(rain_1h)

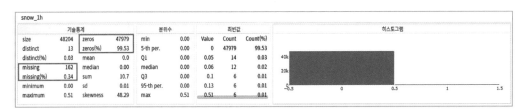

[그림 04-10] 칼럼 분석(snow_1h)

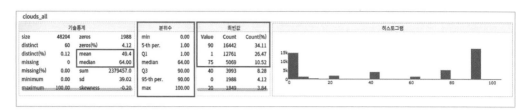

[그림 04-11] 칼럼 분석(clouds_all)

[그림 04-11]을 보면 'clouds_all' 피처는 분위수를 보면 Q1까지는 0~1 사이에 데이터가 분포하다가 중앙값에서 급격하게 커졌다는 것을 볼 수 있습니다. 최빈값을 보면 더 명확해지네요. 90, 1, 75 이 3개의 데이터에 70%가 분포해 있습니다. 평균값과 중앙값도 차이가 크긴 하지만 이상치로 인한 영향이기보다는 특정값에 데이터가 몰려 있어서 나타난 현상입니다. 박스 차트로 좀 더 자세히 들여다볼 예정이고 심한 이상치가 없다면 스케일링 시 Min-Max Scaling을 사용하겠습니다.

잠깐! AI 용어 Tip

- 스케일링(Scaling): 변수 간의 비교를 위해 수치 간의 단위를 맞추려고 수치의 크기를 변경하는 것. 대표적 스케일링 기법으로 Min-Max Scaling, Standard Scaling이 있음.
- Min-Max Scaling: 정규화(Normalization)라고도 하며, 값을 0과 1 사이로 축소해 비율의 값을 갖게 됨(가장 작은 값 0, 가장 큰 값 1).
- Standard Scaling: 표준화(Standardization)라고도 하며, 평균과 표준편차를 이용하여 스케일링하는 기법.

 Review

▶ EDA 중 비시각화 분석을 위해 데이터 분석 메뉴의 데이터 샘플 보기와 기초 정보 분석 기능을 사용해보았습니다.

▶ 테이블 형태의 데이터에는 행·열이 있고 열은 또다시 2가지로 나뉘게 됩니다. 예측하려는 타깃변수를 라벨 칼럼 또는 종속변수라고도 부르고 나머지 칼럼은 입력 칼럼, 독립변수 또는 피처(Feature)라고도 부릅니다.

▶ 이번 과제에서는 문자형(Object) 칼럼, 날짜형(Datetime) 칼럼, 수치형(Numeric) 칼럼, 3가지 종류로 나눠 분석을 진행했습니다.

 Q&A

Q **'snow_1h' 칼럼에는 결측값뿐만 아니라 zero 또한 상당히 많이 존재합니다. 전체 데이터 중 zero값의 비율은 몇 %인가요? 소수점 이하 둘째 자리까지 표현해주세요.**

A. 99.53%

기초 정보 분석에서 해당 칼럼의 zeros(%) 확인

1.3 탐색적 데이터 분석(EDA) – ② 시각화 분석

 학습목표

기초 정보 분석을 통해 얻은 인사이트를 갖고 칼럼의 시각화 분석을 진행합니다. 칼럼 자체를 분석하는 박스차트(수치형 칼럼의 분포를 시각화)와 칼럼 간 관계를 분석하는 히트맵(수치형 칼럼들 간 상관관계 정도를 시각화)을 사용합니다.

앞 장 분류 과제에서 소개했던 시각화 도구 중 일부를 사용하여 시각화 분석을 진행해보겠습니다. AIDU ez의 좌측 메뉴 중 '데이터 분석-시각화 분석' 메뉴로 들어가보겠습니다

1) 박스차트(BoxPlot)

시각화 종류 선택 메뉴에서 박스차트를 선택해주세요. 'temp', 'rain_1h', 'snow_1h', 'clouds_all'이 4개 피처에 대해 우리가 확인하고 싶은 것은 이상치에 대한 내용입니다. 분류 과제에서는 X칼럼으로 0과 1로만 구성된 타깃변수를 선택할 수 있었지만 회귀 과제에서는 타깃변수가 수치형이라 선택을 할 수 없습니다. 그래서 X칼럼은 가장 카테고리가 적은 칼럼을 골라야 분석이 쉽습니다. 따라서 카테고리가 2개인 'is_holiday'를 선택하고, 우리가 분석

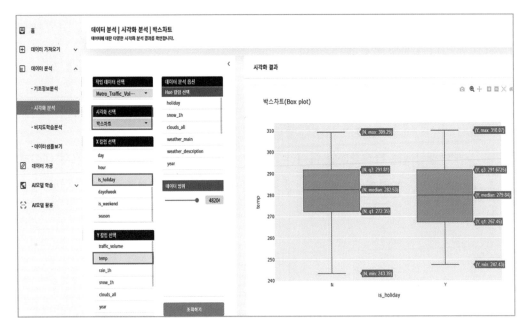

[그림 04-12] 박스차트(temp)

하려는 피처인 'temp', 'rain_1h', 'snow_1h', 'clouds_all'을 Y칼럼에서 각각 선택해주세요. '데이터 범위'를 드래그하여 끝까지 선택하고 조회하기 버튼을 눌러보겠습니다. 'temp' 피처는 기초 정보 분석에서 예상한 바와 같이 이상치가 아예 없는 깔끔한 그래프가 나타났습니다([그림 04-12]).

[그림 04-13]을 보면 'rain_1h 피처는 지나치게 큰 이상치(max)가 있고 max까진 아니어도 다른 데이터 크기에 비하면 꽤 큰 몇 개의 이상치가 상단 경계(upper fence) 근처에 분포해있음을 확인할 수 있습니다. 그리고 'snow_1h' 또한 상단 경계에서 많이 벗어난 이상치들이

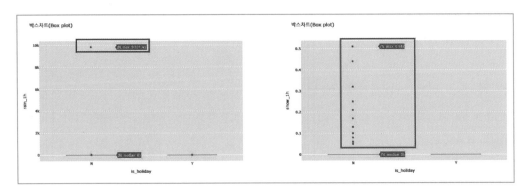

[그림 04-13] 박스차트(rain_1h(좌), snow_1h(우))

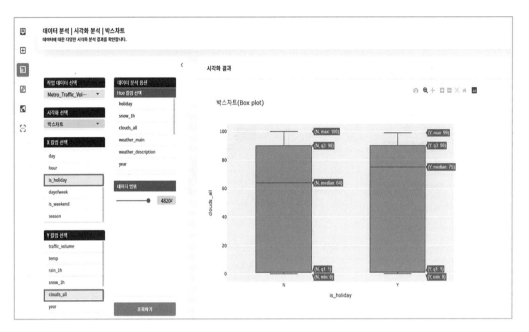

[그림 04-14] **박스차트(clouds_all)**

나열된 것을 확인할 수 있습니다. 'clouds_all' 피처는 'temp' 피처와 마찬가지로 기초 정보 분석에서 예상한 것처럼 이상치가 없는 박스 차트를 확인할 수 있습니다([그림 04-14]).

2) 히트맵(Heatmap)

시각화 종류 선택 메뉴에서 히트맵을 선택해주세요. 우리는 피처 간 상관관계보다는 타깃변수(traffic_volume)와의 상관도가 궁금합니다. 'traffic_volume'과 나머지 피처 간의 상관도가 계산된 부분이 첫 번째 행입니다. 이 행 내 작은 박스 위에 마우스를 두고 상관계수를 살펴보겠습니다. 우리의 타깃변수와 가장 큰 상관계수를 가진 피처를 찾아보겠습니다. hour(0.35)이 가장 관련이 깊네요. 승객 수를 예측할 때 시간대별 특성이 주요한 내용인 것 같습니다. 반대로 우리가 만든 파생변수 중에 year(0.004), month(-0.002), day(-0.007)는 우리의 타깃변수와는 연관성이 거의 없다는 것을 확인할 수 있습니다([그림 04-15]). 피처 엔지니어링을 통해 파생변수로 추가했지만 큰 도움은 되지 않는 것 같아 이 3개 피처는 모델학습을 할 때 제외해보겠습니다.

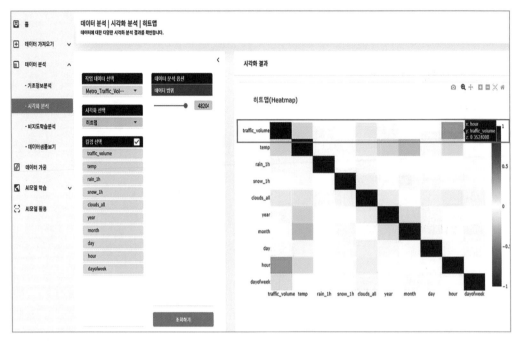

[그림 04-15] **히트맵**

 Review

▶ 칼럼 자체를 분석하는 시각화 도구인 박스차트를 통해 이상치 여부를 확인할 수 있었고, 타깃변수에 따른 분포 차이도 확인할 수 있었습니다.

▶ 칼럼 간 관계를 분석하는 시각화 도구인 히트맵을 통해 타깃변수와 상관계수가 높거나 낮은 피처를 확인할 수 있었습니다.

 Q&A

Q 타깃변수인 'traffic_volume'과 'hour' 칼럼과의 상관계수는 얼마인가요? (소수점 이하 셋째 자리까지)

A. 0.352

시각화 도구 중 히트맵을 사용하여 두 칼럼 간 교차하는 부분에서 확인이 가능

1.4 데이터 전처리와 피처 엔지니어링

 학습목표

데이터 전처리(Data Preprocessing)와 피처 엔지니어링(Feature Engineering)을 왜 해야 하는지 살펴보고, 탐색적 데이터 분석(EDA)을 통해 칼럼별로 적절한 기법(결측값 처리, 스케일링, 인코딩, 칼럼 삭제 등)을 적용합니다.

탐색적 데이터분석(EDA)으로 얻은 데이터 가공방식(안)을 [표 04-2]에 정리해봤습니다. AIDU ez에서 데이터 가공을 할 수 있는 메뉴는 '데이터 가공' 메뉴와 'AI 모델학습' 메뉴인데요. 구분을 위해 [표 04-2]에서는 각각 노란색(데이터 가공 메뉴)과 파란색(AI 모델학습 메뉴)

칼럼명	데이터 타입	데이터 가공 방식(안)	칼럼명	데이터 타입	데이터 가공 방식(안)
traffic_volume	Numeric		year	Numeric	파생변수(date_time)
					칼럼 제외
holiday	Object	인코딩(One-hot)	month	Numeric	파생변수(date_time)
		파생변수 생성			칼럼 제외
temp	Numeric	스케일링(Min-Max Scaler)	day	Numeric	파생변수(date_time)
					칼럼 제외
rain_1h	Numeric	스케일링(Standard Scaler)	hour	Numeric	파생변수(date_time)
snow_1h	Numeric	결측값 처리(평균값)	is_holiday	Object	파생변수(holiday)
		스케일링(Standard Scaler)			
		칼럼 제외(zero 비율 99%)			
clouds_all	Numeric	스케일링(Min-Max Scaler)	dayofweek	Numeric	파생변수(date_time)
weather_main	Object	인코딩(One-hot)	is_weekend	Object	파생변수(date_time)
weather_description	Object	결측값 처리(최빈값)	season	Object	파생변수(date_time)
		칼럼 제외			
date_time	Datetime	칼럼 삭제			
		파생변수 생성			

[표 04-2] **칼럼별 데이터 가공 내역**

으로 하이라이트 표기를 했습니다. 이를 바탕으로 하나씩 처리해볼게요. 우선 AIDU ez 좌측 메뉴 중 '데이터 가공' 메뉴로 들어가보겠습니다. 칼럼별로 하나씩 가공을 해볼 건데요. '가공 데이터 저장' 버튼은 누르지 말아주세요.

1) 결측값 처리

[그림 4-16]을 보면 칼럼 선택에서 가공할 피처('snow_1h', 'weather_description')를 선택하고 결측값 처리 메뉴에서 최빈값(most_frequent), 평균값(mean), 중앙값(median), 상숫값(constant) 중 한 가지 방식을 선택합니다. 처리 방식은 EDA로 도출한 인사이트 결과인 [표 04-2]를 참고하여 'snow_1h' 피처는 평균값, 'weather_description' 피처는 최빈값으로 지정합니다. 보기 버튼을 누른 후 적용 버튼이 활성화되면 적용 버튼도 눌러줍니다.

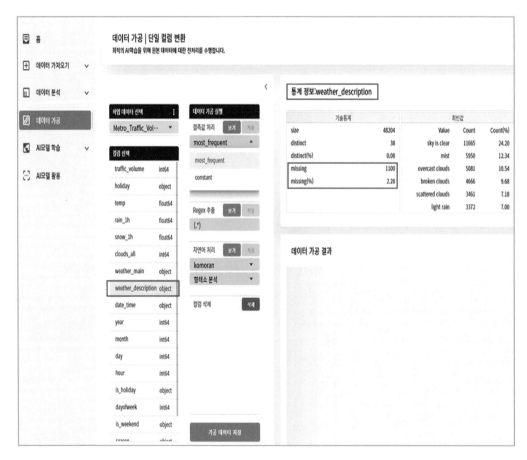

[그림 04-16] **결측값 처리(snow_1h, weather_description)**

결측값 처리가 완료된 피처는 '피처명_IM'('snow_1h_IM','weather_description_IM')이라는 새로운 피처로 생성됩니다. 결측값 처리 전 원본 피처와 처리가 된 '피처명_IM' 피처 둘 다 존재하는 상황이므로 원본 피처는 다시 한번 클릭 후 삭제 버튼을 눌러 삭제해줍니다. 이때 가공 데이터 저장 버튼은 누르면 안 됩니다. 피처에 대한 모든 가공을 마치고 나서 가장 마지막에 누를 예정입니다. 조금만 기다려주세요.

2) 스케일링(Scaling)

[그림 04-17]과 같이 칼럼 선택에서 가공할 피처('temp', 'rain_1h', 'snow_1h_IM', 'clouds_all')를 선택하고 Scale 조정 메뉴에서 Min-Max Scaler 또는 Standard Scaler 중 한 가지 방식을 선택합니다. 처리 방식은 EDA로 도출한 인사이트의 결과인 [표 04-2]를 참고하여 지정합니다. 보기 버튼을 누른 후 적용 버튼이 활성화되면 적용 버튼도 눌러줍니다. 결측값 처리가 완료된 피처는 Scaler의 앞글자를 따서 '피처명_MS' 또는 '피처명_SS'라는 새로운 피처로 생성됩니다. 원본 피처는 다시 한번 클릭 후 삭제 버튼을 눌러 삭제해줍니다.

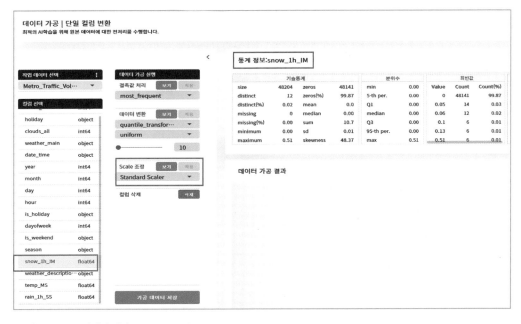

[그림 04-17] 스케일링 처리(snow_1h_IM)

3) 인코딩(Encoding)

EDA 결과 우리 데이터에는 순서가 있는 카테고리가 없으므로 Ordinal Encoding을 사용하지 않고 One-hot Encoding만 사용합니다. AIDU ez에서 Ordinal Encoding은 데이터 가공 메뉴에서 적용할 수 있지만, One-hot Encoding은 AI 모델학습 메뉴에서 적용할 수 있습니다. One-hot Encoding 적용은 나중에 AI 모델학습 메뉴에서 해보겠습니다.

4) 피처 삭제

[그림 04-18]과 같이 학습에 불필요한 'date_time' 피처를 클릭 후 삭제 버튼을 눌러 삭제하겠습니다. zeros(%)가 99%가 넘어가는 'snow_1h' 피처는 삭제가 아닌 AI 모델학습 메뉴에서 제외 기능을 활용해보겠습니다. 총 17개 칼럼을 대상으로 3가지 종류의 데이터 가공(인코딩은 뒤에서 별도로 진행)을 진행해보았는데요. 지금까지 처리한 결과를 Metro_Traffic_Volume_F_processed.csv라는 이름으로 저장해보겠습니다. 가공 데이터 저장 버튼을 눌러주세요. 좌측 위의 작업 데이터 선택을 눌러보면 Metro_Traffic_Volume_F_processed라는

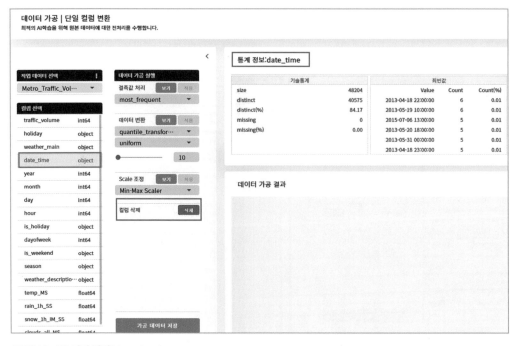

[그림 04-18] 칼럼 삭제(date_time)

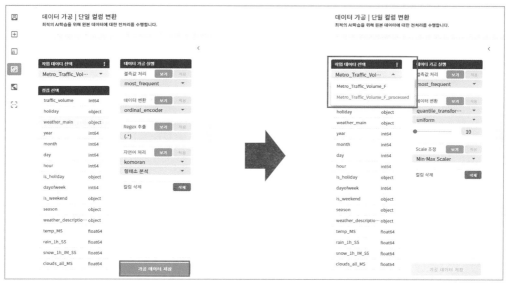

[그림 04-19] 가공 데이터 저장

파일이 생성·선택된 걸 확인할 수 있습니다([그림 04-19]). 다시 한번 말씀드리지만 여기서 주의할 점은 모든 가공을 하고 가장 마지막에 저장을 한 번만 해야 합니다.

 Review

▶ AI 모델을 만들기 전에 데이터 가공을 해야 하는 이유를 살펴보았습니다.

▶ 데이터 가공기법 4가지(결측값 처리, 스케일링, 인코딩, 피처 삭제)를 학습하고 적용해보았습니다.

▶ 가공한 데이터를 저장하는 방법을 학습했습니다.

 Q&A

Q 아래 예시 데이터에는 어떤 전처리 기법을 적용해야 할까요?

수치형(numeric) 데이터 타입으로 되어 있는 강설량(snow_1h)은 zeros(%) 값이 99% 이상입니다.

A. 칼럼 제외

칼럼 내 데이터의 거의 대부분이 0으로 채워져 있어 단일 값으로 되어 있는 칼럼이나 마찬가지일 가능성이 있으나 무조건 삭제하기보다는 모델에게 주는 영향을 직접 확인해보고 결정해야 합니다. 이를 위해서 칼럼 제외 기능을 사용합니다.

1.5 AI 모델 만들기 및 활용하기 - ① 딥러닝

 학습목표

가공된 데이터를 가지고 AI 모델의 입·출력 파라미터를 설정하고 딥러닝 기반 베이스라인 모델을 만들어봅니다. AI 모델 성능을 MSE, R2 Score 지표로 평가해보고 모델의 파라미터를 조정하여 더 나은 모델을 만들어봅니다.

지금까지 우리는 데이터를 분석하고 거기서 얻은 인사이트로 데이터 가공까지 해보았습니다. 우리가 사용할 최종 칼럼은 [표 04-3]에 정리했습니다. 앞에서 분류 과제를 한 번 학습했기 때문에 이번 회귀 과제에서는 조금 더 이해하기가 쉬웠을 것 같아요. 분류에 이어 회귀까지 어느새 두 번째 AI 모델을 만들고 있습니다. 처음에는 AI가 무엇인지도 잘 모르고 용어도 생소

칼럼명	데이터 가공 방식(안)	칼럼명	데이터 가공 방식(안)
traffic_volume		dayofweek	파생변수(date_time)
			칼럼 제외
holiday	인코딩(One-hot)	is_weekend	파생변수(date_time)
			칼럼 제외
weather_main	인코딩(One-hot)	season	파생변수(date_time)
			칼럼 제외
year	파생변수(date_time)	weather_description_IM	결측값 처리(최빈값)
	칼럼 제외		칼럼 제외
month	파생변수(date_time)	temp_MS	스케일링(Min-Max Scaler)
	칼럼 제외		
day	파생변수(date_time)	rain_1h_SS	스케일링(Standard Scaler)
	칼럼 제외		
hour	파생변수(date_time)	snow_1h_IM_SS	결측값 처리(평균값)
	칼럼 제외		스케일링(Standard Scaler)
			칼럼 제외
is_holiday	파생변수(holiday)	clouds_all_MS	스케일링(Min-Max Scaler)
	칼럼 제외		

[표 04-3] 베이스라인 모델학습에 사용할 칼럼

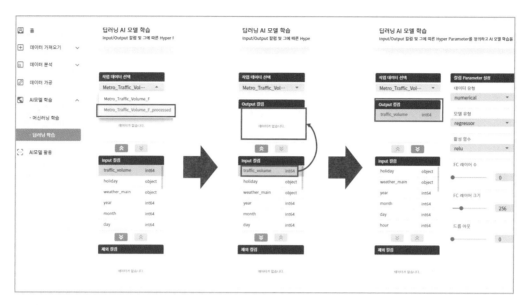

[그림 04-20] Output 칼럼(traffic_volume) 선택

했지만 2가지 모델을 직접 만들 수 있게 됐습니다. 이제 마지막 우리의 회귀 모델 만들기와 활용하기 실습을 해볼게요. AIDU ez의 왼쪽 메뉴 중 'AI 모델학습' 메뉴로 들어가보겠습니다.

1) AI 모델링－베이스라인(Baseline) 모델

작업 데이터 선택을 눌러 우리가 최근에 가공한 Metro_Traffic_Volume_F_processed가 선택되어 있는지 확인해주세요. 이 파일이 우리가 학습에 사용할 데이터입니다.

이제 AI 모델학습을 위한 파라미터 설정을 해보겠습니다. 무엇을 먼저 해야 할까요? 모델을 통해 예측하고자 하는 변수 선택을 해야 합니다. 우리의 타깃변수인 'traffic_volume'을 선택하여 Output 칼럼으로 옮겨주세요.

다음으로 EDA나 데이터 가공을 하며 제외할 피처들을 제외 칼럼으로 옮겨보겠습니다. [그림 04-21]과 같이 'weather_description_IM' 피처를 제외 칼럼으로 옮겨주세요. 여기가 끝이 아닙니다.

AI 모델링의 가장 중요한 과정을 설명할게요. 최초의 모델 즉, 베이스라인 모델을 만들어 기준이 되는 성능을 도출하고 추가로 파라미터 조정이나 피처 엔지니어링을 통해 베이스라인 모델 기준으로 개선된 모델을 만드는 과정을 거칩니다. 앞선 분류 모델에서는 베이스라인 모

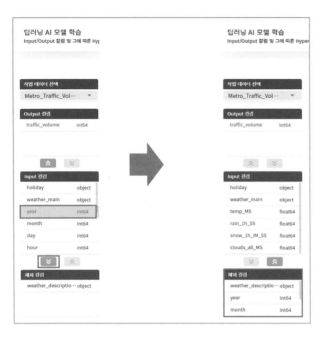

[그림 04-21] 제외 칼럼(weather_description_IM 등 10개) 선택

델을 만들고 나서 파라미터 조정을 통해 개선된 모델을 만들었는데요. 이번 회귀 모델에서는 피처 엔지니어링을 통해 탄생한 파생변수를 사용하여 모델 개선을 해보려고 합니다. 이번 과제의 경우 베이스라인 모델을 만들고 나서 AIDU ez에서 파생변수를 별도로 만든 것이 아닌, 사전에 파생변수를 미리 제공하는 경우라 베이스라인 모델을 만드는 현재 시점에도 이미 데이터에는 파생변수가 포함되어 있습니다. 따라서 베이스라인 모델에는 파생변수를 제외하고 학습을 진행해보겠습니다. 'year', 'month', 'day', 'hour', 'is_holiday', 'dayofweek', 'is_weekend', 'season' 또한 제외 칼럼으로 이동해주세요. 마지막으로 모델의 성능 영향도를 비교하기 위해서 'snow_1h_IM_SS' 피처 또한 제외 칼럼으로 이동해주세요.

각 칼럼을 클릭하고 오른쪽 칼럼 파라미터 설정 탭을 통해 칼럼별로 파라미터를 설정해보겠습니다. 먼저 Output 칼럼인 'traffic_volume'을 누르고 칼럼 파라미터 설정 탭을 확인하면 기본 데이터 유형이 numerical로 선택이 되어 있습니다. 그래서 모델 유형 또한 자동으로 회귀 모델을 의미하는 regressor로 선택되어 있네요. 우리가 원하는 회귀 모델로 잘 설정되어 있습니다. 활성 함수는 기본값으로 설정된 relu를 그대로 사용해보겠습니다.

이번 모델은 베이스라인 모델(초기 모델, 성능의 기준이 되는 모델)이므로 아래쪽의 FC 레이어 수와 FC 레이어 크기 그리고 드롭아웃은 기본값으로 그대로 두겠습니다.

이번에는 Input 칼럼을 설정해보겠습니다. 수치형 피처(int64 또는 float64)는 별도로 설정할 내용이 없고 문자형 피처(object)는 One-hot Encoding이 필요한 'holiday, weather_main'만 설정이 필요합니다. 이들 피처의 데이터 유형은 카테고리(Category), 데이터 인코더는 dense에서 sparse로 변경을 해주세요([그림 04-22]).

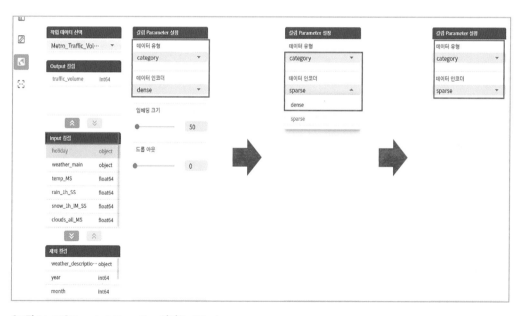

[그림 04-22] One-hot Encoding 설정(holiday)

모든 칼럼의 설정이 끝났습니다. 마지막으로 학습 파라미터(Epochs, Batch size, Early Stop 등)는 기본값으로 유지하고 바로 학습을 해보겠습니다. 학습 시작 버튼을 눌러주세요. 모델학습에는 시간이 조금 걸립니다. 잠시만 기다려주세요.

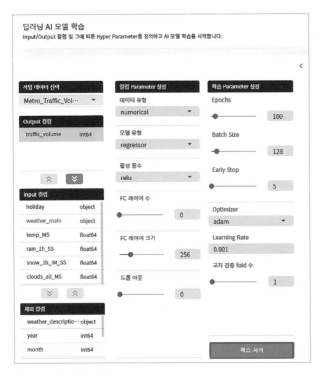

[그림 04-23] **학습 시작**

잠깐! AI 용어 Tip

- Epoch(에폭): 전체 데이터 샘플을 학습하는 횟수, 훈련 데이터(Train data) 전체를 몇 번 반복해서 학습할지 정하는 파라미터. 예를 들어 1,000만 개의 데이터셋을 5번 학습시켰다면 Epoch은 5임.

- Batch size(배치 사이즈): 데이터셋을 학습시킬 때, 메모리 한계와 속도 저하를 고려하여 전체 데이터를 쪼개서 학습하는데, 쪼개진 데이터셋을 Batch라고 하며 그 크기를 Batch size라고 함.
  예를 들어 1,000만 개 데이터를 10,000개의 단위로 쪼갠다면 Batch size는 10,000이고 각 배치를 학습하는 과정을 1,000번 반복함. 이 반복하는 과정을 Iteration(이터레이션)이라고 부름.

- Early stop: 대표적인 과대적합(Over Fitting) 방지 기법의 하나며, 지정한 학습 횟수(Epochs)에 도달하지 않았어도 조건을 충족시킨다면 학습을 종료시키는 기법.

- Optimizer 함수: 딥러닝 모델의 매개변수(Weight)를 조절해서 손실함수(예측값-실제값 차이 활용)의 값을 최저로 만드는 과정의 함수. Adam을 많이 사용.

- Learning Rate: 인공신경망의 가장 기본이 되는 최적화 방법인 경사하강법(Gradient Descent)에서 경사를 따라 최소점을 찾으려고 반복적으로 내리막길을 내려가야 되는데, 이때 이동하는 보폭(step size).

2) 결과 평가

학습이 끝났다면 우리의 AI 모델이 잘 만들어졌는지 확인해보세요. 성능 지표와 학습 그래프를 확인해보면 됩니다([그림 04-24]).

모델학습 결과의 스크롤을 제일 아래로 내려보세요. 분류 모델과는 달리 로그가 조금 간단합니다. 33번째 epoch에서 가장 높은 성능이 나타났고 EARLY STOPPING에 의해 5번의 추가 학습을 진행했지만, 성능의 개선이 나오지 않아 38번째 epoch에서 모델학습이 조기 종료됐습니다. 회귀 모델이기 때문에 mean_absolute_error(MAE), mean_squared_error(MSE), r2라는 성능 평가 지표가 제시되어 있는데요. MAE는 약 0.85, MSE는 약 0.96, r2는 약 0.03입니다. r2는 1에 가까울수록 설명력이 좋은 모델이라고 합니다. 우리 모델은 0.03 정도로 0에 가까운 낮은 수치라 성능이 좋지 않은 모델일 것 같습니다([그림 04-24]). 로그를 조금 더 살펴보겠습니다. [그림 04-24]의 Epoch 38의 성능표 loss값과 MSE, MAE, r2를 비교해보면 어떤 평가 지표가 모델의 loss로 사용됐는지 확인할 수 있습니다. 값을 직접 비교해보면 MSE값과 loss값이 일치하는 것을 확인해볼 수 있네요. 따라서 우리 모델의 손실 함수(loss function)는 MSE인 것을 알 수 있습니다.

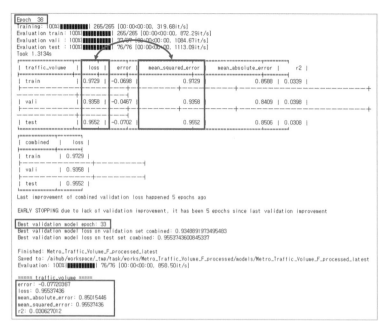

[그림 04-24] 베이스라인 모델의 성능 평가 지표-MAE, MSE, r2

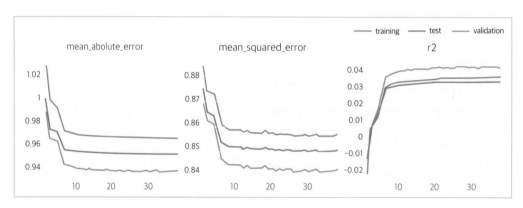

[그림 04-25] 베이스라인 모델의 성능 평가 그래프

이번에는 차트 보기를 눌러 모델 성능의 그래프를 확인해보겠습니다. r2는 커질수록, 나머지 그래프는 작아질수록 모델 성능이 좋다고 해석합니다. 훈련(train), 검증(valid), 평가(test)의 추세가 유사하게 나타나 있어 과대적합의 우려는 하지 않아도 됩니다.

3) 더 나은 모델 ①

이번에는 피처 엔지니어링으로 만든 파생변수를 반영하여 베이스라인 모델보다 더 나은 성능을 보여주는 모델을 만들어보겠습니다.

'holiday' 피처는 제외 칼럼으로 옮기고 히트맵을 통해 확인한 타깃변수와 연관성이 매우 떨어지는 변수 3가지(year, month, day)를 제외한 5가지 파생변수('hour' 'is_holiday' 'dayofweek' 'is_weekend' 'season')를 '제외 칼럼'에서 'Input 칼럼'으로 옮겨보겠습니다([그림 04-26]).

'hour' 'dayofweek' 피처는 numeric으로 되어 있지만, 시간과 요일을 구분하는 범주형 의미가 있는 데이터라 카테고리 취급을 하고 one-hot encoding 처리를 해줘야 합니다. 데이터 유형을 카테고리, 데이터 인코더를 sparse로 변경해보겠습니다. 'is_holiday' 'is_weekend' 'season'은 이미 카테고리 유형으로 설정되어 있으니 one-hot encoding 처리를 위해 데이터 인코더만 sparse로 바꾸겠습니다([그림 04-27]).

다른 파라미터는 그대로 유지한 채 다시 한번 학습 시작을 눌러주세요. 20번째 epoch에서 가장 높은 성능이 나타났고 EARLY STOPPING에 의해 5번의 추가 학습을 진행했지만, 성능의 개선이 나오지 않아 25번째 epoch에서 모델학습이 조기 종료됐습니다. 이전 모델보다 개선된 성능이 나왔네요! MAE는 약 0.55, MSE는 약 0.57, r2는 약 0.42로 베이스라인 모델보다 훨씬 좋은 수준으로 모델이 개선됐습니다([그림 04-29]).

모델학습 결과 그래프를 보니 과대적합이 일어나지 않았다는 것을 볼 수 있습니다([그림 04-30]). 추가로 모델 ①에 사용된 피처([표 04-4] 참고)에 제외했던 'snow_1h' 피처를 추가하여 모델 영향도를 확인해보았습니다. [표 04-6]에 결과를 정리해보았는데요. MAE와 MSE는 거의 동일하고 R2만 아주 소폭 감소하여 'snow_1H' 피처는 모델에 영향을 크게 주는 피처가 아니라는 것을 확인할 수 있었습니다.

칼럼명	데이터 가공 방식(안)	칼럼명	데이터 가공 방식(안)
traffic_volume		dayofweek	타입 변환(Numeric→Category), 인코딩(One-hot)
holiday	칼럼 제외	is_weekend	인코딩(One-hot)
weather_main	인코딩(One-hot)	season	인코딩(One-hot)
year	칼럼 제외	weather_description_IM	칼럼 제외
month	칼럼 제외	temp_MS	
day	칼럼 제외	rain_1h_SS	
hour	타입 변환(Numeric→Category), 인코딩(One-hot)	snow_1h_IM_SS	칼럼 제외
is_holiday	인코딩(One-hot)	clouds_all_MS	

[표 04-4] **더 나은 모델 ① 학습에 사용할 칼럼**

[그림 04-26] 파생변수 추가(hour, is_holiday, dayofweek, is_weekend, season)

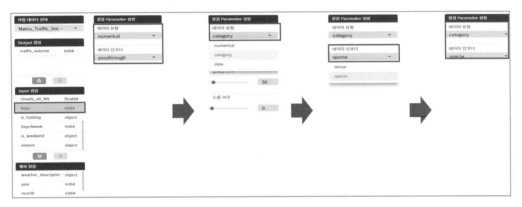

[그림 04-27] One-hot Encoding 설정(hour)

[그림 04-28] 학습 시작

```
Epoch 25
Training: 100%|████████| 265/265 [00:01<00:00, 156.63it/s]
Evaluation train: 100%|████████| 265/265 [00:00<00:00, 377.49it/s]
Evaluation vali : 100%|████████| 37/37 [00:00<00:00, 479.46it/s]
Evaluation test : 100%|████████| 76/76 [00:00<00:00, 410.01it/s]
Took 2.7345s

| traffic_volume | loss   | error   | mean_squared_error | mean_absolute_error |  r2    |
| train          | 0.5794 | -0.4003 |       0.5794       |       0.5554        | 0.4246 |

| vali           | 0.5549 | -0.3787 |       0.5549       |       0.5405        | 0.4307 |

| test           | 0.5700 | -0.3962 |       0.5700       |       0.5533        | 0.4253 |

| combined | loss   |
| train    | 0.5794 |
| vali     | 0.5549 |
| test     | 0.5700 |

Last improvement of combined validation loss happened 5 epochs ago

EARLY STOPPING due to lack of validation improvement, it has been 5 epochs since last validation improvement

Best validation model epoch: 20
Best validation model loss on validation set combined: 0.5590754151344299
Best validation model loss on test set combined: 0.5733636021614075

Finished: Metro_Traffic_Volume_F_processed_latest
Saved to: /aihub/workspace/_tmp/task/works/Metro_Traffic_Volume_F_processed/models/Metro_Traffic_Volume_F_processed_latest
Evaluation: 100%|████████| 76/76 [00:00<00:00, 840.61it/s]

===== traffic_volume =====
error: -0.38910213
loss: 0.5733636
mean_absolute_error: 0.5571355
mean_squared_error: 0.5733636
r2: 0.4217546
```

[그림 04-29] 개선된 모델 ①의 성능 평가 지표-MAE, MSE, r2

성능 지표	베이스라인 모델	개선된 모델①	snow_1H 추가	개선된 모델②
MAE	0.8502	0.5571		
MSE	0.9554	0.5734		
R2	0.0306	0.4218		

[표 04-5] 성능 비교

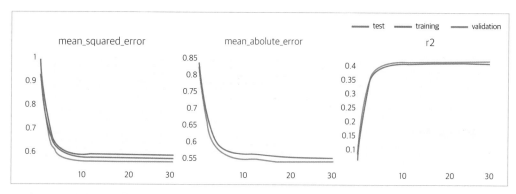

[그림 04-30] 개선된 모델 ①의 성능 평가 그래프

성능 지표	베이스라인 모델	개선된 모델 ①	snow_1H 추가	개선된 모델 ②
MAE	0.8502	0.5571	0.5571	
MSE	0.9554	0.5734	0.5734	
R2	0.0306	0.4218	0.4217	

[표 04-6] 성능 비교

4) 더 나은 모델 ②

분류 모델에서 해본 것처럼 모델의 파라미터를 변경하여 모델 성능을 한 번 더 개선해볼게요. 개선된 모델 ① 학습에 사용된 피처와 다른 파라미터는 유지한 채로 FC 레이어 수만 2로 변경해보겠습니다([그림 04-31]).

15번째 epoch에서 가장 높은 성능이 나타났고 EARLY STOPPING에 의해 5번의 추가 학습을 진행했지만, 성능의 개선이 나오지 않아 20번째 epoch에서 모델학습이 조기 종료됐습니다. 이전 모델보다 조금 더 개선된 성능이 나왔습니다.

[표 04-7]을 보면 MAE는 약 0.51, MSE는 약 0.54, r2는 약 0.44입니다. 혹시 헷갈릴까 봐 한 번 더 말씀드리면 MAE, MSE는 낮으면 낮을수록 좋은 지표이고 r2는 1에 가까울수록 좋은 지표입니다.

'차트 보기'를 통해 성능 그래프를 살펴보니 과대적합이 일어나지 않았다는 것을 볼 수 있습니다. 개선된 모델 ①의 성능 평가 그래프보다 [그림 04-33]의 성능 평가 그래프 모양은 울퉁불퉁한데요. 이것은 모델의 문제이기보다는 그래프의 스케일(y축의 범위)로 인해 나타난 현상입니다.

[그림 04-31] 모델의 파라미터 변경과 새로운 학습 시작

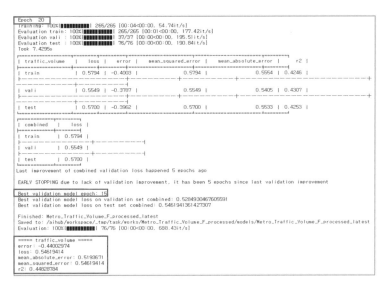

```
Epoch  20
Training: 100%|██████████| 265/265 [00:04<00:00, 54.74it/s]
Evaluation train: 100%|██████████| 265/265 [00:01<00:00, 177.42it/s]
Evaluation vali : 100%|██████████| 37/37 [00:00<00:00, 195.51it/s]
Evaluation test : 100%|██████████| 76/76 [00:00<00:00, 190.84it/s]
Took 7.4295s

| traffic_volume |  loss  |  error  |  mean_squared_error  |  mean_absolute_error  |   r2   |
| train          | 0.5794 | -0.4003 |        0.5794        |        0.5554         | 0.4246 |
| vali           | 0.5549 | -0.3787 |        0.5549        |        0.5405         | 0.4307 |
| test           | 0.5700 | -0.3962 |        0.5700        |        0.5533         | 0.4253 |

| combined |  loss  |
| train    | 0.5794 |
| vali     | 0.5549 |
| test     | 0.5700 |

Last improvement of combined validation loss happened 5 epochs ago

EARLY STOPPING due to lack of validation improvement, it has been 5 epochs since last validation improvement

Best validation model epoch: 15
Best validation model loss on validation set combined: 0.5284930467605591
Best validation model loss on test set combined: 0.5461941361427307

Finished: Metro_Traffic_Volume_F_processed_latest
Saved to: /aihub/workspace/_tmp/task/works/Metro_Traffic_Volume_F_processed/models/Metro_Traffic_Volume_F_processed_latest
Evaluation: 100%|██████████| 76/76 [00:00<00:00, 688.43it/s]

===== traffic_volume =====
error: -0.44002974
loss: 0.54619414
mean_absolute_error: 0.5193671
mean_squared_error: 0.54619414
r2: 0.44828784
```

[그림 04-32] 개선된 모델 ②의 성능 평가 지표-MAE, MSE, r2

성능 지표	베이스라인 모델	개선된 모델①	snow_1H 추가	개선된 모델 ②
MAE	0.8502	0.5571	0.5571	0.5194
MSE	0.9554	0.5734	0.5734	0.5462
R2	0.0306	0.4218	0.4217	0.4483

[표 04-7] 성능 비교

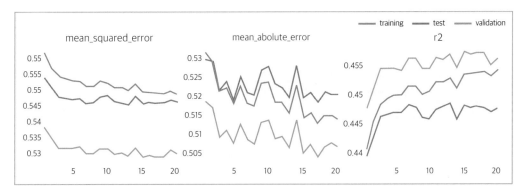

[그림 04-33] 개선된 모델 ②의 성능 평가 그래프

앞선 모델의 그래프는 MAE의 y값이 0.55~0.8인 반면, 이번 모델의 그래프는 0.505~0.53으로 y값의 범위가 상당히 좁습니다. 그래서 작은 변화도 그래프상에서는 크게 흔들리는 것처럼 보이는 것뿐이니 모양은 신경 쓰지 않아도 되고 train/validation/test 그래프의 추세가 동일하게 나아가는지만 집중하면 됩니다.

여기서는 FC 레이어 수만 변경을 해보았는데요. FC 레이어 수를 늘린다고 무조건 성능이 개선되는 것은 아닙니다.

여러 가지 파라미터들을 조정해가면서 최적의 값을 찾는 시도를 해야 합니다. 여러 시도 중 하나가 FC 레이어 수를 조절하는 것입니다.

5) 시뮬레이션

분류 모델과 마찬가지로 이번에도 우리가 만든 회귀 모델을 활용해보겠습니다. AIDU ez 좌측 메뉴 중 'AI 모델 활용' 메뉴로 들어가보겠습니다. 만들어진 학습 모델을 선택한 후, 하단의 3번째 메뉴인 시뮬레이션을 클릭해주세요.

예측에 사용할 데이터를 입력하고 위에 수동 호출 버튼을 눌러주면 우측에 우리 모델이 예측한 결괏값을 보여줍니다.

[그림 04-34] 모델 시뮬레이션

Review

▸ AI 모델의 Input과 Output을 지정하고 과제의 목적인 regressor(회귀) 모델 유형인지 확인하는 방법을 배웠습니다.

▸ Ordinal Encoding은 데이터 가공에서 적용할 수 있었지만, One-hot Encoding은 AI 모델 칼럼 설정에서 데이터 유형을 category, 데이터 인코더를 sparse로 변경하여 적용할 수 있습니다.

▸ 기존 칼럼을 토대로 새로운 파생변수를 만들어 모델을 개선할 수 있었고, 한 단계 더 나아가 모델 파라미터(FC 레이어 수, FC 레이어 크기, 드롭아웃 등)와 학습 파라미터(Epochs, Batch Size, Early Stop, Optimizer, Learning Rate)를 조정하여 모델을 추가 개선할 수 있습니다.

Q&A

Q AI 회귀 모델을 만들기 위해 traffic_volume 칼럼의 어떤 파라미터를 확인해야 할까요?

타깃변수인 traffic_volume는 탑승객 수를 나타내는 수치형 칼럼입니다.

A. 데이터 유형

수치형 칼럼이라 기본 옵션으로 데이터 유형이 numerical로 설정이 되어 있어 모델 유형도 자동으로 regressor(회귀모델)로 지정이 되어 있습니다.

1.5 AI 모델 만들기 및 활용하기 – ② 머신러닝

학습목표

가공된 데이터를 가지고 AI 모델의 입·출력 파라미터를 설정하고 머신러닝 기반 모델을 만들어봅니다. AI 모델 성능을 MSE, R2 Score 지표를 통해 평가해보고 모델의 파라미터를 조정하여 더 나은 모델을 만들어봅니다.

분류 과제와 마찬가지로 딥러닝에 이어 이번에는 머신러닝 모델을 사용하여 학습해보겠습니다. 'AI 모델학습 메뉴'의 '머신러닝 학습 메뉴'로 들어가주세요.

딥러닝과 다르게 AIDU ez의 머신러닝 학습에는 One-hot Encoding을 적용할 수 있는 기능이 없어 One-hot Encoding은 별도로 하지 않겠습니다. 최종 칼럼은 [표 04-8]에 정리했습니다. 딥러닝에서 사용했던 칼럼과 동일하며 One-hot Encoding만 제외됐습니다. 그리고 One-hot Encoding 대상 칼럼 중 데이터 타입이 int64인 칼럼은 모두 카테고리로 타입을 변환시켰습니다.

1) AI 모델링

딥러닝에서 해본 것처럼 먼저 예측하려는 변수 선택을 해야 합니다. 우리의 타깃변수인 'traffic_volume'을 선택하여 Output 칼럼으로 옮겨주세요.

다음으로 EDA나 데이터 가공을 하며 제외할 피처들을 제외 칼럼으로 옮겨보겠습니다. [표 04-8]을 참고하여 6개의 피처를 제외 칼럼으로 옮겨주세요. 다음으로 Output 칼럼인 'traffic_volume'은 기본 데이터 유형이 numeric으로 선택되어 있습니다. 학습 유형만 회귀 모델을 의미하는 regression으로 선택해주세요.

마지막으로 ML 모델 선택을 할 건데요. AIDU ez의 머신러닝 학습에는 다양한 알고리즘을 제공하고 있어서 적절한 알고리즘을 골라 학습을 할 수 있습니다. 회귀 알고리즘 중에 대표적인 몇 가지를 적용해보고 딥러닝과의 성능을 비교해보겠습니다. 다양한 알고리즘이 있지만 그중 2가지 알고리즘(Linear Regression, Random Forest)을 사용해볼 예정입니다. 각 모델을

칼럼명	데이터 가공 방식(안)	칼럼명	데이터 가공 방식(안)
traffic_volume		dayofweek	타입 변환 (Numeric→Category)
holiday	칼럼 제외	is_weekend	
weather_main		season	
year	칼럼 제외	weather_description_IM	칼럼 제외
month	칼럼 제외	temp_MS	
day	칼럼 제외	rain_1h_SS	
hour	타입 변환 (Numeric→Category)	snow_1h_IM_SS	칼럼 제외
is_holiday		clouds_all_MS	

[표 04-8] 머신러닝 모델학습에 사용할 칼럼

선택하고 학습시간을 줄이기 위해 교차 검증 fold 수를 최솟값인 2로 설정한 후 학습을 해보 겠습니다. 모델 파라미터 설정은 기본값으로 유지해주세요([그림 04-36]).

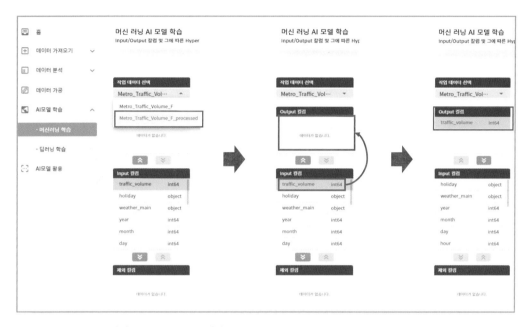

[그림 04-35] Output 칼럼(traffic_volume) 선택

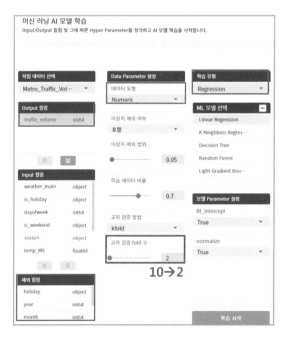

[그림 04-36] 머신러닝 모델 설정

- 교차 검증: 훈련(Train) 데이터와 평가(Test) 데이터를 K번(fold 수) 변경하여 학습·평가하여 모델을 검증하는 방법. K가지의 훈련·평가 데이터 셋을 사용하여 모델을 학습·평가하고 해당 결과의 평균과 표준편차 등을 확인하여 일반화된 모델 여부를 검증. 장점은 모델의 신뢰성 향상과 특정 데이터 셋의 과대적합 방지 등이고 단점은 모델 훈련 및 평가 소요 시간이 증가한다는 것입니다.

2) 결과 평가

2가지 머신러닝 알고리즘을 사용하여 학습을 진행해보았고 각각의 결과는 [그림 04-37]에

[그림 04-37] **각각의 모델(Linear Regression, Random Forest) 학습 결과**

성능 지표	딥러닝(개선ver)	Linear Regression	Random Forest
R2	0.4483	0.8491	0.9563

[표 04-9] **성능 비교**

나타나 있습니다. 앞서 진행한 딥러닝 모델과의 비교를 위해 [표 04-9]에 모든 결과를 정리
해보았습니다. 우선 딥러닝과 머신러닝 간 성능 비교는 R2로만 진행해보도록 하겠습니다.
총 3개 모델을 학습해본 결과, Random Forest 알고리즘이 딥러닝보다 좋은 성능을 보여줬
습니다.

3) 더 나은 모델

이번에는 우리가 앞서 만든 머신러닝 모델(Random Forest)보다 더 나은 성능을 보여주는 모
델을 만들어보겠습니다. 파라미터 변경으로 모델 성능을 개선해보려고 합니다. 다른 파라
미터는 유지한 채로 'n_estimators'를 100 → 200 'min_samples_split'을 2 → 3 'min_
samples_leaf'를 1 → 2로 변경 후 학습을 해보겠습니다. 머신러닝 분류 모델을 만들 때도
말씀드린 것처럼 파라미터 조정에는 정답이 있는 것은 아니고 높여도 보고 낮춰도 보면서
성능의 변화를 확인하면서 조정해주시면 됩니다.

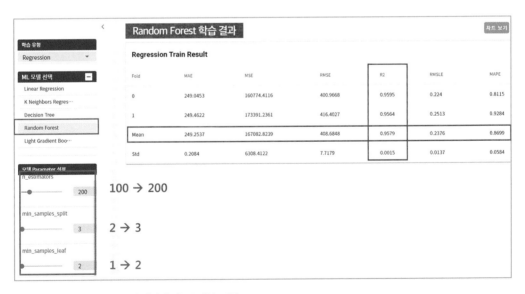

[그림 04-38] **모델의 파라미터 변경과 새로운 학습 시작**

성능 지표	딥러닝(개선ver)	Linear Regression	Random Forest	Random Forest(개선ver)
R2	0.4483	0.8491	0.9563	0.9579

[표 04-10] 성능 비교

[표 04-10]에 지금까지 학습한 모델들의 성능을 비교 작성해보았는데요. Random Forest의 파라미터 변경으로 만든 모델의 성능이 가장 뛰어났습니다.

 Review

▶ 머신러닝 모델의 Input과 Output을 지정하고 과제의 목적인 Regression(회귀) 모델 유형인지 확인하는 방법을 배웠습니다.

▶ Random Forest 알고리즘의 파라미터(n_estimators, min_samples_split, min_samples_leaf)를 조정하여 모델을 개선할 수 있습니다.

정리

AI라는 분야에 처음 입문하여 과제를 진행한다는 것은 정말 어렵고 힘든 일입니다. 그렇지 만 이 마지막 장까지 잘 따라왔다면 어느새 분류 과제(호텔 예약 취소 여부 예측)와 회귀 과제(지 하철 이용객 수 예측) 하나씩을 마무리한 자기 자신을 발견했을 거예요. 자랑스러워해도 좋습니 다. 우리는 두 과제를 하면서 AI 프로젝트의 전반적인 분석 과정을 알게 됐습니다. 짧게 요약 해보면 문제 정의부터 시작하여 타깃변수를 정하고 모델 종류(분류 · 회귀)에 따라 알맞은 성 능 평가 지표도 선정해보았습니다. 과제에 필요한 데이터를 구하고 EDA를 통해 얻은 인사 이트를 기반으로 데이터 전처리도 해보았습니다. 이 과정에서 가장 기본적인 전처리(결측값 처리, 스케일링, 열 삭제 등)를 배울 수 있었고, 이 가공 데이터를 바탕으로 AI 모델도 만들었습니 다. 기본 파라미터로 베이스라인 모델을 만들었고 파라미터 조절 또는 파생변수 생성을 통해 개선된 모델까지 만들어보았습니다. 이 두 과제를 통해 경험한 내용은 앞으로 마주할 다양한 AI 과제를 시작할 때 도움이 될 것입니다.

STEP
3

더 깊게 알기

AI Certificate for Everyone

05
머신러닝

ARTIFICIAL INTELLIGENCE

머신러닝 동작원리

1.1 머신러닝 기본 개념

학습목표

머신러닝 주요 학습 방법인 지도학습에 대해 알아보고, 기초 알고리즘인 단순 선형 회귀를 학습합니다.

1) 머신러닝이란?

'머신러닝'이라는 용어는 IBM 직원이었던 아서 사무엘이 1959년에 만들었고, 그는 머신러 닝을 "명시적인 프로그래밍 없이 컴퓨터가 학습하는 능력을 갖추게 하는 연구 분야"라고 했습니다. 기존에는 사람이 컴퓨터에 기준 하나하나를 프로그래밍으로 지정해서 동작하게 했다면, 머신러닝은 이러한 사람의 개입 대신 컴퓨터가 스스로 기준을 찾도록 합니다.

머신러닝의 대표적인 예제로는 스팸 메일 분류가 있습니다. 스팸 메일 분류는 스팸인 메일과 스팸이 아닌 메일을 분류하는 것으로, 메일 데이터의 패턴을 학습하여 메일을 수신할 때 스팸일 확률이 높다면 미리 차단하도록 활용할 수 있습니다. 과거에는 사람이 직접 알고리즘을 개발하거나 스팸 메일을 분류하는 패턴을 정의하여 스팸 여부를 판단했습니다. 반면 머신러닝을 활용하면 기존 메일에 숨겨진 패턴을 학습하여 자동으로 스팸 여부를 판단합니다. 예전에는 스팸 메일의 패턴이 변했을 때 사람이 스팸 여부를 판단하는 규칙을 직접 변경해야 했지만, 머신러닝을 활용하는 경우 변화된 패턴의 스팸 메일 데이터를 다시 학습시키면 기존 패턴과 다른 메일도 분류할 수 있습니다.

2) 머신러닝의 기술 원리

머신러닝 유형에는 크게 지도학습, 비지도학습, 강화학습이 있습니다. 강화학습은 Basic 레벨에서 다루지 않고 데이터에 레이블, 즉 문제의 정답이 있는지 없는지에 따라 구분되는 지도학습, 비지도학습을 먼저 알아보겠습니다.

지도학습은 데이터에 레이블(정답)이 있는 데이터로 범주를 분류하거나 수치를 예측할 수 있습니다. 정답이 있다는 것은 무슨 말일까요? 앞에서 언급한 스팸 메일 분류 예시를 가지고 설명하겠습니다. 컴퓨터에 메일 내용만 제공한다면 학습을 할 수 있을까요? 아닙니다. 메일 내용만 주면 뭘 해야 하는지조차 모르게 됩니다. 그래서 '스팸'인 메일과 '정상'인 메일을 사람이 직접 분류하고 각 메일에 라벨을 붙여주는 작업을 먼저 해줘야 합니다. 이를 보통 라벨링 한다고 말합니다. 이렇게 라벨을 붙여줘서 컴퓨터에 "이건 스팸 메일 내용이고 이건 정상 메일 내용이야"라고 알려줘야 우리가 원하는 방향대로 컴퓨터가 학습할 수 있습니다.

비지도학습은 레이블이 없는 데이터를 활용하여 군집을 생성하거나 새로운 패턴을 발견하고 학습하기 위하여 사용됩니다. [그림 05-1]에서 밥값과 성별로 팁 액수를 예측하는 예제는 지도학습이며, 재직 기간과 연봉으로 두 군집을 생성하는 예제는 비지도학습입니다.

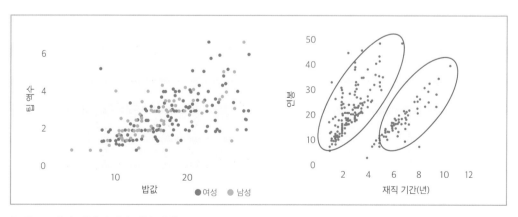

[그림 05-1] **지도학습과 비지도학습 예제**

머신러닝에서는 모델학습 시 일반적으로 전체 데이터를 훈련(Train), 검증(Valid), 평가(Test) 데이터로 분리하여 사용합니다. 훈련 데이터는 머신러닝 모델이 레이블을 잘 예측할 수 있도록 학습할 때 사용하는 데이터이고 검증 데이터는 학습한 모델이 학습하지 않은 다른 데이터를 잘 예측할 수 있는지 검증을 위해 사용하는 데이터입니다. 평가 데이터는 학습·검증한 모델의 최종 성능을 평가하려고 사용하는 데이터입니다. 이를 수능 시험에 비유하면 훈련 데이터는 참고서, 검증 데이터는 6월 모의고사, 평가 데이터는 9월 모의고사, 그리고 상용 서비스하는 것을 수능 시험이라고 할 수 있습니다. 수능 시험 전에 공부한 참고서 문제를 모두 맞췄다고 해서 모의고사와 수능에서 만점을 기대하기는 어렵지만, 6월과 9월 모의고사를 본 다음에 수능 성적을 예상해볼 수 있습니다.

그래서 머신러닝에서는 일반적으로 [그림 05-2]처럼 전체 데이터를 훈련·검증 데이터로 분리하여 훈련 데이터로 모델을 학습하고 검증 데이터로 성능을 검증한 후에 평가 데이터를 활용하여 최종 성능을 평가합니다.

지도학습을 위한 머신러닝 모델은 독립변수(설명변수, Feature, x)의 패턴을 학습하여 종속변수(반응 변수, 라벨, 타깃변수, y)를 예측하는 함수라고 할 수 있습니다. [그림 05-3]은 설명하는 x, 예측하려는 y와 어떤 함수(=모델)를 시각화한 결과입니다. 이상적인 모델은 데이터 패턴이을 비슷하지만 너무 과하지 않게 잘 표현합니다.

[그림 05-4]에서는 머신러닝 모델이 학습 데이터의 오차(실제값과 모델의 예측값 간의 차이)가 작도록 잘 학습했지만, 데이터를 잘 표현하는 것처럼 보이지는 않습니다. 모델이 x값에 따라 민감하게 반응하고 있으며 이런 경우 훈련 데이터가 아닌 검증·평가 데이터 등 모델이 학습에 사용하지 않은 데이터로 예측할 때 오차가 클 수 있습니다. 이를 과대적합(Overfitting)이라고 합니다.

[그림 05-2] 훈련, 검증, 평가 데이터 분할

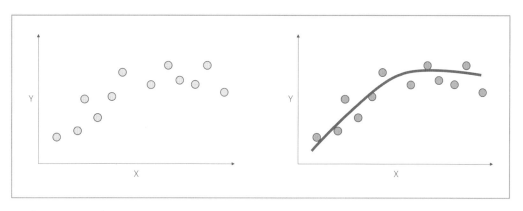

[그림 05-3] **좋은 모델**

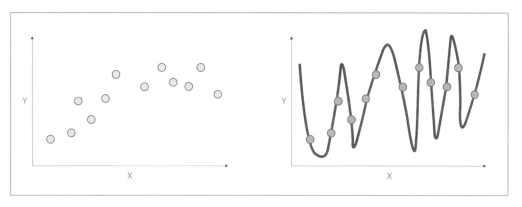

[그림 05-4] **과대적합 모델**

[그림 05-5]에서는 반대로 모델이 학습 데이터를 잘 학습하지 못하여 오차가 크고, 모델이 x에 따라 단순하게 증가하고 있습니다. 이런 경우에는 과소적합(Underfitting)이라고 합니다. 머신러닝 모델은 이러한 과대적합과 과소적합이 일어나지 않게 데이터를 학습해야 합니다.

[그림 05-6]은 데이터를 학습하는 횟수(Epochs)에 따른 오차(Error)의 변화를 나타낸 그래프입니다. x축은 데이터를 학습하는 횟수, y축은 오차를 나타내며, 훈련 데이터(Training set)와 검증 데이터(Validation set) 각각을 시각화하고 있습니다. [그림 05-6]의 좌측 그래프는 학습을 진행할수록 훈련·검증 데이터 각각의 오차가 동시에 비슷하게 감소하는 것을 보이고, 우측의 경우 훈련 데이터 오차는 계속 감소하지만 검증 데이터 오차는 같이 감소하다가 어느 순간부터 다시 커지고 있습니다. 즉, 우측의 경우 특정 학습 횟수가 넘어가면서 모델이 과대적합 되는 것을 확인할 수 있습니다. 이런 경우 검증 데이터 오차가 훈련 데이터 오차보다 너무 커지기 전에 학습을 조기 중단하여 과대적합을 방지할 수 있습니다. 이 조기 중

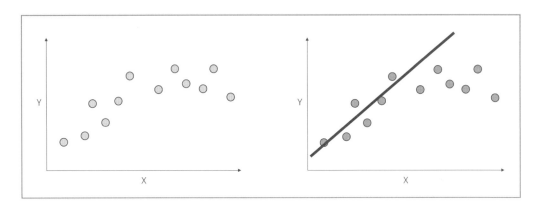

[그림 05-5] **과소적합 모델**

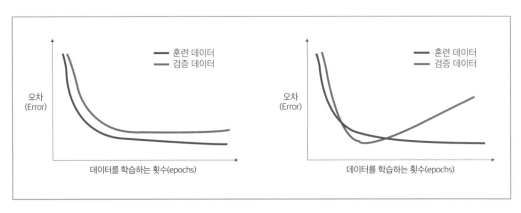

[그림 05-6] **과대적합 발생 시 오차의 변화**

단 기법을 'Early Stopping'이라고 부릅니다.

3) 지도학습 이해하기

지도학습은 실무에서 가장 많이 쓰이고 비교적 이해하기 쉬운 머신러닝의 학습 방법이며 독립변수(피처)와 종속변수(라벨, 타깃변수)의 쌍으로 데이터가 구성돼야 합니다. 지도학습으로 해결할 수 있는 것에는 크게 분류와 회귀 문제가 있으며, 분류는 말 그대로 범주를 분류하고, 회귀는 수치를 예측하는 문제입니다.

예를 들어 어떤 학생의 공부시간으로 시험결과를 예측할 때, 수치형 변수(Numeric variable)인 시험 점수를 예측하면 회귀 문제가 됩니다. 반면에 시험결과가 범주형 변수(Categorical variable)인 합격 · 불합격을 예측할 때는 분류 문제가 됩니다.

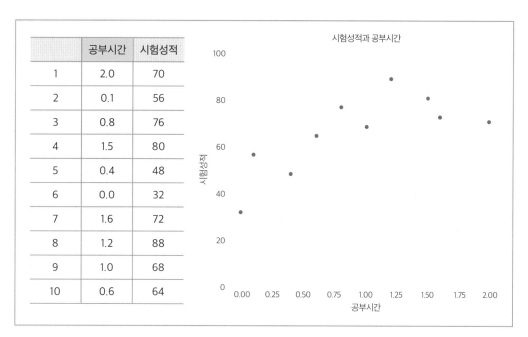

	공부시간	시험성적
1	2.0	70
2	0.1	56
3	0.8	76
4	1.5	80
5	0.4	48
6	0.0	32
7	1.6	72
8	1.2	88
9	1.0	68
10	0.6	64

[그림 05-7] 예제 데이터(시험성적~공부시간)

시험 점수를 예측하는 회귀 예제에서 종속변수인 시험성적과 독립변수인 공부시간으로 구성된 여러 학생의 데이터가 필요합니다.

[그림 05-7]에 있는 10명 학생의 시험성적과 공부시간의 예제 데이터를 사용하여 진행해보겠습니다. 이때 독립변수, 즉 피처(Feature)는 '공부시간'이고 예측할 종속변수, 즉 타깃변수(라벨)는 '시험성적'입니다. 각 행(row)은 관측치, 표본이라고 하며 어떤 학생의 공부시간과 시험성적이 각각 1개의 행을 구성합니다.

머신러닝을 활용하여 어떻게 공부시간으로 시험성적을 예측할 수 있을까요? 훈련 데이터는 준비가 됐으니 이를 학습할 지도학습 알고리즘이 필요합니다.

4) 단순 선형 회귀(Simple Linear Regression)

시험성적 예측을 위해 머신러닝 모델 중에서 가장 쉽고 기초적인 지도학습 알고리즘 단순 선형 회귀를 활용하겠습니다. 단순 선형 회귀는 독립변수(피처)와 종속변수(라벨, 타깃변수)를 각각 하나씩 가지는 선형 회귀이며 종속변수 y를 독립변수 x와 기울기 β_1의 곱에 절편 β_0을 더하여 예측합니다. 수식은 다음과 같으며 ≈는 근사적으로 같다는 표현입니다.

$$y \approx \beta_0 + \beta_1 x$$

이 수식은 중고등학교 교과서에 나오는 일차함수 형태(y=ax+b)와 유사하며, 이를 단순 선형 회귀 모델이라 부르겠습니다. 이 모델을 시험성적 예측에 적용해보면 시험성적(y)을 공부시간(x)과 기울기(β_1)의 곱에 절편(β_0)을 더하여 예측하게 됩니다. 이를 수식으로 표현하면 다음과 같습니다.

$$\text{시험 성적} \approx \beta_0 + \beta_1 * \text{공부시간}$$

이 모델로 시험성적을 예측하기 위해서 먼저 데이터로 모델을 학습해야 합니다. 단순 선형 회귀 모델에서 학습이란 데이터를 활용하여 독립변수로 종속변수를 가장 잘 예측하는 절편 β_0과 기울기 β_1을 찾는 과정이라고 할 수 있습니다. 즉, 위의 예제 데이터를 활용하여 공부시간으로 시험성적을 가장 잘 예측할 수 있는 절편 β_0과 기울기 β_1을 찾는 과정입니다. 그러면 이러한 최적의 절편과 기울기를 갖는 모델은 어떻게 찾을까요? 직관적으로 생각해보면 어떤 학생의 공부시간이 주어졌을 때 실제 시험성적과 학습한 모델로 예측한 시험성적의 차이(오차)가 최소가 됐을 때 최적의 절편과 기울기를 갖는다고 할 수 있습니다.

이제 기계(컴퓨터)가 학습하려면 이 차이를 정의해야 합니다. 단순 선형 회귀에서 이 차이는 단순히 실제값 y_i와 예측값 $\hat{y}_i$의 뺄셈으로 정의되며 이를 '오차(loss)'라고도 부릅니다. i번째 데이터의 실제 값과 예측값의 차이인 오차는 다음 수식으로 표현합니다.

$$\text{오차}_i = y_i - \hat{y}_i$$

이제 이 식을 이용하면 [그림 05-7] 예제 데이터의 학생 10명에 대한 각각의 오차를 구할 수 있으며 우리는 이 오차들이 모두 최소화되기 바랍니다. 전체 오차의 크기를 표현하기 위하여 각각 오차의 평균을 구해보려고 하는데요. 평균을 구하기 위해 오차를 단순히 더하면 (+) 오차와 (-) 오차가 상쇄되어 전체 크기를 올바르게 계산하기 힘들어집니다. 이런 상쇄를 막으려면 보통 오차에 절댓값을 취하거나 오차를 제곱하는 방법을 사용하는데요. 여기에서는 제곱을 사용해보겠습니다. 즉, 오차의 제곱을 구한 뒤 평균을 계산할 거예요. 이렇게 구한 오차들의 제곱 평균을 평균제곱오차(Mean Squared Error, 이하 MSE)라고 하며, 수식으로 표현하면 다음과 같습니다.

$$평균제곱오차(MSE) = \frac{1}{행(row)의 개수}\left[(오차_{첫\ 번째})^2+(오차_{두\ 번째})^2+\cdots+(오차_{마지막})^2\right]$$

이제 데이터를 학습하여 MSE가 최소가 되는 모델을 찾으면, 최적의 기울기와 절편을 갖는 최적 모델이 됩니다. 학습을 통해서 최적의 기울기와 절편을 찾아보기 전에 기울기와 절편이 예측값에 어떤 영향을 주는지 살펴보겠습니다. 절편 β_0과 기울기 β_1을 임의로 설정하여 7가지 모델을 시각화 해보겠습니다.

[표 05-1]에 절편(β_0) 45, 기울기(β_1) 20일 경우 MSE를 계산하는 과정을 나타내보았습니다. 같은 방법으로 나머지 6가지의 경우에도 MSE를 구한 결과와 이를 시각화한 것을 [그림 05-8]에 나타냈습니다.

[그림 05-8]의 표에 있는 모델 중에서 최적 모델은 절편 β_0=45, 기울기 β_1=20이고 MSE가 119.4로 최소인 모델입니다. 이를 수식으로 나타내면 다음과 같습니다.

$$시험\ 성적 \approx 45+20*공부시간$$

i	공부시간(xi)	시험성적(yi,실제값)		$\hat{y}i$(예측값) $\approx \beta_0+\beta_1 xi$	$(오차_i)^2=(yi-\hat{y}i)^2$
1	2.0	70		$85=45+20*2.0$	$225=(70-85)^2$
2	0.1	56		$47=45+20*0.1$	$81=(56-47)^2$
3	0.8	76		$61=45+20*0.8$	$225=(76-61)^2$
4	1.5	80		$75=45+20*1.5$	$25=(80-75)^2$
5	0.4	48		$53=45+20*0.4$	$25=(48-53)^2$
6	0.0	32		$45=45+20*0.0$	$169=(32-45)^2$
7	1.6	72		$77=45+20*1.6$	$25=(72-77)^2$
8	1.2	88		$69=45+20*1.2$	$361=(88-69)^2$
9	1.0	68		$65=45+20*1.0$	$9=(68-65)^2$
10	0.6	64		$57=45+20*0.6$	$49=(64-57)^2$
MSE		$\frac{1}{10}*\left[225+81+225+25+25+169+25+361+9+49\right]=119.4$			

[표 05-1] **MSE 계산 과정[절편(β_0) 45, 기울기(β_1) 20]**

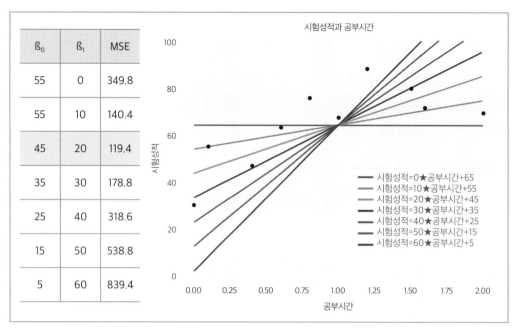

ß₀	ß₁	MSE
55	0	349.8
55	10	140.4
45	20	119.4
35	30	178.8
25	40	318.6
15	50	538.8
5	60	839.4

[그림 05-8] 기울기와 절편의 변화에 따른 모델의 변화

이제 다음 장에서는 절편 β_0과 기울기 β_1을 임의로 설정하지 않고, 최적 모델을 구하기 위한 모델학습 방법을 자세히 알아보겠습니다.

 Review

▶ 지도학습은 데이터에 독립변수와 종속변수의 쌍으로 데이터가 구성되어 있어야 합니다.
▶ 단순 선형 회귀 모델 수식은 $\hat{Y}=\beta_0+\beta_1X$입니다.

1.2 머신러닝 학습 방법

 학습목표

머신러닝 학습 방법을 이해하기 위한 주요 개념인 목적 함수와 경사하강법을 학습합니다.

지금까지 단순 선형 회귀 모델을 구성하고 평균제곱오차(MSE)를 최소로 하는 것을 목표로 7 가지 모델을 임의로 만들었고, 그중 최적 모델을 찾았습니다. 이렇게 임의로 모델을 만들고 성능을 비교하는 방식으로 찾은 최적 모델은 새로운 데이터에도 부합하는 범용성 있는 최적 모델일 가능성이 작습니다. 지금부터는 범용적인 최적 모델을 찾기 위한 머신러닝 모델의 학습 방법을 알아보겠습니다.

1) 목적 함수(Objective Function)

앞의 예제에서 최적 모델을 찾기 위한 기준으로 평균제곱오차를 활용했습니다. 이처럼 머신러닝 학습 과정에서 최적화된 모델을 정의하는데 기준이 되는 값을 목적 함수(Objective Function) 또는 비용 함수(Cost Function), 손실 함수(Loss Function)라고 합니다. 목적 함수는 머신러닝 모델마다 다른 함수를 가질 수 있으며 대표적인 예로는 회귀 문제에 쓰는 평균제곱오차(MSE)와 분류 문제에서 사용하는 교차 엔트로피(Cross Entropy)가 있습니다. 이러한 목적 함수는 알고리즘에 따라 다르게 선택할 수 있으며, 각각의 목적 함수마다 학습하는 방법도 달라집니다. 앞의 예제에서는 모델이 예측한 시험성적과 실제 시험성적 차이의 제곱 평균인 평균제곱오차가 목적 함수가 되며, 이 수식은 다음과 같습니다. Σ 기호는 합계를 뜻하는 기호로 첫 번째 데이터에서 나온 오차 제곱부터 마지막 데이터에서 나온 오차 제곱까지 전부 더한다는 의미입니다.

$$\text{목적 함수} = \text{평균제곱오차(MSE)} = \frac{1}{\text{행(row)의 개수}} * \sum_{i=\text{첫 번째 행 데이터}}^{\text{마지막 행 데이터}} (\text{오차}_i)^2$$

이러한 목적 함수를 최소화하는 여러 가지 방법이 있습니다. 목적 함수를 최소화하는 모델의 최적의 파라미터 값을 찾기 위해 사용하는 방법 중 머신러닝에서 자주 사용하는 경사하강법을 알아보겠습니다.

2) 경사하강법(Gradient Descent)

경사하강법은 목적 함수가 최솟값을 갖도록 모델의 파라미터를 반복적으로 변경하여 최적의 파라미터를 찾아가는 방법입니다. 이전 예제를 통해 구체적으로 알아보겠습니다. 시험성적을 예측하는 단순 선형 회귀 모형은 다음과 같습니다.

$$시험성적 \approx \beta_0 + \beta_1 * 공부시간$$

이때 임의로 파라미터 β_0과 β_1을 각각 0으로 선택하면 수식은 다음과 같습니다.

$$예측한 시험성적 = 0 + 0 * 공부시간 = 0$$

이를 시각화하여 그려보면 [그림 05-9]와 같으며 이 단순 선형 회귀 모델은 모든 학생의 시험성적을 공부시간과 상관없이 0점으로 예측하는 모델입니다.

경사하강법으로 목적 함수(이 예제에서는 MSE)가 최소가 되도록 하는 파라미터 β_0과 β_1을 찾기 위해 반복적으로 학습할 수 있는데요. 어떤 방식으로 이 파라미터를 찾을 수 있을까요? 이해를 돕기 위하여 β_0 항은 없다고 가정해볼게요. 즉, 단순 선형 회귀 모형은 다음과 같습니다.

$$시험성적 \approx \beta_1 * 공부시간$$

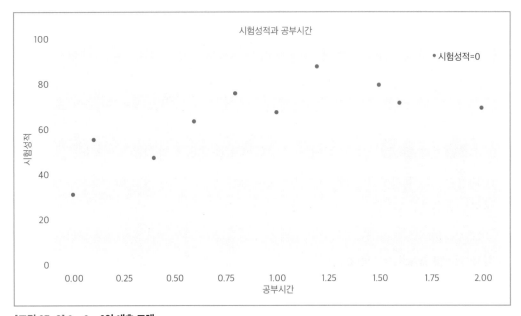

[그림 05-9] $\beta_0 = \beta_1 = 0$인 예측 모델

회귀 모형이 단순해졌습니다. 이것을 가지고 목적 함수(MSE)를 적어 볼게요. 우리 예제에서는 10명의 학생에 대한 데이터이기 때문에 행 개수는 10입니다.

$$목적 함수(MSE) = \frac{1}{10} \sum_{i=1}^{10} [시험성적i - (\beta_1 * 공부시간_i)]^2$$

우리의 목적 함수는 조금은 복잡해보이지만 수식을 다 풀어서 계산해보면 결국 β_1에 대한 2차 방정식($a * \beta_1^2 + b * \beta_1 + c$)이 됩니다. 조금 더 풀어서 설명할게요.

다음과 같이 수식을 더 풀어보면 첫 번째 학생부터 열 번째 학생까지 모든 수식에 β_1이 들어갑니다. 그리고 제곱 연산도 보입니다. 이 복잡한 수식을 하나하나 계산하면 더 복잡해지겠지만 직관적으로 알 수 있는 사실은 우리의 목적 함수는 β_1의 제곱에 대한 식이 될 것입니다. 즉, β_1에 대한 2차 방정식이 된다는 사실입니다.

$$목적 함수(MSE) = \frac{1}{10} \Big[\big\{ 시험성적_{첫 번째 학생} - \big(\beta_1 * 공부시간_{첫 번째 학생} \big) \big\}^2$$
$$+ \big\{ 시험성적_{두 번째 학생} - \big(\beta_1 * 공부시간_{두 번째 학생} \big) \big\}^2 + \cdots$$
$$+ \big\{ 시험성적_{열 번째 학생} - \big(\beta_1 * 공부시간_{열 번째 학생} \big) \big\}^2 \Big]$$
$$= a * \beta_1^2 + b * \beta_1 + c$$

이제 우리는 이번 예제에서의 목적 함수가 β_1에 대한 2차방정식이라는 사실을 알게 됐습니다. 2차함수를 그래프로 그려보면 포물선 형태를 떠올릴 수 있을 거예요. 한 번 그려보겠습니다([그림 05-10]).

우리의 목적 함수가 β_1에 대한 2차방정식이기 때문에 [그림 05-10]처럼 포물선 형태의 그래프를 생각해볼 수 있습니다. 다시 경사하강법 이야기로 돌아가 볼게요. 목적 함수가 최소가 되도록 하는 파라미터 β_1을 찾기 위해 반복적으로 학습할 수 있다고 말씀을 드렸는데요. [그림 05-10]을 보면 목적 함수의 최솟값이 되게 하는 저 목표 지점의 β_1을 찾으면 됩니다. 이것이 바로 우리 머신러닝 모델의 학습목표가 됩니다.

우리의 목적 함수가 항상 이런 2차함수라면 2차함수 최솟값 공식을 통해 바로 목적 함수가 최소가 되게 하는 목표 지점의 β_1을 계산할 수 있습니다.

하지만 우리는 β_0항이 없다고 가정을 했기 때문에 이렇게 간단한 수식이 된 건데요. 만약 β_0

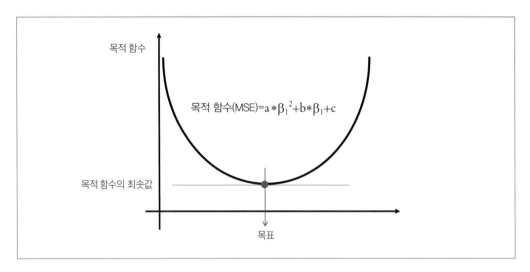

목적 함수

목적 함수(MSE)$=a * \beta_1^2 + b * \beta_1 + c$

목적 함수의 최솟값

목표

[그림 05-10] **2차원 목적 함수 시각화**

까지 수식에 포함하여 목적 함수가 최소가 되도록 하는 파라미터 β_0과 β_1을 찾게 된다면 우리의 목적 함수는 더는 β_1에 대한 2차방정식이 아닙니다. β_0과 β_1 각각에 대한 2차방정식으로 변하고 그래프로 그리면 [그림 05-11]처럼 3차원 포물선이 됩니다. 지금은 단순 선형 회귀 모델이기 때문에 시각화하여 볼 수 있지만, 더 복잡한 모델이 되면 그래프로 표현할 수 없는 고차원의 수식이 됩니다. 그래서 우리는 2차함수의 공식처럼 한 번에 최솟값을 찾을 수 있는 방법이 아닌 다른 방법으로 접근을 해야 합니다. 그 방법이 바로 '경사하강법'입니다. 지금부터는 β_0항이 없는 β_1에 대한 2차방정식으로 이루어진 목적 함수를 가지고 설명할게요.

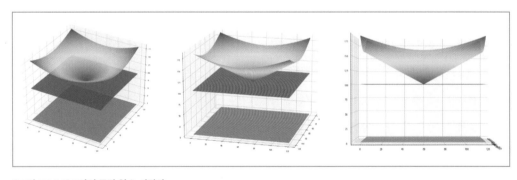

[그림 05-11] **3차원 목적 함수 시각화**

[그림 05-12]는 우리에게 익숙한 2차원 포물선 그래프입니다. 포물선이 최소가 되는 지점은 다른 말로 이야기하면 그래프의 접선 기울기가 0이 되는 지점입니다. 이 지점을 찾기 위해서 β_1의 초깃값을 임의로 가정하고 해당 지점에서의 접선 기울기를 계산해봅니다. [그림 05-12]를 보면 (-) 기울기를 가지고 있다는 걸 확인할 수 있습니다. 그럼 기울기가 0이 되는 지점을 찾으려면 현재 위치보다 접선 기울기의 절댓값이 더 작아지는(가파른 정도가 더 줄어드는) β_1을 찾아야 합니다.

β_1의 초깃값을 임의로 설정한 뒤에 접선의 기울기 절댓값이 더 작아지는 β_1을 반복해서 찾아나갑니다. [그림 05-13]처럼 ①→②→③ 이렇게 접선의 기울기를 계산하고 다음 β_1을 찾

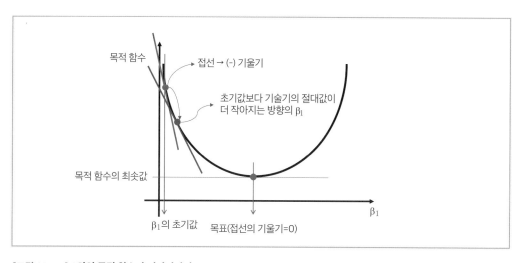

[그림 05-12] **2차원 목적 함수와 경사하강법**

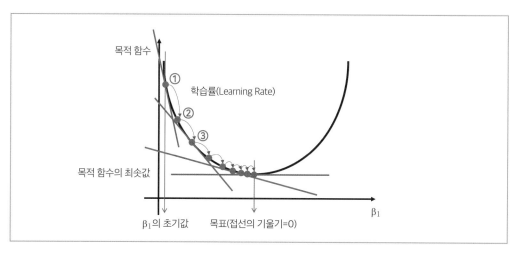

[그림 05-13] **2차원 목적 함수의 경사하강법 학습 과정**

는 과정을 반복하다 보면 우리의 목표 지점인 접선의 기울기가 0인 지점. 즉, 목적 함수가 최소가 되게 하는 β_1까지 도달할 수 있습니다. 이러한 과정을 '학습한다'라고 표현합니다. 그렇다면 ①→②→③ 이렇게 차례로 다음 β_1로 가는 간격은 어떻게 정할까요? 이 간격을 우리는 학습률(Learning Rate)이라고 부릅니다. 우리는 학습을 시작하기 전에 적당한 학습률을 정해야 합니다. 학습률이 너무 높으면 목표 지점을 지나쳐 버려서 학습이 잘 안 될 수 있고 반대로 학습률이 너무 낮으면 목표 지점에 도달하는 시간이 너무 오래 걸릴 수 있어서 적당한 값을 잘 설정해야 합니다.

이제 우리는 경사하강법으로 학습하는 방법을 이해했습니다. 목적 함수의 접선 기울기를 반복해서 계산하여 기울기가 0이 되는 우리의 목표 지점을 찾아가는 방식인데요. 이 방법은 2차원뿐 아니라 고차원의 목적 함수에서도 사용할 수 있습니다. 2차원에서는 β_1 하나의 기울기를 구했다면 고차원에서는 우리의 파라미터(β_0, β_1, β_2, …)별로 각각 기울기를 계산하고 최소가 되는 방향으로 계속 이동해야 합니다. 이렇게 파라미터별로 목적 함수 접선의 기울기를 구하는 것을 어려운 용어로 개별 파라미터의 편미분(Partial Derivative, $\frac{\partial J}{\partial \beta_n}$)이라고 부릅니다. 이렇게 각각의 파라미터에 대해 반복적으로 최적화하고 학습한 모델은 목적 함수(MSE)가 최소가 되어 시험성적 예측을 잘할 것입니다.

[그림 05-14]는 단순 선형 회귀 모델이 경사하강법으로 학습하는 과정을 보여주고 있습니다.

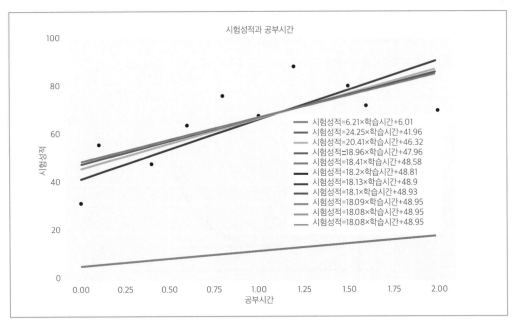

[그림 05-14] 경사하강법 학습 과정

그림 안의 범례를 살펴보면 가장 아래의 직선에서부터 적합한 직선까지 찾아가는 과정을 범례의 맨 위에서부터 아래의 수식 순서대로 나타내고 있습니다. 이렇게 학습한 단순 회귀 모형은 β_0은 48.95, β_1은 18.08로 수식은 다음과 같습니다.

$$예측한\ 시험성적=48.95+18.08*공부시간$$

즉, 목적 함수가 최소가 되도록 하는 우리의 파라미터 β_0과 β_1을 경사하강법으로 학습하여 찾은 것입니다. 최적화한 모델로 계산한 MSE는 113.82로 [그림 05-8]에서 임의로 생성한 어떤 모델보다도 작은 값인 것을 알 수 있습니다.

 Review

▶ 머신러닝 모델이 최적으로 학습됐는지의 기준이 되는 값은 목적 함수입니다.

▶ 경사하강법은 목적 함수를 기준으로 모델을 최적화하기 위해 모델을 반복적으로 학습하여 파라미터를 찾는 방법입니다.

2 머신러닝 주요 알고리즘

지금까지 학생 성적 예측 예제를 통해서 머신러닝의 기본 개념과 학습 방법을 알아봤습니다. 이 장에서는 머신러닝 주요 알고리즘을 알아보겠습니다.

2.1 다중 선형 회귀(Multi Linear Regression)

 학습목표

머신러닝 주요 알고리즘 중 하나인 다중 선형 회귀를 학습합니다.

다중 선형 회귀는 단순 선형 회귀와 비슷하게 수치를 예측하는 모형이지만, 단순 선형 회귀와는 다르게 여러 개의 독립변수(설명변수)를 학습에 사용합니다. 다중 선형 회귀는 데이터를 설명할 수 있는 여러 개의 독립변수를 이용하여 종속변수(반응변수)를 예측하기 때문에 단순 선형 회귀보다 더 정확하게 예측할 수 있습니다. 예를 들면, 앞의 예제 데이터의 독립변수에 학생의 지각횟수 데이터를 추가했을 때 시험성적을 더 정확하게 예측할 수도 있습니다. 데이터를 추가하여 단순 선형 회귀와 같은 방식으로 모델을 구성하면 다음과 같습니다.

$$\text{시험성적} \approx \beta_0 + \beta_1 * \text{공부시간} + \beta_2 * \text{지각횟수}$$

[표 05-2]의 지각횟수가 추가된 데이터를 활용하여 경사하강법으로 모델을 학습하면 다음과 같습니다.

$$\text{예측한 시험성적} = 76.66 + 5.68 * \text{학습시간} + (-6.87) * \text{지각횟수}$$

우리의 파라미터(β_0, β_1, β_2)별로 기울기를 계산하며 목적 함수가 최소가 되도록 하는 β_0, β_1, β_2을 찾은 결과입니다. 이 모델을 3차원에서 시각화하면 [그림 05-15]와 같습니다.

이 모델의 평균제곱오차(MSE)는 48.9로 공부시간만으로 학습하고 예측했던 단순 선형 회귀 모델의 MSE인 113.82보다 더 작은 값으로 시험성적을 더 잘 예측하는 것을 알 수 있습니다. [표 05-2]에는 학습한 다중 선형 회귀 모델을 이용하여 학생별로 시험성적의 오차를 계산해 보았습니다.

이렇게 다른 데이터를 추가할 수도 있는데, p개의 독립변수를 일반화한 수식은 다음과 같습니다.

$$y \approx \beta_0 + \beta_1 x_1 + \beta_2 x_2 + \cdots + \beta_p x_p$$

다중 선형 회귀도 단순 선형 회귀와 마찬가지로 평균제곱오차(MSE)를 목적 함수로 사용하여 최적화 기법(경사하강법 등)을 통해 학습할 수 있습니다.

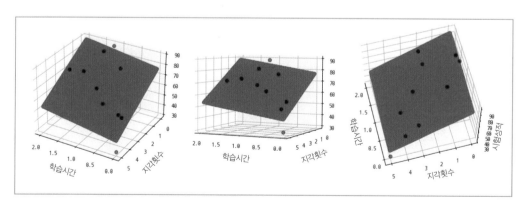

[그림 05-15] **다중 선형 회귀 모델**

공부시간	지각횟수	시험성적	예측 시험성적	오차
2.0	2	70	74.28	-4.28
0.1	4	56	49.74	6.26
0.8	1	76	74.34	1.66
1.5	0	80	85.18	-5.18
0.4	3	48	58.32	-10.32
0.0	5	32	42.31	-10.31
1.6	2	72	72.01	-0.01
1.2	0	88	83.47	4.53
1.0	3	68	61.74	6.26
0.6	4	64	52.59	11.41

[표 05-2] 다중 선형 회귀 모델 결괏값

 Review

다중 선형 회귀는 수치를 예측하며, 단순 선형 회귀에서 독립변수를 추가한 모델입니다.

2.2 로지스틱 회귀(Logistic Regression)

 학습목표

머신러닝 주요 알고리즘 중 하나인 로지스틱 회귀를 학습합니다.

로지스틱 회귀는 이름은 회귀이지만 분류 문제에 사용되는 모델입니다. 로지스틱 회귀 함수 중, 시그모이드(Sigmoid) 함수라고도 불리는 수식은 다음과 같습니다.

$$y(x) = \frac{1}{1 + e^{-x}}$$

시그모이드 함수를 시각화하면 [그림 05-16]과 같으며, 함수의 출력값이 0~1 사이로 한정되어 확률값으로 해석할 수 있으므로 분류 문제에 이용할 수 있습니다.

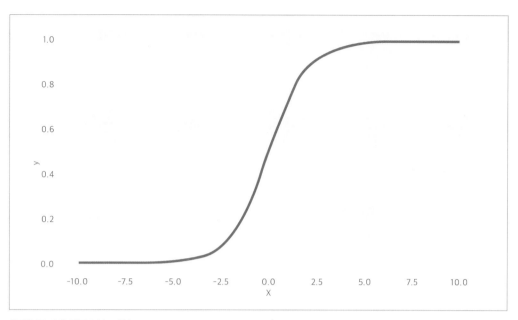

[그림 05-16] 시그모이드 함수

로지스틱 회귀는 이 수식에 앞서 설명했던 다중 선형 회귀 모형을 입력하는 것입니다. 이를 수식으로 나타내면 다음과 같습니다.

$$z = \beta_0 + \beta_1 x_1 + \beta_2 x_2 + \cdots + \beta_p x_p$$
$$y(z) = \frac{1}{1 + e^{-(\beta_0 + \beta_1 x_1 + \beta_2 x_2 + \cdots + \beta_p x_p)}}$$

z는 다중 회귀 모형이며 y는 확률값으로 주어집니다. 이제 로지스틱 회귀가 분류 문제에 어떻게 사용되는지 예제 데이터로 알아보겠습니다. 공부시간으로 시험결과가 합격일 확률 p를 예측하는 로지스틱 회귀 모델은 다음과 같습니다.

$$p_{합격} = \frac{1}{1 + e^{-(\beta_0 + \beta_1 * 공부시간)}}$$

이전 예제 데이터에서는 시험성적을 점수로 표현했지만, 이번에는 시험성적이 점수가 아니라 합격과 불합격으로 표현하고, 앞의 모델로 학습하여 예측한 데이터는 [표 05-3]에 나타나 있습니다.

공부시간	시험결과	합격 예측 확률	불합격 예측 확률	예측 결과
2.0	합격	0.81	0.19	합격
0.1	불합격	0.25	0.75	불합격
0.8	합격	0.46	0.54	불합격
1.5	합격	0.68	0.32	합격
0.4	불합격	0.34	0.66	불합격
0.0	불합격	0.23	0.77	불합격
1.6	합격	0.71	0.29	합격
1.2	합격	0.59	0.41	합격
1.0	불합격	0.52	0.48	합격
0.6	불합격	0.40	0.60	불합격

[표 05-3] 로지스틱 회귀 모델 결괏값

선형 회귀와 다르게 로지스틱 회귀는 예측값이 확률이며, 그에 맞는 학습 기준이 필요합니다. 따라서 선형 회귀에서는 목적 함수로 평균제곱오차를 사용했지만 로지스틱 회귀에서는 다른 함수를 목적 함수로 설정해야 합니다.

[그림 05-17]처럼 실제 시험결과와 합격 확률값을 비교하여 잘 맞추었을 때는 작은 값을, 못 맞추었을 때는 큰 값을 주는 NLL(Negative Log Likelihood)을 로지스틱 회귀의 목적 함수로 사용합니다. NLL의 수식은 다음과 같으며, 이 값을 최소화하는 파라미터(β_0, β_1, β_1, …)를 찾는

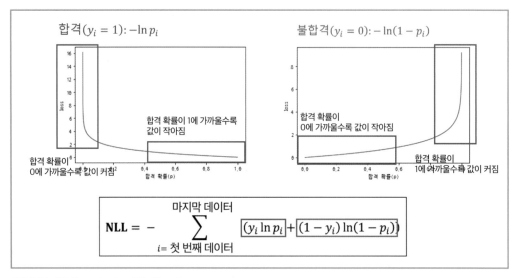

[그림 05-17] Negative Log Likelihood

방향으로 경사하강법을 사용해 학습합니다.

$$NLL = -\sum_{i=\text{첫 번째 데이터}}^{\text{마지막 데이터}} (y_i \ln p_i + (1 - y_i) \ln(1 - p_i))$$

여기서 y_i는 i번째 학생의 시험결과가 합격이면 1, 불합격이면 0이고, p_i는 로지스틱 회귀 모델이 i번째 학생의 시험결과를 합격으로 예측할 확률입니다.

단순 선형 회귀에서와 마찬가지로 β_0을 생략하고 2차원으로 시각화한 NLL을 [그림 05-18]에 나타냈습니다. 조금 찌그러진 포물선 형태인데요. 이를 경사하강법으로 학습하면 NLL을 최소로 하는 β_1을 찾을 수 있습니다. 같은 방법으로 β_0을 포함하여 학습해보면 NLL을 최소로 하는 β_0은 -1.21, β_1은 1.32로 다음과 같습니다.

$$\text{합격 확률} = p_{\text{합격}} = \frac{1}{1 + e^{-(-1.21 + 1.32 * \text{공부시간})}}$$

이 로지스틱 회귀 모델을 시각화하면 [그림 05-19]와 같고 합격 확률값이 0.5 이상이면 합격, 0.5 미만이면 불합격으로 설정했습니다. 합격과 불합격의 기준을 임계값(Threshold)이라고

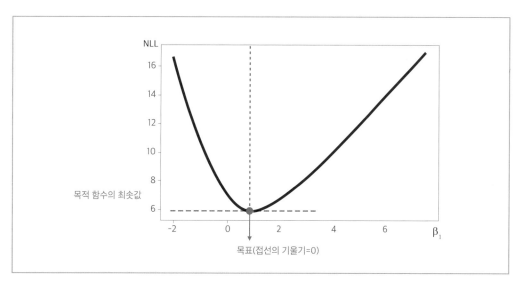

[그림 05-18] β_1에 대한 NLL 시각화

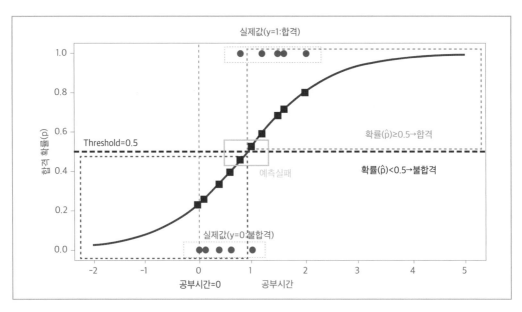

[그림 05-19] **학생들의 합격 확률**

하며 기본값은 0.5이고 상황에 맞게 조정할 수 있습니다. 우리가 만든 이 로지스틱 회귀 모델은 전체 10명의 학생 중 8명의 시험결과를 맞혔기 때문에 정확도(Accuracy)는 0.8입니다.

 Review

▶ 로지스틱 회귀는 범주를 분류하는 모델입니다.

▶ 로지스틱 회귀는 표준 로지스틱 함수에 다중 선형 회귀를 입력으로 받는 모델입니다.

2.3 KNN(K Nearest Neighbor)

 학습목표

머신러닝 주요 알고리즘 중 하나인 K-최근접 이웃(KNN)을 학습합니다.

K-최근접 이웃(KNN)은 서로 근접한 데이터가 비슷하다는 가정에서 시작합니다. KNN은 앞

의 모델들과 다르게 파라미터(β_0, β_1, β_2, $\cdots$) 없이 새로운 데이터를 예측하기 위해서 예측하려는 데이터로부터 가장 거리가 가까운 k개의 최근접 데이터를 참조하는 알고리즘입니다. 이 알고리즘에서 k개의 최근접 데이터를 찾기 위해서는 먼저 거리를 정의해야 합니다. 데이터 간의 거리를 측정하는 방법에는 여러 가지가 있지만 주로 사용하는 방법은 유클리드 거리(Euclidean Distance)이며 두 데이터 사이의 직선 최단 거리를 의미합니다. 예를 들어 앞에서 다룬 시험결과 예측에 사용되는 데이터는 '공부시간'과 '지각횟수' 2개의 독립변수로 구성된 2차원 데이터입니다. n차원(n개의 독립변수[피처$_1$, 피처$_2$, $\cdots$ 피처$_n$])을 갖는 두 데이터 A(a_1, a_2, $\cdots$ a_n)와 B(b_1, b_2, $\cdots$ b_n)사이의 유클리드 거리를 구하는 수식은 다음과 같습니다.

$$유클리드\ 거리 = \sqrt[2]{(a_1 - b_1)^2 + (a_2 - b_2)^2 + \cdots + (a_n - b_n)^2}$$

위 수식을 시험결과 예측 예제 데이터에 적용하겠습니다. 첫 번째 학생(공부시간: 2.0, 지각횟수: 2) 데이터와 나머지 9명의 학생 데이터 사이의 유클리드 거리를 계산한 결과를 [표 05-4]에 정리했습니다.

번호	공부시간	지각횟수	유클리드 거리
1	2.0	2	-
2	0.1	4	$\sqrt[2]{(2.0 - 0.1)^2 + (2 - 4)^2} = 2.76$
3	0.8	1	$\sqrt[2]{(2.0 - 0.8)^2 + (2 - 1)^2} = 1.56$
4	1.5	0	$\sqrt[2]{(2.0 - 1.5)^2 + (2 - 0)^2} = 2.06$
5	0.4	3	$\sqrt[2]{(2.0 - 0.4)^2 + (2 - 3)^2} = 1.89$
6	0.0	5	$\sqrt[2]{(2.0 - 0.0)^2 + (2 - 5)^2} = 3.61$
7	1.6	2	$\sqrt[2]{(2.0 - 1.6)^2 + (2 - 2)^2} = 0.40$
8	1.2	0	$\sqrt[2]{(2.0 - 1.2)^2 + (2 - 0)^2} = 2.15$
9	1.0	3	$\sqrt[2]{(2.0 - 1.0)^2 + (2 - 3)^2} = 1.41$
10	0.6	4	$\sqrt[2]{(2.0 - 0.6)^2 + (2 - 4)^2} = 2.44$

[표 05-4] **유클리드 거리 계산 예시**

KNN에서 n차원의 데이터는 n개의 독립변수를 갖는 데이터로 생각해볼 수 있습니다. KNN은 예측하려는 데이터와 다른 데이터와의 거리를 모두 계산하고, 가장 가까운 거리에 있는 k개의 데이터를 활용합니다. [표 05-4]의 결과를 이용해 첫 번째 학생과 가장 가까운 거리에 있는 k개의 데이터를 구할 수 있습니다. 만약 k가 3이라면 7번(0.40), 9번(1.41), 3번(1.56) 학생이 가장 가까운 거리에 있는 데이터입니다.

KNN 알고리즘은 회귀와 분류 문제에 모두 사용할 수 있습니다. 수치를 예측하는 회귀 모델의 경우에는 최근접한 k개 데이터의 평균값으로, 범주를 예측하는 분류 모델의 경우에는 최빈값으로 예측할 수 있습니다. k가 3인 경우 첫 번째 학생의 시험성적(회귀)과 시험결과(분류)를 예측하는 과정을 [표 05-5]에 정리했습니다.

정리해보면 KNN은 먼저 데이터 간 거리를 계산([표 05-4])하여 최근접한 k개의 데이터를 선정하고 회귀 모델인지 분류 모델인지에 따라서 예측값을 계산([표 05-5])하는 알고리즘입니다. [그림 05-20]에 KNN 분류 모델의 전 과정을 시각화했습니다.

i	공부시간	지각횟수	유클리드 거리	회귀		분류	
				시험성적	예측(평균)	시험결과	예측(최빈값)
1	2.0	2	-	70(정답)	-	합격(정답)	-
3	0.8	1	1.56	76	72 $\left(= \dfrac{76+72+68}{3}\right)$	합격	합격 [합격: 2, 불합격: 1]
7	1.6	2	0.40	72		합격	
9	1.0	3	1.41	68		불합격	

[표 05-5] KNN 예측 예시(첫 번째 학생 예측)

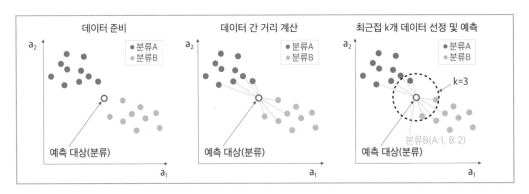

[그림 05-20] KNN 분류 모델 예시

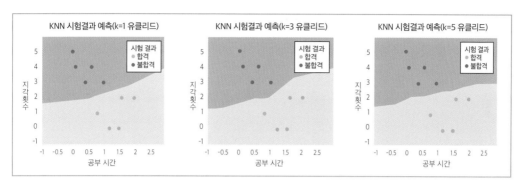

[그림 05-21] KNN-시험결과 예측 시각화(k=1, 3, 5)

공부시간	지각횟수	실제 시험결과	최근접 합격 학생 수(k=3)	예측 시험결과
2.0	2	합격	2	합격
0.1	4	불합격	0	불합격
0.8	1	합격	3	합격
1.5	0	합격	3	합격
0.4	3	불합격	0	불합격
0.0	5	불합격	0	불합격
1.6	2	합격	2	합격
1.2	0	합격	3	합격
1.0	3	불합격	0	불합격
0.6	4	불합격	0	불합격

[표 05-6] KNN 예측 예시

이번에는 KNN 알고리즘을 이용하여 공부시간과 지각횟수로 합격 · 불합격 시험결과 분류 예측을 k가 1, 3, 5일 때 진행해보고 시각화 해보겠습니다. 이때 거리 계산은 유클리드 거리를 사용하겠습니다.

k값에 따라 각각의 KNN 모델은 푸른색 영역에 있는 학생은 불합격, 노란색 영역에 있는 학생은 합격으로 예측할 것입니다. k가 1인 경우, 새로 예측할 학생의 공부시간과 지각횟수에 가장 가까운 예제 데이터의 학생과 동일하게 시험결과를 합격 또는 불합격으로 분류 예측할 것입니다. k가 커지면 가장 가까운 예제 데이터만 보는 것이 아니라 주변의 k개 최근접 데이터를 보고 최빈값으로 시험결과를 분류 예측합니다. 예를 들어 k가 3일 때는 최근접한 합격 학생 수가 2 이상이면 합격, 1 이하면 불합격으로 분류합니다. K가 3일 때 KNN으로 예제 데이터의 학생들에 대해 예측한 결과를 표현하면 [표 05-6]과 같으며, 모든 예제 데이터를 잘 예측한 것을 확인할 수 있습니다.

마지막으로 KNN 모델에서의 학습이란 앞선 두 모델과 달리 데이터 간 거리를 계산하고 최근접 데이터를 찾는 과정을 의미합니다.

 Review

▶ KNN은 회귀와 분류 문제에 모두 사용할 수 있습니다.

▶ KNN은 가중치나 편향 없이 k개의 근접 이웃으로 새로 주어진 데이터를 예측합니다.

2.4 의사결정나무(Decision Tree)

 학습목표

머신러닝 주요 알고리즘 중 하나인 의사결정나무를 학습합니다.

의사결정나무도 KNN과 비슷하게 파라미터를 갖지 않으며 회귀와 분류 문제에 모두 사용할 수 있습니다. 알고리즘의 이름에 나와 있듯이 의사결정나무는 의사결정 규칙을 나무 구조로 나타내어 전체 데이터를 작은 집단으로 나누는 방식입니다. 데이터의 독립변수(피처, Feature)를 기준으로 질문을 하며 데이터를 분류합니다.

기존 시험성적과 결과 예측 예제 데이터에 '흥미'라는 독립변수를 추가했습니다([표 05-7]). 이 데이터로 의사결정나무를 [그림 05-22]와 같이 시각화를 해보았습니다. 나무에서 분할되는 부분을 노드(Node)라고 부르고 제일 위에 있는 노드를 뿌리 노드(Root Node), 중간에 있는 노드를 중간 노드(Intermediate Node), 제일 밑에 있는 노드를 끝 노드(Terminal Node)라고 합니다. 그리고 뿌리 노드부터 가장 마지막 노드까지의 층수를 깊이(Depth)라고 합니다. [그림 05-22]에서는 2개 층으로 이루어진 나무라서 깊이는 2입니다.

의사결정나무의 예측값은 분류 모델인지 회귀 모델인지에 따라서 달라지는데요. 분류 모델의 경우에는 끝 노드들이 어떤 범주의 데이터로 이루어져 있는지에 따라 예측값이 정해집니다. [그림 05-23]에서 끝 노드①, 끝 노드②로 분류되는 데이터는 '합격'으로 예측하고, 끝 노드③으로 분류되는 데이터는 '불합격'으로 예측합니다. 회귀 모델의 경우에는 각각의 끝 노

i	공부시간	지각횟수	흥미 여부	시험성적	시험결과
1	2.0	2	NO	70	합격
2	0.1	4	NO	56	불합격
3	0.8	1	YES	76	합격
4	1.5	0	YES	80	합격
5	0.4	3	NO	48	불합격
6	0.0	5	NO	32	불합격
7	1.6	2	NO	72	합격
8	1.2	0	YES	88	합격
9	1.0	3	NO	68	불합격
10	0.6	4	NO	64	불합격

[표 05-7] 시험성적과 결과 예측 예제 데이터

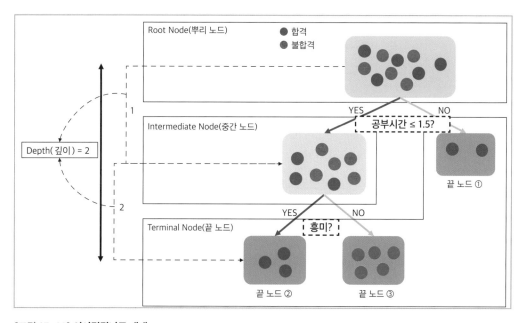

[그림 05-22] 의사결정나무 예제

드에 속한 데이터의 시험성적 평균값으로 예측값이 결정됩니다. 끝 노드①은 71점, 끝 노드
②는 81.3점, 끝 노드③은 53.6점으로 각각의 끝 노드로 분류되는 데이터는 해당 끝 노드에
속한 데이터들의 평균 시험성적으로 예측합니다.

의사결정나무에서 핵심은 각 노드가 어떤 조건에 따라 하위 노드로 나뉘는 것인가입니다.
[그림 05-23]을 보면 뿌리 노드는 [공부시간≤1.5], 중간 노드는 [흥미 여부]를 기준으로 나
뉩니다. 이 기준을 어떻게 찾을까요? 분류 모델의 경우에는 불순도(Impurity), 회귀 모델의 경

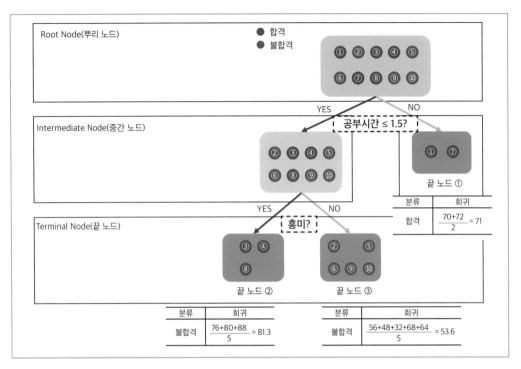

[그림 05-23] 의사결정나무 예측 결과

우에는 평균제곱오차(MSE)가 낮아지게 만드는 조건을 찾으면 됩니다. 의사결정나무는 이 기준을 계산하는 방법에 따라 대표적으로 CART, ID3 등으로 나뉩니다. 여기에서는 CART를 사용해보겠습니다.

잠깐! AI 용어 Tip _ 의사결정나무를 만드는 대표적 알고리즘

- CART(Classification and Regression Tree): 여러 개의 자식노드(Child node)가 아닌, 단 두 개의 노드로 분기. 불순도를 지니계수(Gini Index)로 계산하여 지니계수가 작아지는(불순도가 낮은) 방향으로 피처(Feature)를 사용하여 Tree를 만들어가는 방법.

- ID3(Iterative Dichotomiser3): 모든 범주를 이용하여 여러 개의 자식 노드(Child node)로 분기. 불순도를 엔트로피(Entropy)라는 불순도 측정지표를 이용해 정보이익(Information gain)을 계산하여 정보이익이 큰 쪽으로 분기하는 방법.

- 엔트로피(Entropy): 불순도를 측정하는 지표로 서로 다른 값이 섞여 있으면 높고(1에 가까움), 같은 값만 존재할수록 낮음(0에 가까움).

- 정보 이익(Information gain): 분할 전(상위 노드) 엔트로피와 분할 후(하위 노드) 엔트로피의 차이.

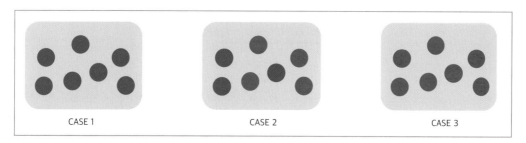

[그림 05-24] **불순도**

우선 분류 모델부터 살펴보겠습니다. 분류 모델에는 불순도라는 개념이 사용되는데요. 불순도란 하나의 데이터셋(의사결정나무에서는 하나의 노드 내 데이터) 안에 서로 다른 범주(종속변수)의 데이터가 얼마나 섞여 있는지 의미합니다. CASE 1 데이터셋은 모든 데이터가 합격 범주이고 CASE 3 데이터셋은 모든 데이터가 불합격 범주입니다. 서로 다른 범주가 섞여 있지 않고 하나의 범주로만 구성된 CASE 1, CASE 3 데이터셋은 순도 100%라고 말할 수 있습니다. 즉, 불순도가 0입니다. 반면에 CASE 2 데이터셋은 합격 범주와 불합격 범주가 섞여 있습니다. 서로 다른 범주가 섞여 있으므로 불순도가 높은 상태라고 할 수 있습니다.

이 불순도를 수치화한 지표에는 지니계수(Gini Index), 엔트로피(Entropy) 등이 있고 CART 의사결정나무는 지니계수를, ID3 의사결정나무는 엔트로피를 불순도 계산 방법으로 사용하게 됩니다. 지니계수의 수식은 다음과 같으며 불순도가 낮다는 것은 지니계수가 작다는 것입니다.

$$지니계수 = 1 - \sum_{i=1}^{(종속변수의 범주의 수)} p_i^{\,2}$$

$$p_i = \frac{(특정 노드 내 데이터에서 i 범주에 속하는 데이터의 수)}{(특정 노드 내 데이터 수)}$$

분류 모델은 특정 범주로 데이터를 분류하는 것이 목적이기 때문에 의사결정나무의 각 노드에서 최대한 한 가지 범주만 구별할 수 있는 조건으로 데이터를 나누어야 합니다. 그래서 특정 노드에서의 불순도보다 분할 후의 불순도가 더 낮아지도록 하는 조건을 찾아야 합니다.

[표 05-7]의 데이터를 가지고 의사결정나무 분류 모델을 만드는 과정을 확인해보겠습니다. ID3 알고리즘과 다르게 우리가 사용할 CART 알고리즘은 독립변수의 범주 수와 관계없이 노드에서 반드시 2가지(Binary Split)로 나눠야 합니다. 흥미 여부와 같은 범주형 독립변수의

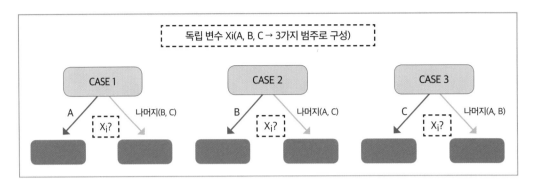

[그림 05-25] 노드의 분기 기준 후보 정하기(범주형 독립변수)

경우에는 '흥미 YES'와 '흥미 NO'로 데이터를 나눌 수 있습니다. 만약 독립변수의 범주가 A, B, C … 등 3개 이상이라면 어떻게 해야 할까요? A와 나머지 또는 C와 나머지 등 2가지로 데이터를 나눌 수 있습니다. [그림 05-25]처럼 독립변수가 3가지 범주로 구성되어 있다면 3가지 경우 각각에 대해서 지니계수를 계산하고 그중 가장 작은 지니계수가 나온 경우의 조건을 채택합니다. 이때 독립변수가 여러 개라면 각각의 독립변수를 가지고 계산한 모든 지니계수를 비교해서 가장 작은 지니계수가 나온 독립변수의 특정 조건을 채택해야 합니다.

만약 독립변수가 공부시간과 같은 범주형이 아닌 수치형이라면 어떻게 조건을 설정해야 할까요? 모든 수치를 가지고 다 시도를 해보기에는 너무 많은 시간이 소요됩니다. 그래서 모든 수치를 다 확인하는 대신에 해당 독립변수를 기준으로 먼저 오름차순 정렬한 뒤에 종속변수의 범주가 바뀌는 경계 지점의 위아래 데이터 평균으로 후보 조건으로 선정합니다. [그림 05-26]에 지금까지 설명한 과정을 나타내 보았는데요. 공부시간 독립변수를 먼저 오름차순으로 정렬한 뒤에 종속변수인 시험결과의 범주가 바뀌는 경계(합격↔불합격)를 찾습니다. 총 세 곳의 경계를 찾을 수 있었고 각 경계에서 위아래 공부시간 데이터의 평균값으로 후보 조건을 선정합니다.

뿌리 노드를 기준으로 나눌 수 있는 모든 조건에 대해 [그림 05-27]에 정리했습니다. 공부시간 변수에서 3가지, 지각횟수 변수에서 1가지, 흥미 여부 변수에서 1가지로 총 5가지 경우가 있습니다. 각각에 대해서 지니계수를 계산하고 가장 낮은 지니계수가 나온 조건으로 해당 노드의 분기 기준을 정합니다. 여기서 지니계수를 계산할 때에는 상위 노드에서 2개로 분기된 두 하위 노드 각각의 지니계수를 계산하고 나서 데이터의 비율을 곱하여 합산해줘야 합니다. [그림 05-27]의 첫 번째 경우를 가지고 설명해볼게요. 두 하위 노드(공부시간이 0.7 이하인 경

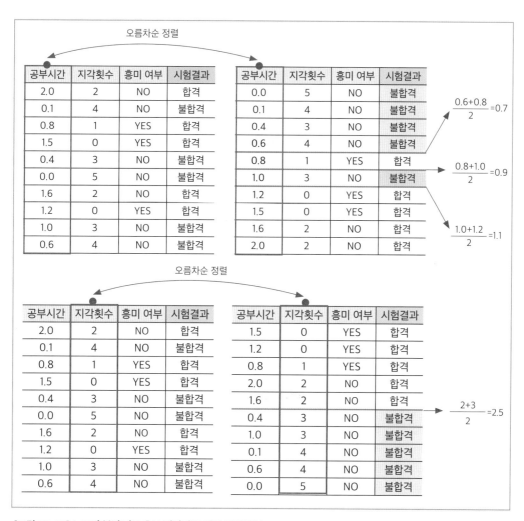

[그림 05-26] **노드의 분기 기준 후보 정하기(수치형 독립변수)**

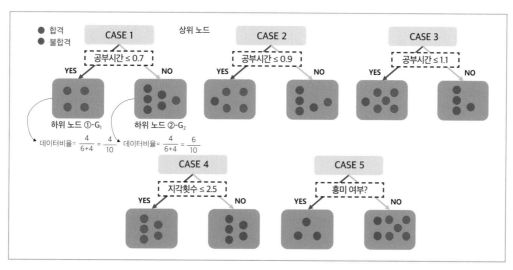

[그림 05-27] **노드의 분기 기준 후보 5가지**

05_머신러닝 245

우와 그렇지 않은 경우) 각각의 지니계수를 G_1, G_2라고 가정해보겠습니다. 각 하위 노드에 속해 있는 데이터는 각각 4개와 6개입니다. 따라서 합산 지니계수는 데이터 비율을 곱해서 다음과 같이 계산할 수 있습니다.

$$G = \frac{4}{10}G_1 + \frac{6}{10}G_2$$

이제 하위 노드 각각(G_1, G_2)에 대해 지니계수를 계산해야 합니다. [그림 05-28]에 그 과정을 정리해놓았습니다. 우리의 종속변수인 시험결과는 범주가 2가지(합격/불합격)이므로 각각의 하위 노드에서 합격 확률($p_{합격}$)과 불합격 확률($p_{불합격}$)을 계산해주면 됩니다.

[그림 05-28]을 통해 알아본 지니계수 계산 방법을 가지고 뿌리 노드를 분기할 수 있는 5가

[그림 05-28] 지니계수의 계산

독립변수	분기 기준	지니계수
공부시간	공부시간≤0.7	$\frac{4}{10}\left[1-\left\{\left(\frac{0}{4}\right)^2+\left(\frac{4}{4}\right)^2\right\}\right]+\frac{6}{10}\left[1-\left\{\left(\frac{5}{6}\right)^2+\left(\frac{1}{6}\right)^2\right\}\right]=0.17$
	공부시간≤0.9	$\frac{5}{10}\left[1-\left\{\left(\frac{1}{5}\right)^2+\left(\frac{4}{5}\right)^2\right\}\right]+\frac{5}{10}\left[1-\left\{\left(\frac{4}{5}\right)^2+\left(\frac{1}{5}\right)^2\right\}\right]=0.32$
	공부시간≤1.1	$\frac{6}{10}\left[1-\left\{\left(\frac{1}{6}\right)^2+\left(\frac{5}{6}\right)^2\right\}\right]+\frac{4}{10}\left[1-\left\{\left(\frac{4}{4}\right)^2+\left(\frac{0}{4}\right)^2\right\}\right]=0.17$
지각횟수	지각횟수≤2.5	$\frac{5}{10}\left[1-\left\{\left(\frac{0}{5}\right)^2+\left(\frac{5}{5}\right)^2\right\}\right]+\frac{5}{10}\left[1-\left\{\left(\frac{5}{5}\right)^2+\left(\frac{0}{5}\right)^2\right\}\right]=0.00$
흥미 여부	흥미 여부=YES or No	$\frac{3}{10}\left[1-\left\{\left(\frac{3}{3}\right)^2+\left(\frac{0}{3}\right)^2\right\}\right]+\frac{7}{10}\left[1-\left\{\left(\frac{2}{7}\right)^2+\left(\frac{5}{7}\right)^2\right\}\right]=0.29$

[표 05-8] 지니계수의 계산

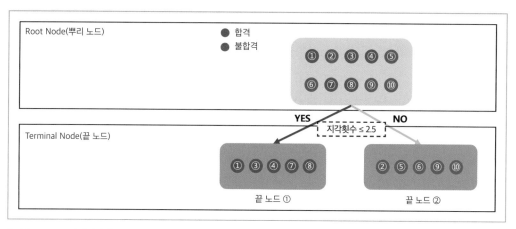

[그림 05-29] **의사결정나무 분류 모델**

지 조건 각각의 지니계수를 계산해본 결과를 [표 05-8]에 정리했습니다. 5가지 경우 중에 가장 작은 지니계수를 가지는 조건을 채택하면 됩니다. 지각횟수의 경우 지니계수가 0으로 가장 낮습니다. 따라서 우리는 뿌리 노드를 지각횟수(2.5) 기준으로 나누면 됩니다. 이번 예제에서는 지니계수가 0, 즉 완벽하게 나뉘는 지점을 바로 찾았지만 만약에 뿌리 노드를 나누는 기준의 지니계수가 0이 아니라면 각 하위 노드에 대해 위에서 한 과정을 반복하여 지니계수를 계산하며 뿌리 노드를 분기해나가야 합니다. [그림 05-29]에 우리의 완성된 의사결정나무 분류 모델을 시각화 해보았습니다.

지금까지 분류 모델을 살펴보았습니다. 이번에는 회귀 모델에 대해 알아보겠습니다. 분류 모델에서는 노드가 분기되는 기준을 정할 때 불순도를 수치로 나타낸 지니계수를 활용했습니다. 회귀 모델에서는 이 기준이 불순도가 아닌 평균제곱오차(MSE)를 사용합니다. 분류 과제와 동일하게 후보 조건을 찾고 각 조건별로 평균제곱오차를 계산하여 최소가 되는 조건을 채택하면 됩니다.

독립변수가 범주형이면 분류 모델과 동일하게 [그림 05-25]로 표현한 것처럼 각 범주를 기준으로 후보를 정해주면 됩니다. 후보를 정한 뒤에 분류 모델은 지니계수, 회귀 모델은 평균제곱오차를 계산한다는 차이만 있습니다.

그러면 독립변수가 수치형인 경우에도 같은 방법을 사용할까요? 아닙니다. 회귀 모델의 종속변수는 수치형이기 때문에 범주가 바뀌는 경계를 찾을 수가 없습니다. 해당 독립변수가 가진 데이터의 중복값을 제외한 모든 데이터를 기준으로 하나하나 평균제곱오차를 구해봐야 합니다. 이때 분류 모델의 경곗값을 찾을 때 근처 데이터의 평균을 사용한 것처럼 회귀 모델에 대해서도 각 데이터를 그대로 사용하는 것 대신에 직전값과의 평균을 사용해보겠습니다. 공부시간 독립변수는 중복되는 값이 없어서 9가지 후보가 있고 지각횟수는 중복값을 제외하면 5가지 후보가 있습니다. 흥미 여부는 YES 또는 NO이기 때문에 1가지 후보가 있고요. 그래서 총 15가지의 후보가 존재합니다. 분류 모델은 5가지만 비교했지만, 회귀 모델은 비교할 대상이 훨씬 많습니다. 가장 간단한 흥미 여부를 가지고 먼저 평균제곱오차를 계산해볼게요.

[그림 05-30]에 흥미 여부를 기준으로 분기했을 때 각 하위 노드에 속하는 데이터의 시험성적 평균값을 계산해보았습니다. 흥미 여부가 NO라면 우리 모델의 시험성적 예측값은 58.6이 되고 흥미 여부가 YES라면 시험성적 예측값이 81.3이 됩니다. 이 예측값을 가지고 각 데이터의 시험성적과 예측값의 평균제곱오차를 계산해볼게요.

[그림 05-30] 노드의 분기 기준 후보 정하기(범주형 독립변수)

i	공부시간	지각횟수	흥미 여부	시험성적(y_i)	예측값($\hat{y}_i$)	(오차$_i$)²=$(y_i-\hat{y}_i)^2$
1	2.0	2	NO	70	58.6	$(70-58.6)^2=129.96$
2	0.1	4	NO	56		$(56-58.6)^2=6.76$
3	0.4	3	NO	48		$(48-58.6)^2=112.36$
4	0.0	5	NO	32		$(32-58.6)^2=707.56$
5	1.6	2	NO	72		$(72-58.6)^2=179.56$
6	1.0	3	NO	68		$(68-58.6)^2=88.36$
7	0.6	4	NO	64		$(64-58.6)^2=29.16$
8	0.8	1	YES	76	81.3	$(76-81.3)^2=28.09$
9	1.5	0	YES	80		$(80-81.3)^2=1.69$
10	1.2	0	YES	88		$(88-81.3)^2=44.89$
MSE	$\dfrac{1}{\text{행(row)의 개수}}\left[(\text{오차}_1)^2+(\text{오차}_2)^2+\cdots+(\text{오차}_{10})^2\right]=\dfrac{1}{10}[129.96+6.76+\cdots+44.89]=132.84$					

[표 05-9] MSE 계산 과정(흥미 여부)

데이터의 시험성적(y_i)과 흥미 여부에 따른 예측값($\hat{y}_i$)은 [표 05-9]와 같습니다. 이 값으로 평균제곱오차(MSE)를 계산해보면 132.84가 나옵니다. 같은 방법으로 지각횟수의 5가지 후보각각에 대해 MSE를 계산해보겠습니다.

먼저 5가지 경우 각각에 대해서 하위 노드별 평균 시험성적(예측값)을 [그림 05-31]처럼 계산했습니다. 첫 번째 경우에 대해 [표 05-10]에 자세한 MSE 계산 과정을 정리했습니다. 이 경우에는 평균제곱오차가 155.15가 나오네요.

지금까지 2가지 경우의 평균제곱오차를 계산해보았습니다. 같은 방식으로 나머지 13가지 경우의 평균제곱오차를 계산해보면 [표 05-11]과 같습니다.

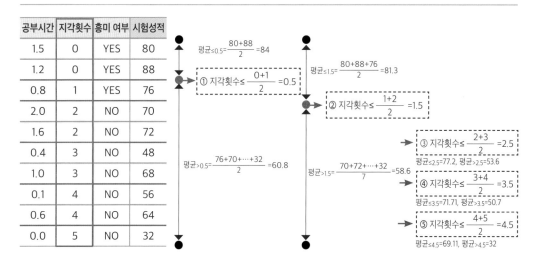

[그림 05-31] 노드의 분기 기준 후보 정하기(수치형 독립변수)

i	공부시간	지각횟수	흥미 여부	시험성적(y_i)	예측값($\hat{y}_i$)	(오차)^2=$(y_i-\hat{y}_i)^2$
1	1.5	0	YES	80	평균$_{\leq 0.5}$=84	$(80-84)^2$=16
2	1.2	0	YES	88		$(88-84)^2$=16
3	0.8	1	YES	76		$(76-60.8)^2$=231.04
4	2.0	2	NO	70		$(70-60.8)^2$=84.64
5	1.6	2	NO	72		$(72-60.8)^2$=125.44
6	0.4	3	NO	48	평균$_{>0.5}$=60.8	$(48-60.8)^2$=163.84
7	1.0	3	NO	68		$(68-60.8)^2$=51.84
8	0.1	4	NO	56		$(56-60.8)^2$=23.04
9	0.6	4	NO	64		$(64-60.8)^2$=10.24
10	0.0	5	NO	32		$(32-60.8)^2$=829.44
MSE	$\dfrac{1}{\text{행(row)의 개수}}\left[(\text{오차}_1)^2+(\text{오차}_2)^2+\cdots+(\text{오차}_{10})^2\right]=\dfrac{1}{10}[16+16+\cdots+829.44]=155.15$					

[표 05-10] MSE 계산 과정(첫 번째 경우[지각횟수≤0.5])

독립변수	분기 기준	예측값($\hat{y}_i$)_1	예측값($\hat{y}_i$)_2	평균제곱오차(MSE)
흥미 여부	흥미 여부=YES or NO	평균$_{YES}$=81.3	평균$_{NO}$=58.6	132.84
지각횟수	지각횟수 ≤ $\dfrac{0+1}{2}$ = 0.5	평균$_{\leq0.5}$=84	평균$_{>0.5}$=60.8	155.15
	지각횟수 ≤ $\dfrac{1+2}{2}$ = 1.5	평균$_{\leq1.5}$=81.3	평균$_{>1.5}$=58.6	132.84
	지각횟수 ≤ $\dfrac{2+3}{3}$ = 2.5	평균$_{\leq2.5}$=77.2	평균$_{>2.5}$=53.6	102.40
	지각횟수 ≤ $\dfrac{3+4}{2}$ = 3.5	평균$_{\leq3.5}$=71.7	평균$_{>3.5}$=50.7	148.61
	지각횟수 ≤ $\dfrac{4+5}{2}$ = 4.5	평균$_{\leq4.5}$=69.1	평균$_{>4.5}$=32	117.69
공부시간	공부시간 ≤ $\dfrac{0.1+0.1}{2}$ = 0.05	평균$_{\leq0.05}$=32	평균$_{>0.05}$=69.1	117.69
	공부시간 ≤ $\dfrac{0.1+0.4}{2}$ = 0.25	평균$_{\leq0.25}$=44	평균$_{>0.25}$=70.8	127.15
	공부시간 ≤ $\dfrac{0.4+0.6}{2}$ = 0.5	평균$_{\leq0.5}$=45.3	평균$_{>0.5}$=74	69.07
	공부시간 ≤ $\dfrac{0.6+0.8}{2}$ = 0.7	평균$_{\leq0.7}$=50	평균$_{>0.7}$=75.7	83.53
	공부시간 ≤ $\dfrac{0.8+1.0}{2}$ = 0.9	평균$_{\leq0.9}$=55.2	평균$_{>0.9}$=75.6	137.60
	공부시간 ≤ $\dfrac{1.0+1.2}{2}$ = 1.1	평균$_{\leq1.1}$=57.3	평균$_{>1.1}$=77.5	144.03
	공부시간 ≤ $\dfrac{1.2+1.5}{2}$ = 1.35	평균$_{\leq1.35}$=61.7	평균$_{>1.35}$=74	209.94
	공부시간 ≤ $\dfrac{1.5+1.6}{2}$ = 1.55	평균$_{\leq1.55}$=64	평균$_{>1.55}$=71	233.80
	공부시간 ≤ $\dfrac{1.6+2.0}{2}$ =1.8	평균$_{\leq1.8}$=64.9	평균$_{>1.8}$=70	239.29

[표 05-11] 13가지 경우 각각의 MSE 계산 과정

13가지 경우 중 평균제곱오차가 가장 작은 조건은 [공부시간≤0.5]입니다. 따라서 이 조건이 뿌리 노드를 분기할 수 있는 최종 조건이 됩니다. 앞서 분류 모델의 경우 지니계수가 0인 조건을 한 번에 찾았지만, 회귀 모델의 경우 평균제곱오차가 0이 아닙니다. 즉, 뿌리 노드에서 분기된 두 하위 노드에 대해서 다시 한번 분기할 수 있다는 의미입니다. 그렇다고 평균제곱오차가 0이 될 때까지 무한정 노드의 분기를 만들어내면 모델이 너무 복잡하고 과대적합될 가능성이 있어서 일반적으로 나무의 최대 깊이(max depth)를 사전에 설정해놓고 최대 깊이까지만 노드의 분기를 만들게 됩니다.

이해를 돕기 위해서 공부시간이 0.5 이하일 때 한 번 더 분기 조건을 찾아보겠습니다. 지금까지 우리는 뿌리 노드에 속해 있는 데이터. 즉 전체 데이터로 계산을 했습니다. 이번에는 뿌리 노드가 아닌 한 번 분기가 되고 만들어진 하위 노드의 분기 조건을 찾는 것이기 때문에 전체 데이터가 아닌 이 노드에 속해 있는 데이터만 가지고 계산을 해야 합니다.

공부시간이 0.5 이하인 데이터는 [표 05-12]에 나타냈듯이 총 3개입니다. 흥미 여부는 모두 NO로 같기 때문에 우리는 공부시간 또는 지각횟수를 가지고 분기 후보를 찾아야 합니다.

[그림 05-32]에 분기 조건 후보를 나타냈습니다. 공부시간 독립변수에서 2가지, 지각횟수 독립변수에서 2가지 총 4가지 후보가 있습니다. 이 후보 각각에 대해서 평균제곱오차를 계산하여 최종 분기 조건을 찾아보겠습니다.

[표 05-13]에 4가지 후보 조건의 MSE를 계산해보았습니다. 평균제곱오차가 가장 작은 조건은 [지각횟수≤4.5]와 [공부시간≤0.05]입니다. 상위 조건에서 공부시간을 이미 사용했기 때문에 지각횟수 조건을 최종 분기 조건으로 채택할 수 있습니다.

최대 깊이를 2로 고정하고 지금까지 한 과정을 반복해서 진행해보면 [그림 05-33]과 같은 최종 모델이 만들어집니다.

지금까지 의사결정나무의 분류 모델과 회귀 모델 각각의 동작 원리를 알아보았습니다. 다른 머신러닝 알고리즘과 달리 분기 기준이 명확하게 존재하기 때문에 예측 결과의 원인 분석을

공부시간	지각횟수	흥미 여부	시험성적
0.0	5	NO	32
0.1	4	NO	56
0.4	3	NO	48

[표 05-12] 공부시간이 0.5 이하인 데이터

공부시간	지각횟수	흥미 여부	시험성적
0.0	5	NO	32
0.1	4	NO	56
0.4	3	NO	48

① 공부시간 ≤ $\frac{0.0 + 0.1}{2}$ = 0.05

② 공부시간 ≤ $\frac{0.1 + 0.4}{2}$ = 0.25

공부시간	지각횟수	흥미 여부	시험성적
0.4	3	NO	48
0.1	4	NO	56
0.0	5	NO	32

① 지각횟수 ≤ $\frac{3 + 4}{2}$ = 3.5

② 지각횟수 ≤ $\frac{4 + 5}{2}$ = 4.5

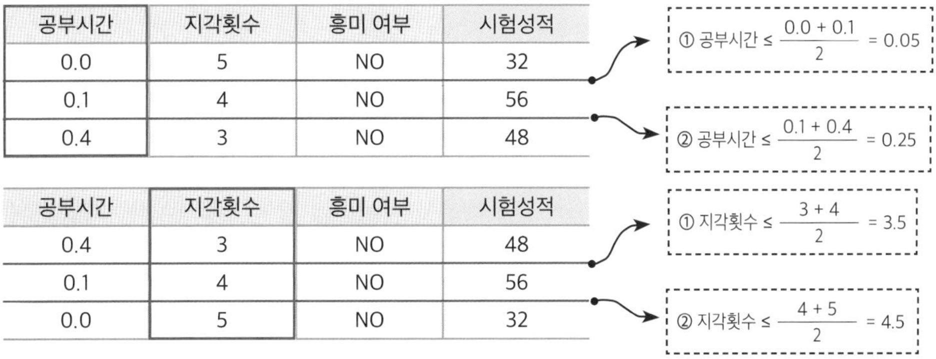

[그림 05-32] 노드의 분기 기준 후보 정하기

독립변수	분기 기준	예측값($\hat{y}_i$)_1	예측값($\hat{y}_i$)_2	평균제곱오차(MSE)
지각횟수	지각횟수 $\leq \dfrac{3+4}{2} = 3.5$	평균$_{\leq 3.5}$=48	평균$_{>3.5}$=44	96.00
	지각횟수 $\leq \dfrac{4+5}{2} = 4.5$	평균$_{\leq 4.5}$=52	평균$_{>4.5}$=32	10.67
공부시간	공부시간 $\leq \dfrac{0.1+0.1}{2} = 0.05$	평균$_{\leq 0.05}$=32	평균$_{>0.05}$=52	10.67
	공부시간 $\leq \dfrac{0.1+0.4}{2} = 0.25$	평균$_{\leq 0.25}$=44	평균$_{>0.25}$=48	96.00

[표 05-13] **4가지 경우 각각의 MSE 계산 과정**

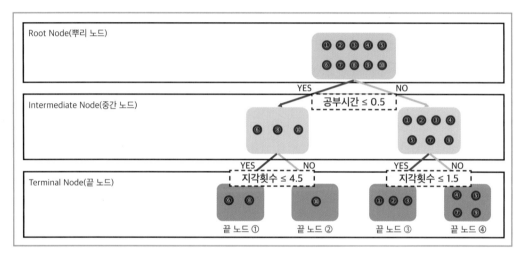

[그림 05-33] **의사결정나무 예측 결과**

하기에 가장 적합한 알고리즘이라고 할 수 있습니다. 마지막으로 의사결정나무 모델에서의 학습이란 각 노드의 분기 기준을 찾는 과정을 의미합니다.

 Review

▶ 의사결정나무는 회귀와 분류 문제에 모두 사용할 수 있습니다.

▶ 의사결정나무는 파라미터 없이 학습 기준에 따라서 데이터를 잘 나누는 방법을 학습하여 예측합니다.

2.5 랜덤 포레스트(Random Forest)

 학습목표

머신러닝 주요 알고리즘 중 하나인 랜덤 포레스트를 학습합니다.

랜덤 포레스트는 의사결정나무 모델을 가지고 배깅(Bagging)이라는 앙상블 기법을 적용한 알고리즘입니다. 배깅(Bagging)은 Bootstrap Aggregation의 약자로 샘플링 데이터를 여러 번 뽑아(Bootstrap) 각각의 모델을 학습시켜, 그 결과를 집계(Aggregation)하는 방식입니다. 단 순하게 설명하면 집단지성과 유사합니다.

[그림 05-34]처럼 분류 모델이라면 다수의 머신러닝 모델을 학습시키고 각 모델이 예측한 결과를 모은 뒤 투표를 하여 다수결 원칙에 의해 최종 예측값을 정하게 됩니다. 회귀 모델의 경우에는 각 모델이 예측한 결과의 평균값을 최종 예측값으로 사용하게 됩니다. 그리고 각 모델이 사용하는 데이터는 전체 데이터 내에서 중복을 허용한 랜덤 샘플링을 통해 만듭니다. 랜덤 포레스트는 [그림 05-34]에서 모델 ①, ②, ③을 의사결정나무 머신러닝 알고리즘으로 선택한 것을 의미합니다. 랜덤 포레스트에서 사용하는 의사결정나무는 앞에서 배운 의사결

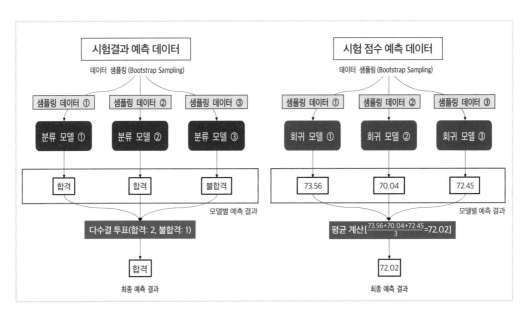

[그림 05-34] **배깅(Bagging) 개념**

정나무와 조금 다른 점이 있는데요. 앞에서 분기 조건을 찾을 때 우리는 모든 독립변수에 대해서 불순도(분류) 또는 평균제곱오차(회귀)를 계산했습니다. 랜덤 포레스트에서도 조건을 찾는 과정은 동일한데, 탐색하는 대상이 모든 독립변수가 아닌 랜덤으로 선택된 몇 가지 변수로 제한됩니다.

[그림 05-35] 예시에는 5개의 독립변수가 있는데요. 이 5가지 변수를 모두 탐색해서 조건을 찾는 것이 아니라 이 중 n개(예시에서는 2개)를 랜덤으로 선택한 뒤에 이 변수 내에서만 분기 조건을 탐색하게 됩니다. 예를 들어 [그림 05-35]에서는 뿌리 노드의 분기 조건을 찾을 때 변수 A와 변수 C를 가지고만 찾고 있습니다.

여러 개의 의사결정나무를 배깅(Bagging)이라는 앙상블 기법으로 만든 랜덤 포레스트 알고리즘은 단일 의사결정나무보다 성능이 우수하지만, 결과의 원인 분석이 어렵다는 단점이 있습니다. 또한 여러 개의 나무 모델을 사용하다 보니 학습에 걸리는 시간이 단일 모델보다 늘어나게 됩니다.

마지막으로 랜덤 포레스트 모델에서의 학습이란 최종 결과 집계를 위해 개별 의사결정 모델들의 최적의 노드 분기 기준을 찾는 과정을 의미합니다.

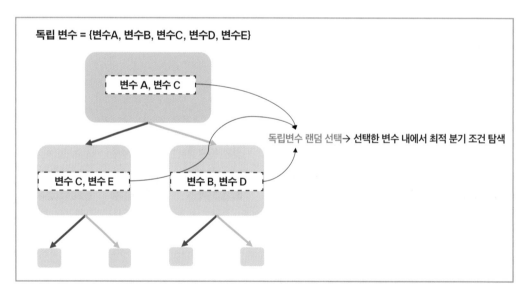

[그림 05-35] 랜덤 포레스트에 사용되는 의사결정나무

Review

▸ 랜덤 포레스트는 회귀와 분류 문제에 모두 사용할 수 있습니다.

▸ 랜덤 포레스트는 여러 개의 의사결정나무를 배깅이라는 앙상블 기법으로 만든 알고리즘 입니다.

2.6 부스팅(Boosting)

 학습목표

머신러닝 주요 알고리즘 중 하나인 부스팅 계열 알고리즘을 학습합니다.

지금까지 여러 가지 모델들을 소개했는데요. 랜덤 포레스트 알고리즘을 통해 배운 것처럼 모델을 하나만 활용하여 예측하는 것이 아니라 여러 모델을 활용하여 정확도를 높이는 방법을 앙상블 학습이라고 합니다. 앙상블 학습에는 대표적으로 배깅과 부스팅(Boosting) 방법이 있습니다. 그리고 의사결정나무를 이용해 배깅 기법을 적용한 알고리즘이 랜덤 포레스트입니다.

부스팅을 적용한 머신러닝 알고리즘을 조금 더 알아보자면, 배깅은 여러 개의 단일 모델을 병렬 형태로 합친 것이었다면 부스팅은 여러 개의 단일 모델을 직렬 형태로 합친 것입니다. 대표적인 부스팅 알고리즘에는 에이다부스트(Adaboost)와 그래디언트 부스팅(Gradient Boosting)이 있습니다.

에이다부스트는 첫 번째 모델에서 학습 데이터에 같은 가중치를 부여합니다. 그리고 직렬로 연결된 첫 번째 모델에서 틀리게 예측한 데이터의 높은 가중치를 부여하고 이 데이터를 토대로 두 번째 모델이 학습합니다. [그림 05-36]에서 가중치가 부여된 데이터들의 크기가 커진 것을 확인할 수 있습니다. 이런 과정이 계속 반복되어 합쳐진 모델이 바로 에이다부스트 모델입니다.

그래디언트 부스팅은 에이다부스트와 거의 유사한데 가중치를 부여하는 방법이 조금 다릅니다. 앞에서 배운 선형 회귀에서 사용한 경사하강법(Gradient Descent)을 가중치 부여에 사

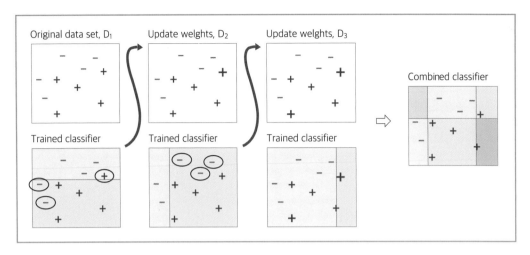

[그림 05-36] 에이다부스트 동작 원리

용하는 것이 그래디언트 부스팅입니다.

그래디언트 부스팅을 개선한 또 다른 모델이 있는데요, 바로 엑스지부스트(XGBoost)입니다. 그래디언트 부스팅을 기반으로 하면서 과대적합을 방지하는 기법(규제, regularization)이 추가가 된 알고리즘입니다. 엑스지부스트의 성능은 뛰어나지만, 여전히 학습시간이 느리다는 단점이 있습니다. 그래서 이 단점을 보완하여 탄생한 알고리즘이 라이트지비엠(LightGBM)입니다.

이렇게 먼저 나온 알고리즘을 보완한 새로운 알고리즘들이 계속 생겨나고 있습니다. 그러면 가장 최근에 나온 알고리즘만 사용하면 되는 걸까요? 꼭 그렇지는 않습니다. 사용하는 데이터의 특성에 따라서 이전 알고리즘이 더 좋은 성능을 보여줄 수도 있습니다. 알고리즘 선택에는 정답이 있는 것이 아니므로 다양한 알고리즘을 익히고 하나하나 적용해보며 우리 데이터에 가장 적합한 알고리즘을 찾아가는 과정이 중요합니다.

지금까지 단순 선형 회귀부터 부스팅까지 대표적인 머신러닝 알고리즘을 살펴보았습니다. 여기서 제시한 알고리즘들은 학습 방법이나 동작 원리가 달라 처음에는 어렵게 느껴질 수 있습니다. 하지만 앞으로 경험할 다양한 머신러닝 알고리즘의 기초가 되는 것이기 때문에 지금 잘 익힌다면 나중에 새로운 알고리즘을 학습할 때 많은 도움이 될 거라 확신합니다.

Review

▶ 부스팅(Boosting) 계열 머신러닝 알고리즘에는 에이다부스트(Adaboost), 그래디언트 부스팅(Gradient Boosting), 엑스지부스트(XGBoost), 라이트지비엠(LightGBM) 등이 있습니다.

▶ 배깅(Bagging)은 여러 모델을 병렬로 연결하여 사용하고, 부스팅(Boosting)은 직렬로 연결하여 사용합니다.

AI Certificate  **for Everyone**

06
딥러닝

딥러닝은 데이터로 학습하고 패턴을 찾는 머신러닝의 한 분야이며 인간의 뇌인 뉴런을 본 떠 구성한 인공신경망 방식으로 정보를 처리하는 기법입니다. 2016년 이세돌 9단은 딥러닝 기반의 AI 바둑프로그램인 구글 딥마인드의 알파고(AlphaGo)와 바둑 대결을 펼쳤는데요. 알파고가 이기면서 크게 주목을 받게 됐고, 이후 바둑 외에도 자율주행, 건강진단(흉부 x-ray 해독, 심전도 해석), 얼굴인식 등 다양한 분야에서 좋은 성과를 내고 있어 더욱더 주목받는 기술입니다.

인공신경망처럼 생각해보기 위해 앞에서 배운 조금 더 큰 개념인 인공지능을 되짚어 보겠습니다. 사람이 지능을 가지고 있고, 이를 기계가 흉내 내려고 하면 '인공'이란 용어를 앞에 넣어 인공지능이라고 표현합니다. 다시 말하면 인공지능은 말 그대로 인간의 지능을 따라 하는 기계, 컴퓨터라고 생각하면 됩니다. 한 단계 더 들어가 볼게요. 우리가 잘 아는 컴퓨터는 숫자를 정말 잘 다루고 수천 수백만의 숫자를 단 몇 초 만에 더하거나 곱할 수 있습니다. 그런데 이것이 인공지능일까요? 아니죠. 이것은 인공지능이 아니라 계산을 잘하는 거죠. 그럼 어느 때 인공지능이라고 할까요? 사람처럼 개인지 고양이인지 맞출 때, 사람처럼 누구인지 얼굴을 구분할 때, 사람처럼 운전할 때, 사람처럼 바둑을 둘 때 등 사람처럼 무엇을 할 때 인공지능이라고 합니다. 사람이라면 개인지 고양이인지 구분하는 것은 3세 정도의 지능이면 쉽게 할 수 있지만 컴퓨터가 이를 흉내 내어 사람과 같은 정확도를 갖기까지는 많은 시간이 걸렸습니다. 컴퓨터가 지능을 갖기란 어려운 거죠.

지능을 지닌 사람은 시각으로 들어오는 대용량의 데이터를 처리해서 이미지나 영상을 인식하는 것이 어렵지 않지만, 컴퓨터가 사람처럼 이미지나 영상을 인식하는 것은 어려운 일입니다. 그런데도 컴퓨터가 자율주행이나 얼굴인식처럼 특정 분야에 인공지능을 갖기를 바라는 것은 사람이 할 때 반복적인 일이나 시간이 소요되는 작업을 밤낮 구분 없이 컴퓨터가 해주면 우리에게 도움이 되기 때문입니다. 이렇게 사람에게 도움이 되는 일들을 컴퓨터가 스스로 알아서 잘할 수 있도록 연구하는 분야가 인공지능입니다.

인공신경망처럼 생각하기

 학습목표

딥러닝의 이해를 바탕으로 인공신경망처럼 생각하고 처리하는 방식을 회귀와 분류 사례를 기반으로 학습합니다.

딥러닝의 정의를 먼저 살펴보겠습니다. 딥러닝은 '뇌(brain)의 정보처리방식을 모사한 인공신경망과 유사하게 여러 층(Layer)으로 깊이 있게(Deep) 구성하여 학습을 진행'하는 머신러닝 알고리즘의 하나입니다. 딥러닝을 이해하기 위해서는 딥러닝 정의에 있는 용어와 문맥을 하나하나 이해해볼게요. 그럼 먼저 '인공신경망'이 무엇인지 알아보겠습니다.

[그림 06-1]처럼 문제가 들어오면 처리기를 통해서 답을 해주는 기계가 있다고 가정해보겠습니다. 우리는 데이터, 즉 문제(Input)와 답(Output)을 알고 있고 이 입력값(Input)과 출력값(Output)의 관계(처리기)를 찾아내고자 합니다. 예를 들어 문제로 3을 넣었더니 답이 6이 되고, 4를 넣었더니 8이 된다면 처리기 안에는 무엇이 들어 있을까요? 우리는 지능을 가지고 있으므로 입력값이 들어오면 출력값으로 입력값×2를 해주는 처리기가 있으며, 그렇기 때문에 입력값으로 5를 넣으면 10이 된다는 것을 쉽게 추정할 수 있습니다. 그럼 인공신경망은 어떻게 할까요?

다음 [그림 06-2]처럼 센티미터(cm)를 넣으면 인치(inch)로 변환해주는 처리기가 있다고 가

[그림 06-1] **입력값과 출력값 처리기**

[그림 06-2] **입력값(센티미터)을 출력값(인치)으로 변환해주는 처리기**

정해보겠습니다. 공식(처리기)은 모르고 센티미터(input)와 인치(output)를 알고 있는, 즉 문제와 답을 알고 있는 지도학습이며 길이와 인치의 관계를 곡선이 아니라 직선으로 증가/감소하는 선형이라고 가정해보겠습니다. 선형관계는 [그림 06-3]을 참조해주세요. 선형관계는 직선으로 학교에서 배웠던 1차함수 y=ax가 떠오르는 분도 있겠습니다. 실제 딥러닝은 다차원을 다루나, 이번 장에서는 y=ax 1차함수 수준 또는 해당 사전지식이 없어도 선형관계만 알면 이해할 수 있는 수준으로 설명하겠습니다.

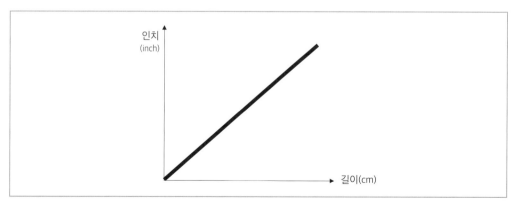

[그림 06-3] **선형관계**

실제 사례 No	길이(cm)	인치(inch)
1	0	0
2	100	39.37

[표 06-1] 데이터 사례(회귀)

길이(cm)와 인치(inch)는 선형관계라고 가정했으므로 다음과 같이 정리할 수 있습니다.

인치(inch)=a*길이(cm) ※a는 상수

우리가 알고 있는 데이터는 [표 06-1]과 같습니다.

지도학습을 가정하기 때문에 이미 문제인 길이(cm)와 답인 인치(inch)를 알고 있으므로 상수 a만을 구하면 되겠네요. 우리는 지능을 가지고 있으므로 쉽게 상수 a값을 이미 구했을 수도 있는데요. 인공신경망은 어떻게 구하는지 지금부터 내가 인공신경망이라고 생각하고 함께 확인해보도록 하겠습니다.

인공신경망은 이 공식을 구하기 위해 먼저 상수 a에 대해서 임의의 값을 정의합니다.

a=0.2(임의로 지정)로 하면, 인치(inch)=0.2*길이(cm)

이 공식에 이미 알고 있는 사례 데이터를 입력해보도록 하겠습니다.

[사례 No.1 데이터] 길이에 0을 넣으면 수식에서 나오는 값(이하, 예측값) 0.2×0=0 이 나오므로 예측값 0과 데이터의 실제값인 0은 일치합니다.

[사례 No.2 데이터] 길이에 100을 넣으면 예측값은 0.2×100=20으로 실제값 39.37과 차이가 있습니다.

이때 실제값과 예측값의 차이를 오차(error)라고 하는데 약 39.37(실제값)−20(예측값)=19.37(오차)이 발생합니다. 오차가 발생하므로 실제값이 나오는 규칙을 찾기 위해 상수 a의 임의의 값을 조금 변경(+0.1)해보겠습니다.

a=0.3(직전 임의값 0.2+0.1)로 하면, 인치(inch)=0.3*길이(cm)

0은 동일하므로 길이에 100을 넣으면 예측값은 0.3x100=30으로 실제값 39.37과의 오차가 9.37로 0.2 였을때 오차 19.37보다 좋아진 것을 확인할 수 있습니다. 오차가 줄어드는 방향이므로 동일하게 직전값(a = 0.3)에 +0.1을 하여 a=0.4로 하면 예측값이 40이 나와 오차가 −0.63이 됩니다. 참고로 예측값이 실제값을 지나쳐 커지거나 작아지는 경우 오버슈팅(overshooting)이 발생했다고 합니다. 오버슈팅이 발생하지 않도록 임의값의 변경을 작게 조정해보겠습니다.

즉 a=0.3에서 변화량을 줄여 +0.1이 아니라 +0.01로 해보겠습니다.

a=0.31(직전 임의값 0.3+0.01)로 하면, 인치(inch)=0.31*길이(cm)

100을 넣으면 예측값은 0.31×100=31, 실제값 39.37과의 오차가 8.37로 상수 a의 임의값이 0.3인 경우의 오차 9.37보다 좋아진 것을 확인할 수 있습니다.

직전 값에 조금씩 동일하게 변화를 주면서(a=직전값+0.01) 오차를 줄이는 방향으로 이동을 하면 오버슈팅이 발생하기 전 a=0.39가 되고, 다시 조금씩 변화를 주면서 오차를 줄이기 위한 작업(a=직전값(0.39)+0.001)을 계속 반복하게 됩니다. 이렇게 오차를 가장 최소화하는 값을 구하기 위해 반복하는 과정이 인공신경망을 학습시키는 과정입니다.

정리하면, 상수 a값에 임의값을 정하고 실제값과 임의값 a를 통해서 구한 예측값과의 오차를 구한 다음, 오차를 최소화하는 방식으로 시행착오를 거치면서 이런 과정을 여러 번 반복하여 오차값을 조금씩 개선하는 것이 인공신경망 학습의 핵심입니다.

지금까지 배운 것을 기반으로 한 단계 더 나아가보겠습니다. 앞에서 만든 기계는 입력값을 넣으면 출력값이 어떻게 나오는지 예측한다고 볼 수 있습니다. 그래서 예측자(Predictor)라고 합니다. 앞서 만든 기계는 출력으로 숫자를 예측하는 회귀(Regression)였고, 이제 분류(Classification)를 배워보겠습니다.

앞에서 예측값과 실제값을 비교해서 오차를 도출했고 이 오차를 기준으로 상수 a라는 파라미터(Parameter)값을 조정하면서 예측 정확도를 높였죠. 파라미터 a를 기억해주세요.

[그림 06-4] **분류자(classifier)**

빼빼로데이를 맞아 과자를 받았는데 빼빼로인지 새우깡인지 구별하는 분류기를 한 번 만들어봅시다. 길이와 폭은 알고 있습니다. (x=폭, y=길이)

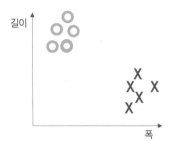

길고 폭이 좁은 건 빼빼로, 짧고 폭이 넓은 건 새우깡이라고 할 때 선을 하나 그려보겠습니다. 단순함을 위해 선형으로만 할게요.

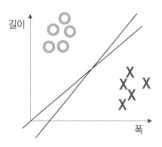

어떤 일이 벌어졌나요? 이전 학습에서는 직선을 통해 인치(inch)라는 숫자를 예측했지만, 이 직선은 빼빼로와 새우깡을 분리하는 역할을 합니다. 즉, 분할선이 됩니다.

이 직선을 y=a*x 선으로 그어 보면, 파라미터 값인 a는 이렇게 보니 우리가 알고 있는 기울기네요. 1차함수를 생각할 수 있을 텐데요. 앞에서 말씀드린 것처럼 최대한 단순하게 하려고 1차함수 y=a* x+b에서 b, 즉 y절편은 생략했습니다.

이제 이 직선을 분류자(Classifier)로 이용할 수 있습니다. 이후 과자를 받았을 때 빼빼로인지

사례 No	폭	길이	구분
1	2	1	새○깡
2	1	5	빼○로

[표 06-2] 데이터 사례(분류)

새우깡인지 분류할 수 있게 됩니다. 처리기, 즉 분류자를 훈련(Train)시켜서 새우깡과 빼빼로를 잘 분리하게 만들려고 합니다. 결국 앞에서 봤던 2개의 그룹을 분리하는 직선의 기울기를 어떻게 결정하는가에 대한 단순한 문제를 풀면 되는데요, 어떻게 하면 될까요? 앞에서 했던 방식대로 해봅시다. [표 06-2]에 데이터 사례를 정리했습니다.

사례 1,2번이 뭐죠? 학습용 훈련 데이터입니다. 이해를 쉽게 하도록 그래프로 그려보겠습니다.

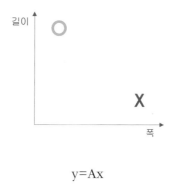

$$y=Ax$$

기울기(상수 A)를 변경하면서 가장 잘 나눌 수 있는 선을 찾아보겠습니다. 먼저 A=0.25로 임의로 설정하고 이 선을 그어 볼게요.

$$y=0.25*x$$

여러분이라면 제일 잘 구분하는 선을 바로 그릴 수 있겠지만, 인공신경망의 동작원리를 학습하는 시간이므로 인공신경망처럼 임의의 숫자에서 시작하겠습니다.

첫 번째 데이터를 대입해보겠습니다(폭: 2, 길이: 1).

$$0.25*x(폭: 2)=0.5(예측값)$$

데이터를 보면 폭=2일 때 길이=1이므로

$$1(길이,실제값)-0.5(예측값)=0.5(오차)$$

0.5 오차가 발생했네요. 그런데 여기서 조금 더 생각해보겠습니다. 새우깡과 빼빼로를 구분하는 것이 목적이므로 '길이=1'인 과자는 새우깡이기 때문에, 이것보다 약간 위쪽에 직선이 지나가야 그 직선 아래 있는 것이 새우깡이라 분류가 잘됩니다. 약간 위쪽에 지나도록 1이 아니라 0.1을 더한 1.1로 조정하고, 1.1은 실제값과는 다르므로 목푯값이라고 정의하겠습니다.

$$목푯값 1.1=길이 1+0.1(조정)$$

지금까지 말씀드린 것을 정리해보겠습니다.

$$입력(input, x)=폭(2)$$
$$목푯값(t)=길이(1)+조정값(0.1)=1.1$$
$$예측값(y)=0.25(A)*1=0.25$$
$$오차(E, Error) = 목푯값(t)-예측값(y)=1.1-0.5=0.6$$

폭=2, 길이=1일 때,

A	Y(예측값)	목푯값(t)	E(오차)
0.25	0.5		
0.25	0.5	1→1.1	0.6

[표 06-3] 데이터 사례 (상수 A, 오차 E)

회귀에서는 임의값에 직접 작은 변화값을 조정하며 조금씩 오차를 줄이는 방향으로 개선했는데, 이번에는 오차(E)를 활용해서 작은 변화를 찾아보겠습니다.

빼빼로와 새우깡을 잘 구분하는 상수 A를 찾기 위해 앞의 '회귀'에서 설명한 것처럼 A에 임의의 값(0.25라는 임의값)으로 시작하여 작은 변화를 주며 오차를 구하고, 오차를 최소화하는 방향으로 여러 번 반복합니다. 따라서 이것을 다음과 같은 수식으로 작성해보겠습니다.

$$\text{목푯값 } t = (A + \triangle A) * x \quad \text{※} \triangle A(\text{델타 } A): \text{작은 변화}$$

앞에서 오차(E) = 목푯값(t) - 예측값(y)이라고 했으므로 다음과 같이 작성할 수 있습니다.

$$
\begin{aligned}
E &= t - y \\
&= (A + \triangle A) * x - A * x \\
&= \triangle A * x
\end{aligned}
$$

폭=2, 길이=1일 때,

오차(E)=0.6, x는 폭=2이므로 다음 수식에 입력하면 작은 변화(△A)를 구할 수 있습니다.

$$\triangle A = E / x = 0.6 / 2.0 = 0.3$$

A에 대해서 조금씩 움직여서 △A값이 구해졌으므로 다음 조정값은 A+△A가 됩니다. 따라서 현재 0.25인 상수 A를 0.3만큼 업데이트 해주면 되겠네요. 업데이트하면 A=0.55가 됩니다.

폭=2, 길이=1일 때, 업데이트된 A=A(임의값, 0.25)+△A(작은 변화, 0.3)로

$$0.55(\text{업데이트된 } A) * 2(\text{폭}) = 1.1(\text{예측값})$$

$$1.1(\text{목푯값}) - 1.1(\text{예측값}) = 0(\text{오차})$$

이렇게 구할 수 있고 정리하면 [표 06-4]와 같습니다.

A	Y(예측값)	목푯값(t)	E(오차)
0.25	0.5		
0.25	0.5	1→1.1	0.6
0.25+0.3=0.55	1.1	1.1	0

[표 06-4] 데이터 사례(업데이트된 상수 A, 오차 E)

업데이트된 상수 A가 두 번째 데이터도 잘 예측하는지 확인해보겠습니다.

폭=1, 길이=5일 때 빼빼로인데요, 폭=5, 길이=1일 때 목푯값(1.1)으로 조정한 것처럼 길이=5일 때는 새우깡은 길이=5보다는 직선이 아래쪽에 있어야 하므로 길이=5보다 0.1 작게 하여 목푯값은 4.9로 조정하겠습니다. 이를 통해 직선 위쪽은 빼빼로이고, 직선 아래쪽은 새우깡으로 구분합니다.

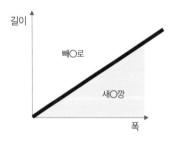

X=1, y=5일 때 계산해보면 오차는 4.35가 나오고 업데이트된 A값은 최종 4.9가 나오게 됩니다. 그럼 오차는 E=4.9-0.55=4.35이고 조금씩 움직여야 하는 △A=E/x=4.35/1=4.35가 되므로 업데이트된 A=0.55+4.35=4.9입니다. 이를 정리하면 [표 06-5]와 같습니다.

A	Y(예측값)	목푯값(t)	E(오차)
0.55	0.55	5→4.9	4.35
0.55+4.35=4.9	4.9	4.9	0

[표 06-5] 데이터 사례(마지막 데이터에 맞춰 업데이트된 상수 A, 오차 E)

오차가 0인 업데이트된 A를 구했지만, 왠지 깔끔해 보이진 않죠? 왜냐하면 마지막 데이터에 맞춰진 업데이트 결과가 나왔기 때문입니다. 이것도 딥러닝에서 중요한 개념으로 최근 데이터의 영향을 줄이고 업데이트를 조금씩 조정하는 방법도 연구했습니다. 여러 번 학습에 기초해 업데이트된 값을 유지하면서 학습된 데이터가 제시하는 방향으로 조금씩 이동하는 것을 목표로 너무 크게 움직이지 않고 조금씩 움직이면서 마지막 데이터에 영향을 덜 받게 하려고 다음과 같이 조정인자 L을 정의했습니다.

$$\triangle A = L*(E/x) \quad \text{※L: 학습률(Learning rate)}$$

조정인자 L을 학습률(Learning Rate)이라고 합니다. 학습률이 적용됐을 때 우리 목표대로 조금씩 이동하는지 확인해볼게요. 학습률(L)을 0.5라고 가정해보겠습니다.

$$\triangle A = L*(E/x) = 0.5*0.6/2.0 = 0.15$$

학습률을 적용한 후 계산해보면 $\triangle A$가 0.15로 최초(학습률이 없던) 0.3보다 적게 조정됨을 알수 있습니다([표 06-6]). 이제 학습률(L)로 다시 학습을 해보겠습니다.

X=2, y=1

A	Y(예측값)	목푯값(t)	E(오차)
0.25	0.5		
0.25	0.5	1.1	0.6
0.25+0.15=0.4	0.8	1.1	

[표 06-6] 데이터 사례(학습률 적용 후 업데이트된 상수 A, 오차 E)

마찬가지로 다음 데이터를 적용해보겠습니다.

X=1, y=5

A	Y(예측값)	목푯값(t)	E(오차)
0.4	0.4	4.9	4.5
0.4+2.25=2.65		4.9	

[표 06-7] 데이터 사례 (학습률 적용 후 업데이트된 상수 A, 오차 E)

학습률을 이용하면 업데이트된 상수(파라미터, Parameter) A값이 2.65로 학습률 적용 전 4.9보다 마지막 데이터에 영향을 덜 받은 더 나은 결과를 가져온 것을 확인할 수 있습니다([표 06-7]). 또한 학습률의 장점은 학습데이터 중에 섞여 있는 불량 데이터로 인한 영향도 최소화할 수 있다는 것입니다.

지금까지 회귀와 분류 각각에 대해서 인공신경망의 학습원리를 배웠고, 학습률까지 다루었습니다. 정리해보면 예측값과의 오차를 구하고 오차를 최소화하는 방식으로 시행착오를 거치면서 파라미터를 업데이트하고 이런 과정을 여러 번 반복해서 오차값을 조금씩 개선하는 것이 인공신경망 학습의 핵심입니다.

 Review

▶ 딥러닝은 "뇌(brain)의 정보처리방식을 모사한 인공신경망과 유사하게 여러 계층(Layer)으로 깊이 있게(Deep) 구성하여 학습을 진행"하는 머신러닝 알고리즘의 하나입니다.

▶ 이번 장에서는 딥러닝의 정의 중 인공신경망의 학습 방법을 살펴봤습니다. 오차를 구하고 이를 최소화하는 방향으로 시행착오를 거치면서 파라미터를 업데이트하고 이런 과정을 여러 번 반복해서 오차값을 조금씩 개선하는 것이 인공신경망 학습의 핵심입니다.

 Q&A

Q 딥러닝에서 학습 중 파라미터를 업데이트할 때 크기를 조정하여 학습결과에 영향을 미치는 인자를 무엇이라고 할까요?

A. 학습률(Learning rate)

2 딥러닝의 동작원리

딥러닝의 정의를 다시 살펴보겠습니다. 딥러닝은 "뇌(brain)의 정보처리방식을 모사한 인공신경망과 유사하게 여러 계층(Layer)으로 깊이 있게(Deep) 구성하여 학습을 진행"하는 머신러닝 알고리즘의 하나입니다. 딥러닝을 잘 이해하기 위해 딥러닝의 정의 중 "뇌(brain)의 정보처리방식을 모사한 인공신경망"에 대해 알아보도록 하겠습니다. 사람의 뇌는 약 1천억 개의 뉴런을 가지고 있다고 하는데요. 컴퓨터 데이터 용량이 페타바이트(Petabyte, 10^{15})를 가질 수 있는 오늘날의 컴퓨터 자원에 비하면 미미한 숫자이지만 그런데도 컴퓨터가 어려워하는 일(예: 강아지인지 건포도가 3개 박힌 머핀인지 구분)을 참 잘 수행합니다.

그 비밀은 무엇일까요? 아직 뇌에 관해 모르는 부분이 많기는 하나, 알려진 뉴런의 동작원리는 다음과 같습니다.

2.1 딥러닝의 기본 개념

학습목표

딥러닝의 기본 개념으로 인공뉴런의 구조와 동작원리, 활성화 함수(Activation Function), 심층신경망(DNN, Deep Neural Network)을 학습합니다.

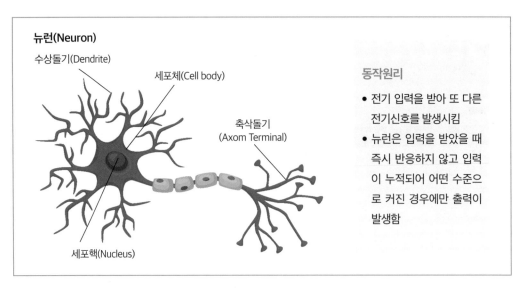

[그림 06-5] 뉴런(Neuron)과 뉴런의 동작방식

그림은 사람의 뉴런을 그린 그림입니다. 첫 번째로 뉴런은 수상돌기, 세포핵, 세포체, 축삭돌기로 구성되는데요, 전기 입력을 받아 또 다른 전기신호를 발생시킵니다. 이는 앞에서 살펴본 인공신경망(분류기, 예측기)이 입력을 받아 어떤 처리를 통해 결과를 출력하는 것과 유사해 보이죠.

두 번째로 뉴런은 입력을 받았을 때 즉시 반응하지 않고 입력이 누적되어 어떤 수준으로 커진 경우에만 출력이 발생합니다. 즉, 어떤 수준에 도달해야 전기신호를 발생시킵니다. 이를 분계점(Threshold, 한곗값)이라고 하는데요. 분계점이 되어야 출력이 발생한다는 의미는 비유하면 물을 가열해도 계속 물을 유지하지만 어느 온도 이상이 되면 더는 물이 아니라 수증기로 변하죠. 이 온도를 분계점이라고 생각하면 됩니다. 뉴런도 전기신호를 입력받아 이것이 분계점 이상이 되어야 전기신호를 출력하고 이때 활성화(Activation)됐다고 합니다.

뉴런이 하는 이 활성화에 대해 기계가 흉내 내게 하도록 활성화에 '함수'를 붙여 활성화 함수라고 정의합니다. 앞에서도 기계는 숫자를 참 잘 다룬다고 이야기했지요. 그래서 숫자, 수식을 통해서 기계가 지능을 흉내 낼 수 있도록 알려주는 것입니다. 앞으로 함수나 알고리즘이란 말이 나오면 이와 유사하게 생각하면 됩니다.

정리하면 입력신호를 받아 누적된 입력이 분계점을 넘어설 때 출력신호를 생성하는 함수를 활성화 함수라고 합니다. [그림 06-6]은 활성화 함수 중 가장 단순한 형태인 계단 함수(step function)를 나타낸 것입니다.

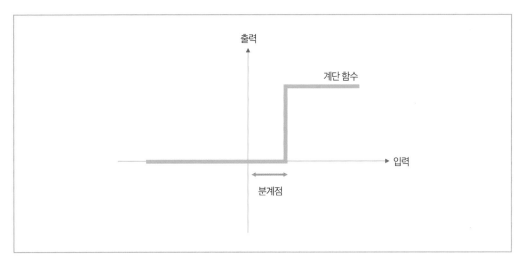

[그림 06-6] **활성화 함수(Activation Function)**

이해하기 쉽도록 계단 함수를 보여드렸는데요, 실제는 수학적으로 다양한 활성화 함수가 존재합니다. 활성화 함수는 관련 파트에서 좀 더 상세히 설명하겠지만, AICE Basic 레벨에서는 복잡한 수식을 보여드리며 각 함수를 설명하기보다는 딥러닝의 기본 동작원리 중심으로 설명하는 것이니 활성화 함수가 등장한 이유와 그 정의에 더 집중하면 좋겠습니다.

지금까지 뉴런 하나에 대해서 설명했는데요. 실제 사람의 뇌는 여러 개의 뉴런으로 구성(약 1천억 개)되어 있습니다. 각각의 뉴런은 1개가 아니라 여러 개의 뉴런으로부터 입력을 받고, 각각의 뉴런은 활성화될 때 1개가 아니라 여러 개의 뉴런으로 신호를 전달합니다. 앞서 딥러닝의 정의에서 "여러 계층으로 깊이 있게(Deep) 구성"한다고 했는데, 뇌 구조를 도식화한 [그림 06-7]과 같다는 것을 알 수 있습니다.

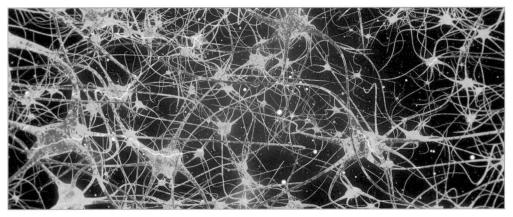

[그림 06-7] **뉴런, 뇌 구조**

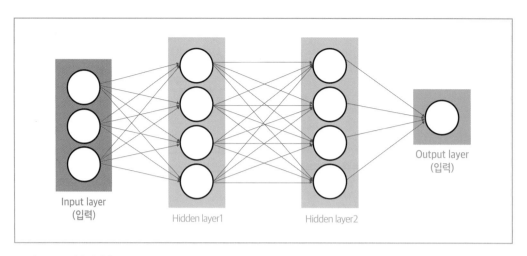

[그림 06-8] **심층신경망 DNN(Deep Neural Network)**

이러한 생물학적 뉴런을 인공적으로 모델화한 것이 인공신경망인데요. [그림 06-8]에서 동 그란 것이 뉴런이고, 각 뉴런을 계층(Layer)에 위치시키고 각 계층 간 뉴런들은 서로 입력과 출력으로 연결되어 있습니다. 계층에 있는 동그란 뉴런을 노드(Node)라고 부릅니다. 그리고 계층의 종류에는 입력계층(Input layer), 출력계층(Output layer), 은닉계층(Hidden layer)이 있 습니다. 인공신경망은 각각 한 개의 입력계층, 출력계층, 은닉계층으로 이뤄진 형태입니다. 각각의 노드는 직전 계층과 직후 계층에 있는 모든 노드와 상호 연결되어 있습니다. 이를 FC 레이어(Fully Connected Layer)라고 표현하기도 합니다. 심층신경망(Deep Neural Network, 이하 DNN)은 입력계층과 출력계층 사이에 은닉계층을 2개 이상 가지고 학습하는 인공신경망입니 다. DNN의 구조는 [그림 06-8]과 같습니다.

인공신경망에서 학습데이터를 통해 학습을 진행하게 되는데요, 이때 무엇을 조정해야 하는 걸까요? '인공신경망처럼 생각하기'에서 배운 대로, 학습 시 y=a*x에서 a에 임의값을 정하 고 출력값과 정답값을 비교하며 오차를 최소화하기 위해 임의의 값을 조금씩 조정하는 것을 반복하는 것처럼 각 레이어 사이에는 조정해야 할 어떤 파라미터가 존재하며 이를 가중치 (Weight)라고 합니다.

[그림 06-9] DNN의 그림에서 w라고 하는 가중치를 표현했는데, 각각 이전/직후 Layer의 노드에 모두 연결되어 있고 가중치를 가지나 모든 동일한 가중치를 갖지는 않습니다. 각 가 중치는 각 노드 간의 연결 강도를 조정해야 하는데, 낮은 가중치는 신호를 약화하고 높은 가

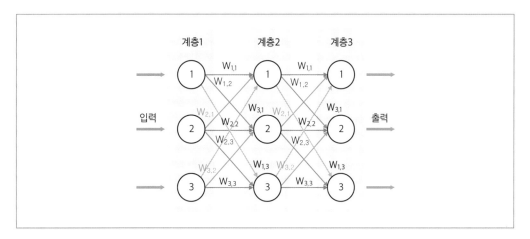

[그림 06-9] **심층신경망(DNN) 가중치(Weight)**

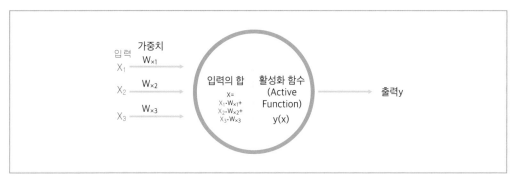

[그림 06-10] **인공 뉴런 구조**

중치는 신호를 강화합니다. 결국 정답에 가깝게 하기 위해, 즉 오차를 줄이기 위해 가중치의 크기를 조정하는 것이 딥러닝의 학습 과정입니다.

이제 종합하여 하나의 인공 뉴런 구조를 확인해보겠습니다. 먼저 이전 노드의 입력이 가중치와 함께 들어오게 되고 이 입력들이 누적되어 활성화 함수의 분계점을 넘어서면 다음 노드로 전달하기 위해 출력됩니다. 이를 도식화하면 [그림 06-10]과 같습니다.

'AI 이해'에서 입력을 피처(feature), 출력을 라벨(label)이라고 표현했는데요. 결국 딥러닝은 중요한 피처(Feature)에 가중치(Weight)를 부여하여 학습합니다.

※ [참조] 01. AI 이해 〉 02. AI, 조금 더 알아볼까? 체크 포인트 참조(용어 설명)

분석의 기반이 되는 데이터	예측하고자 하는 목적 데이터
문제	정답, 결과
입력, Input	출력, Output
특성, 특징, 피처, Feature	라벨, Label
엑스, X	와이, Y
독립변수, 설명변수, 예측변수, 조작변수	종속변수, 목적변수, 타깃(Target)변수, 반응변수, 결과변수

 Review

▶ 이번 장에서는 뇌의 정보처리와 비교하여 인공신경망의 동작 원리를 확인했습니다.

▶ 하나의 인공뉴런(=노드)은 입력으로 이전 노드의 결과에 가중치가 함께 들어오게 되고 이 입력들이 누적되어 활성화 함수의 분계점을 넘어서게 되면 출력되어 다음 노드로 전달됩니다.

 Q&A

Q 인간의 뉴런은 입력을 받았을 때 즉시 반응하지 않고 입력이 누적되어 커진 경우에만 반응하는 것처럼 딥러닝에서는 어떤 함수의 분계점을 넘어서야 다음 인공 뉴런(=노드)으로 출력이 됩니다. 이를 무엇이라고 하나요?

A. 활성화 함수

2.2 딥러닝의 학습 방법

 학습목표

딥러닝의 학습 방법 원리를 이해하고, 구체적으로 역전파(Back Propagation), 손실 함수(Loss Function), 가중치 업데이트, 활성화 함수를 학습합니다.

딥러닝 학습 방법은 "딥러닝 모델의 파라미터(weight, bias)를 무작위로 부여한 후, 반복 학습을 통해 모델의 출력값을 정답과 일치하도록 파라미터를 조금씩 조정"하는 것입니다. y=wx+b라는 간단한 수식을 기준으로 파라미터인 w는 가중치(weight), b는 bias라고 부릅니다. 그리고 반복 학습을 통해 출력값이 정답과 일치하도록 조금씩 조정한다는 것도 배웠습니다. 구체적으로 역전파(Back Propagation), 경사하강법(Gradient Descent)을 사용하는데, 이에 대해 알아보겠습니다.

1) 역전파(Back Propagation)

역전파의 정의는 "실제값과 모델 결괏값에서 오차를 구하여 오차를 Output에서 Input 방향으로 보내는 것"입니다. 가중치를 조정하면서 모델의 성능을 높이기 위해 딥러닝은 역전파를 사용합니다.

딥러닝 학습은 손실/에러(Loss/Error)를 최소화하는 인공신경망의 가중치와 편향(bias)을 찾는 과정입니다. 이를 위해 순전파(Forward Propagation)*와 오차 역전파(Error Back Propagation)의 반복으로 진행됩니다. 순전파는 신경망(Neural Network)의 입력계층부터 출력

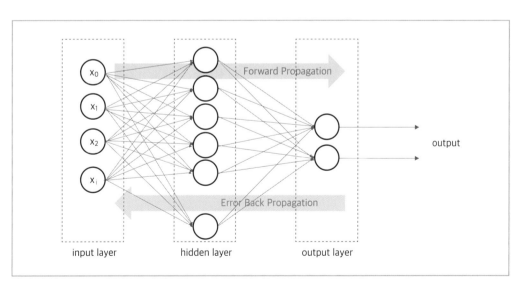

[그림 06-11] **역전파(Back Propagation)**

* 신경망(Neural Network) 모델의 입력계층부터 출력계층까지 순서대로 가중치와 조합하여 앞쪽으로 전달하는 방식.

계층까지 가면서 예측값이 나오게 되며, 이 예측값과 정답과의 차이를 손실 함수를 통해 구하게 됩니다.

한편, 손실 함수의 오차를 줄이기 위해 역전파를 수행하게 됩니다. 역전파는 결괏값을 통해서 역으로 Input 방향으로 오차를 다시 보내며 가중치를 재업데이트하는 것입니다. 가중치는 입력신호가 출력에 미치는 중요도로 오차를 줄일 때도 모두 사용합니다.

2) 손실 함수(Loss Function)

손실 함수는 신경망 학습의 목적 함수로 출력값(예측값)과 정답(실제값)의 차이를 계산합니다. 목적 함수는 최소화/최대화하고 싶어 하는 함수를 의미하며, 최소화한 함수를 비용 함수(Cost function), 손실 함수(Loss function) 또는 오류 함수(Error function)라고 합니다.

첫 번째 후보의 경우, 오차 함수는 (예측값-실제 값)입니다. 그러나 양의 오차와 음의 오차가 서로 상쇄되어 오차의 합이 0으로 나왔습니다. 이는 이 방식이 오차를 구하는 합리적인 방법이 아니라는 사실을 의미합니다.

두 번째 후보의 경우에는 첫 번째 문제점을 없애기 위해 절댓값(Absolute value), |예측값-실제값|을 취합니다. 이렇게 하면 오차 간에 상쇄되는 일은 없으므로 제대로 동작하지만 오차 함수의 형태가 V자이므로 오차값이 작아도 기울기는 일정해 최저점에 접근하지 못하고 그 주위를 계속 맴도는 경우가 생길 수 있습니다. V자 형태의 계곡에 빠지게 되면 최저점에 가지 못하고 그 주위를 계속 맴돌게 될 수 있습니다.

실제값	예측값	오차 (예측값-실제값)	오차 |예측값-실제값|	오차 (예측값-실제값)^2
0.7	1.0	0.3	0.3	0.09
0.5	0.8	-0.3	0.3	0.09
0.1	0.1	0	0	0
합		0	0.6	0.18

[표 06-8] 오차 함수 비교

세 번째 후보는 제곱오차(Squared error), (예측값–실제 값)² 방식이라고 합니다. 이 방식은 두 번째 방식보다 선호되며 많이 사용됩니다. 그 이유는 경사하강법의 기울기를 구하는 방식이 간단하기 때문입니다. 오차 함수가 부드럽고 연속적이므로 경사하강법(Gradient Descent, GD)이 잘 동작하게 되고 갑자기 값이 상승하거나 빈틈이 존재하지 않게 됩니다. 즉, 제곱오차를 적용하는 경우 오차 함수의 형태가 부드럽고 연속적이라 오차가 줄어들수록 기울기도 작아져 최저점에 잘 도달할 수 있습니다. 따라서 최저점에 접근함에 따라 경사가 점점 작아지므로 목표물을 오버슈팅할 가능성이 작아집니다.

3) 가중치 업데이트

경사하강법은 신경망이 가중치 파라미터들을 최적화하는 방법으로 "손실 함수의 현 가중치에서 기울기(Gradient)를 구해서 Loss를 줄이는 방향으로 업데이트" 합니다. 한 가지 주의해야 할 점은 x의 증가량과 감소량을 잘 조정해야 한다는 것입니다. 너무 크면 최저점을 단숨에 지나치며(오버슈팅, overshooting) 영원히 최저점에 도달하지 못하고 양쪽을 왔다 갔다 하는 결과가 나오기 때문입니다.

최저점에 가까워질수록 기울기는 완만해진다는 것을 가정하고 기울기가 완만해질수록 x값의 증가량이나 감소량을 줄이는 방식을 사용한다면 좀 더 정확한 최저점을 찾을 수 있을 것입니다.

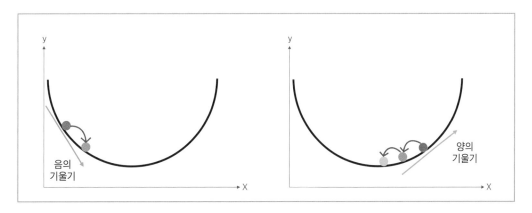

[그림 06-12] **경사하강법(Gradient Descent)**

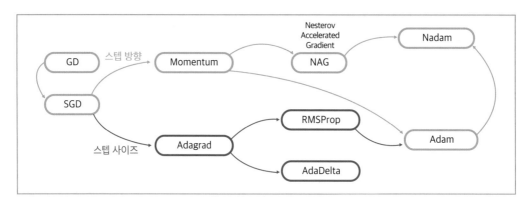

[그림 06-13] **최적화 알고리즘 (Optimization Algorithm)**

딥러닝에는 다음과 같이 여러 다양한 최적화 함수가 있습니다. 그 중 경사하강법은 함수 기울기의 최저점을 찾는 최적화 함수 중 하나입니다. 하지만 경사하강법은 데이터가 100만 건 있다면 100만 건을 모두 학습하고 나서 한 번 가중치 업데이트를 하여 학습시간이 오래 걸린다는 단점이 있습니다. 그래서 경사하강법은 스텝(Step)의 방향과 스텝의 사이즈(Size)를 기반으로 여러 다양한 함수로 발전하게 됩니다. 이런 함수 중 Adam(Adaptive Moment Estimation)은 스텝 방향과 스텝 사이즈의 장점만을 결합한 최적화 함수로 많이 사용합니다.

4) 활성화 함수(Activation Function)

앞에서 뉴런은 입력을 받았을 때 즉시 반응하지 않고 입력이 누적되어 어떤 수준으로 커진 경우에만 출력이 발생합니다. 이처럼 입력신호를 받아 특정 분계점을 넘어설 때 출력신호를 생성해주는 함수를 활성화 함수라고 합니다.

쉽게 사람의 뇌가 하면 활성화, 이를 기계가 알 수 있도록 수학적으로 알려주는 것이 함수 또는 알고리즘을 붙인 활성화 함수입니다. 다양한 활성화 함수가 존재하는데, 현재 가장 인기 있는 함수는 ReLU(렐루, Rectified Linear Unit) 함수입니다. 또한 소프트맥스(Softmax)라는 함수가 있는데 출력계층에서 사용하는 함수로 두 개 이상의 다중 클래스(Class)로 분류 (Classification)하는 경우에 사용하는 함수입니다. 한편, 시그모이드 함수(Sigmoid function)는 이진분류에 사용하고, 소프트맥스 함수는 주로 다중분류에 사용되나 이진분류에서도 사용할 수 있습니다.

Binary Step		$f(x) = \begin{cases} 0 & for\ x < 0 \\ 1 & for\ x \geq 0 \end{cases}$
Logistic, sigmoid, or soft step		$f(x) = \sigma(x) = \dfrac{1}{1 + e^{-x}}$
Hyperbolic tangent (tanh)		$f(x) = \tanh(x) = \dfrac{(e^x - e^{-x})}{(e^x + e^{-x})}$
Rectified linear unit (ReLU)		$f(x) = \begin{cases} 0 & for\ x \leq 0 \\ x & for\ x > 0 \end{cases} = max\{0, x\}$
softmax		$f(\vec{z})_i = \dfrac{e^{z_i}}{\sum_{k=1}^{K} e^{z_k}} \quad for\ i = 1, ..., K$

[그림 06-14] **활성화 함수(Activation Function)**

Review

▶ 딥러닝 학습 방법은 "딥러닝 모델의 파라미터(weight, bias)를 무작위로 부여한 후, 반복학습을 통해 모델의 출력값을 정답과 일치하도록 파라미터를 조금씩 조정"하는 것입니다.

▶ 딥러닝은 가중치를 조정하면서 정답과 일치하게 하려고 역전파를 사용하며, 역전파는 결괏값을 통해서 역으로 Input 방향으로 오차를 다시 보내며 가중치를 재업데이트하는 것입니다.

▶ 손실 함수는 출력값(예측값)과 정답(실제값)의 차이를 최소화하기 위한 함수로 여러 오차 함수 중 제곱오차(Squared error) 방식이 주로 이용됩니다.

▶ 경사하강법은 신경망이 가중치 파라미터들을 최적화하는 방법으로 "손실 함수의 현 가중치에서 기울기(Gradient)를 구해서 Loss를 줄이는 방향으로 업데이트"합니다.

Q&A

Q 활성화 함수의 하나이며 출력계층에서 사용하는 함수이고 두 개 이상의 다중 클래스로 분류하는 경우에 사용되는 함수를 무엇이라고 할까요?

A. 소프트맥스

ARTIFICIAL INTELLIGENCE

3 딥러닝 주요 알고리즘

학습목표

주요 딥러닝 알고리즘 ① DNN(심층신경망, Deep Neural Network), ② CNN(합성곱신경망, Convolutional Neural Network), ③ RNN(순환신경망, Recurrent Neural Network) 개념을 살펴봅니다.

딥러닝을 다룰 때 자주 나오는 대표적인 딥러닝 알고리즘 3가지 DNN, CNN, RNN을 간략하게 용어 중심으로 살펴보겠습니다.

3.1 DNN(심층신경망, Deep Neural Network)

앞에서도 보셨던 딥러닝의 기본 모델입니다. 각각의 뉴런은 직전 계층과 직후 계층에 있는 모든 뉴런과 상호 연결되어 있습니다. 이를 FC레이어(Fully Connected Layer)라고 표현하기도 합니다.

DNN은 입력계층과 출력계층 사이에 여러 개의 은닉계층을 가진 인공신경망(Artificial Neural Network, ANN)입니다. 다음의 그림은 1개의 입력계층, 3개의 은닉계층, 1개의 출력계층으로

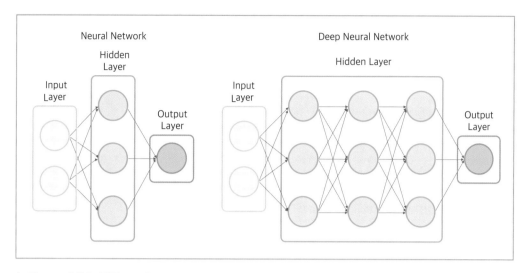

[그림 06-15] **심층신경망 DNN(Deep Neural Network)**

구성되어 있습니다.

3.2 CNN(합성곱신경망, Convolutional Neural Network)

이미지 분류 시, 대부분 CNN 모델을 사용하고 있으며 매우 우수한 성능을 보여주고 있습니다. 이미지를 DNN으로 처리하는 경우 정보가 소실되는 문제가 있고 이미지 사이즈가 커지면 비례해서 학습할 가중치가 증가하는 문제점이 있습니다. 이러한 문제를 해결하기 위해 CNN이 등장했습니다. CNN은 이미지의 특징을 추출하는 부분과 클래스를 분류하는 부분으로 구성되어 있고 클래스를 분류하는 부분에서는 DNN(FC레이어, fully-connected layer)을 사용하고 특징을 분류하는 부분에서 Convolution Layer와 Pooling Layer를 여러 겹 쌓는 형태로 구성됩니다.

간단하게 Convolution Layer와 Pooling Layer를 설명할게요.
이미지 특징을 분석하기 위해서는 픽셀 단위가 아닌 픽셀들이 이루는 상관성(패턴) 분석이 필요합니다. 이미지와 같은 행렬의 지역 상관성을 분석하는 데 적합한 컨볼루션 필터(Convolutional Filter)가 유용한 분석 도구가 될 수 있습니다. 컨볼루션 필터는 가중치 필터로

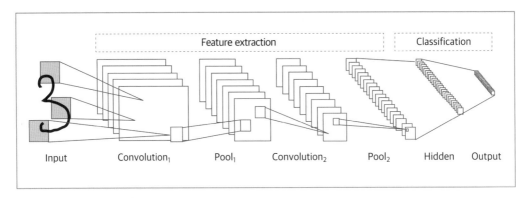

[그림 06-16] 합성곱신경망 CNN(Convolutional Neural Network)

학습되며 이미지 특징과 패턴을 찾아내 이미지 분류가 가능하게 됩니다.

Pooling Layer는 계산량, 메모리 사용량, 파라미터 수를 줄이기 위해 Pooling Layer을 통해 입력 이미지의 Sub sample(축소본)을 만드는 것입니다. 출력 데이터의 크기를 줄이거나 특정 데이터를 강조하는 용도로 사용하게 됩니다.

3.3 RNN(순환신경망, Recurrent Neural Network)

이번에 배워볼 내용은 순환신경망 (Recurrent Neural Network, 이하 RNN) 모델입니다.

RNN은 입력과 출력을 시퀀스(Sequence) 단위로 처리하는 모델입니다. 시퀀스의 의미는 순서가 있는 리스트라고 보면 됩니다. 시퀀스가 있는 데이터는 음성, 언어 문장 등이며, 이러한 시퀀스 데이터의 패턴을 인식하고 예측할 수 있는 모델이 바로 RNN입니다.

신경망들은 전부 은닉계층에서 활성화 함수를 지닌 값으로 오직 출력계층 방향으로만 향해 있습니다. 이와 같은 신경망들을 피드 포워드 신경망(Feed Forward Neural Network)이라고 합니다.

하지만 RNN은 은닉계층의 노드에서 활성화 함수를 통해 나온 결괏값을 출력계층 방향으로도 보내면서, 다시 은닉계층 노드의 다음 계산의 입력으로 보내는 특징을 갖고 있습니다.

RNN은 자연어 처리나 시계열 모델을 만들 때 사용되는데요, RNN이 가지고 있는 단점을 보완한 것으로 LSTM(Long Short-Term Memory), Transformer, GPT(Generative Pre-trained Transformer), BERT(Bidirectional Encoder Representation by Transformer)가 있습니다.

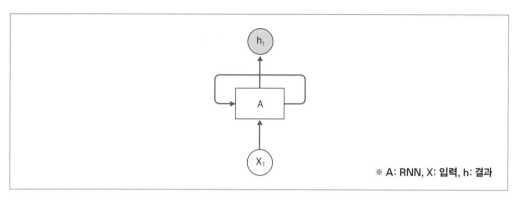

[그림 06-17] **순환신경망 RNN(Recurrent Neural Network)**

 Review

▶ 대표적인 딥러닝 알고리즘 ① DNN(심층신경망, Deep Neural Network), ② CNN(합성곱신경망, Convolutional Neural Network), ③ RNN(순환신경망, Recurrent Neural Network)을 간략히 살펴보았습니다.

▶ CNN은 얼굴인식, 영상인식뿐만 아니라 텍스트 분류에, RNN은 번역, 텍스트 분류 등에 주요하게 사용되며 이 외에도 다양한 알고리즘이 있습니다.

 Q&A

Q 딥러닝 알고리즘의 하나로 특히 이미지와 비디오 처리에 좋은 성능을 갖는 것은 무엇입니까?

A. CNN(합성곱신경망)

* 참고사이트 _ taewan.kim/post/cnn/

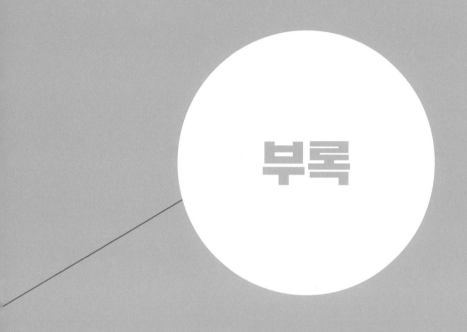

부록

AI Certificate  **for Everyone**

01
코딩이 필요 없는
AIDU ez 활용법

1 환경 구성 및 데이터 가져오기

1.1 환경 구성

1) 포털 접속

코딩이 필요 없는 AI 모델링 실습을 위해 AICE 플랫폼에 접속해보겠습니다([그림 01]). 크롬 브라우저에서 https: //aice.study에 접속합니다. 기존 회원의 경우 가입한 ID/PW를 활용하

[그림 01] AICE 포털 메인(https: //aice.study)

여 로그인하고, 신규회원의 경우 회원가입을 먼저 진행한 후 로그인합니다. 회원 정책에 따라 사용 가능한 권한이 상이할 수 있음을 미리 참고해주기 바랍니다.

2) AIDU > 나의 프로젝트 접속

로그인 후, AI 실습 플랫폼 'AIDU'에 접속하면 됩니다. AIDU는 'AI do, I do + Education'의 합성어로 웹 기반으로 별도의 설치 없이 사용자에게 편리한 AI 실습환경을 제공합니다. AIDU 기능은 '나의 프로젝트'에서 실행 가능하며, 기본정보, 프로젝트 멤버, 데이터 관리, 소스 Viewer, 분석 IDE, 모델학습으로 구성되어 있으며 상세 기능은 다음과 같습니다([그림 02]).

[기본정보] 프로젝트 내 사용 중인 자원(Resource) 현황 등을 확인할 수 있습니다.

[그림 02] **나의 프로젝트 접속 화면**

[프로젝트 멤버] 프로젝트 내 참여하고 있는 멤버를 확인하고 추가할 수 있으며, 프로젝트 멤버로 등록되면 서로 데이터와 소스코드를 공유할 수 있습니다([그림 03]).

[그림 03] **프로젝트 멤버 화면**

[데이터 관리] 데이터를 프로젝트에 가져올 수 있으며, 올려둔 데이터는 프로젝트 멤버 간 공유가 가능합니다([그림 04]).

[그림 04] **데이터 관리 화면**

▶ 데이터 카탈로그: AIDU 서버 내 프로젝트 사용자가 접근 가능한 데이터 저장 공간.

▶ PC<->AICE 한글 변환: 한글의 경우, 영어랑 다르게 인코딩 방식이 다양함. 이로 인해 서로 다른 인코딩 방식으로 작성된 파일의 경우 깨짐 현상이 발생하는데, 이를 해결하기 위한 변환 기능. UTF-8 인코딩과 EUC-KR 인코딩 방식의 상호 변경 기능.

▶ 업로드: 데이터를 사용하기 위해 AIDU 서버 내 데이터 저장공간에 Local 데이터를 업로드하는 기능.

▶ 새로고침: 데이터 저장 공간을 다시 조회하여 최신 조회 목록을 받아오는 기능.

▶ 새폴더: 프로젝트 참여자 간 효율적인 데이터 저장공간 활용을 위하여 폴더를 새로 생성하는 기능.

▶ 삭제: 불필요한 데이터를 저장공간에서 삭제하는 기능.

[소스 Viewer] 프로젝트 맵버별 작업공간과 소스 조회가 가능합니다([그림 05]).

[그림 05] **소스Viewer 화면**

[분석 IDE] 데이터 분석과 AI 모델링을 구현할 작업환경 구성이 가능합니다.

- IDE란?: 통합개발환경(Integrated Development Environment)의 약자로 개발자들을 위한 여러 기능을 하나의 그래픽 인터페이스로 묶어서 제공해주는 통합 개발환경을 의미합니다. 주로 코드 작성을 위한 텍스트 에디터, 작성한 코드를 빌드하기 위한 빌더, 이러한 코드의 에러를 체크해주는 디버거나 추가 기능을 제공하는 플러그인으로 구성되어 있습니다.

IDE 실행〉AIDU ez를 열면 코딩이 필요 없는 클릭 기반의 데이터 분석과 AI 모델을 개발할 수 있는 작업환경이 구성됩니다. 아울러 IDE 상세실행을 누르면, 조금 더 상세한 IDE 설정이 가능하며, 특히 AIDU에서는 코딩이 필요 없는 클릭 기반 AIDU ez 도구뿐 아니라 코딩 기반 Jupyter Lab을 제공하고 있어 사용자 니즈와 수준에 따라 선택 가능합니다([그림 06]).

Jupyter lab
코딩 기반의 데이터 분석 및 AI 모델 개발
제공 언어: Python, R

AIDU ez
코딩 없는 클릭 기반의 데이터 분석 및 AI 모델 개발
실무 활용도가 높은 AI 분석 모델 제공

[그림 06] **AIDU에서 선택 가능한 AI 개발 도구**

[그림 07] **파이썬을 활용한 소스코드 기반 Jupyter Lab 상세설정 화면**

[그림 08] **코딩이 필요 없는 클릭 기반의 AIDU ez 상세설정 화면**

3)AIDU ez 실행

앞서 '나의 프로젝트〉분석 IDE〉AIDU ez 빠른 생성 또는 IDE 상세실행'을 통한 상세설정을 마친 후 AIDU ez IDE 실행하기를 누르면, 코딩이 필요 없는 AIDU ez가 실행됩니다. Cloud 자원을 가져와서 웹 기반으로 편리하게 AI 분석과 개발을 할 수 있게 하는 도구입니다.

> **IDE를 사용할 때 유의사항 1: 팝업 차단 확인**
>
> IDE 환경은 '팝업'으로 창이 열립니다. 창이 뜨지 않는 경우 URL 창에서 해당 사이트가 팝업 차단이 되어 있는지 확인하면 됩니다.
>
> ● **AICE플랫폼 팝업차단 해제 방법**
>
> [URL 창] 팝업차단 해제된 경고 아이콘(red) 클릭 > 팝업차단 해제 클릭
>
> [상세설정] 보안과 개인정보 보호 > 사이트 설정 > 팝업과 리디렉션 > 팝업 전송이 허용된 사이트에
>
> https: //aice.study 추가

IDE를 사용할 때 유의사항 2: 회원 권한에 따른 IDE 사용시간 제한

웹 기반으로 클라우드에서 가상의 CPU를 제공하는 것과 같은 효과로 IDE(Jupyter나 AIDU ez)를 사용하게 되며, AICE 플랫폼은 한정된 자원으로 운영되고 있습니다.

자원의 사용 효율화를 위해 일반 회원의 경우 8시간 사용할 수 있으며, 사용하지 않는 자원은 자동반납되니 작업에 참고하면 됩니다. IDE 자원 반납 시 작업 내용은 임시 저장되며, 다음날 켜면 해당 내용이 저장된 것을 확인할 수 있습니다.

※ 자원할당 정책은 추후 변경될 수 있음 (작성일 기준: 2022년 12월)

IDE를 열기 위한 모든 설정이 끝났습니다. [그림 09]과 같이 이제 팝업으로 뜨는 AIDU ez 창을 확인할 수 있습니다.

[그림 09] **AIDU ez 실행 화면**

1.2 데이터 가져오기

IDE 실행이 완료됐다면 데이터를 가져와서 AI 분석과 모델링 실습환경을 마무리하겠습니다. 데이터를 가져오는 방법은 1) AIDU에서 가져오기 2) PC에서 가져오기가 있습니다.

1) AIDU에서 가져오기

프로젝트 오너 또는 사용자가 미리 프로젝트에 데이터를 업로드한 후, AIDU ez 창에서 데이터를 가져오는 방식입니다.

프로젝트 오너 또는 사용자가 미리 IDE에 데이터 추가

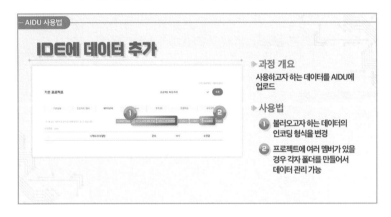

EZ를 실행한 후, 데이터를 가져와서 작업환경에 세팅

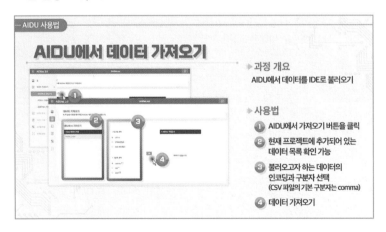

2) PC에서 데이터 가져오기

PC에서 데이터를 IDE로 직접 가져오는 것도 가능합니다. '나의 프로젝트 > 데이터 관리'에서 직접 업로드하면 프로젝트 멤버가 모두 볼 수 있지만, 나의 IDE 환경 안에서만 해당 데이터를 구동하고 싶다면, IDE를 띄운 상태에서 PC에서 데이터 가져오기를 하면 됩니다.

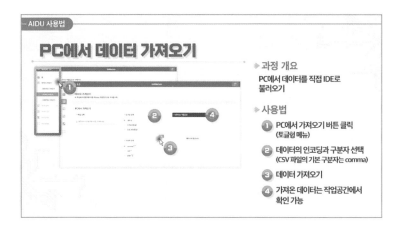

2

A R T I F I C I A L   I N T E L L I G E N C E

데이터 분석

2.1 기초 정보 분석

1) 데이터 정보

구분	상세구분	항목	설명
전체	데이터 정보	Number of Variables	변수(칼럼) 수
		Number of observations	행 수
		Missing Cells	결측치(총개수값)
		Messing Cells (%)	결측치 비중
		Duplicated rows	중복값
		Duplicated rows(%)	중복값 비중
	유형	Numeric	수치형
		Object	문자형 / 복합형
		Category	범주형
		Datetime	날짜형
		Timedeltas	시간형
칼럼별	기술 통계	Size	데이터 행 개수
		Distinct	서로 구분되는 값
		Missing	결측치
		Minimum	최솟값(가장 작은 값)
		maximum	최댓값(가장 큰 값)

		Zeros	값이 0인 행 개수
칼럼별	기술 통계	Mean	평균
		Median	중앙값
		Sum	합계
		Skewness	왜도
	분위수	Min	해당 칼럼에 있는 최솟값
		5-th per.	분포에서 상위 5% 값
		Q1	1분위 값(0~25%)
		Median	중앙값
		Q3	3분위 값(50~75%)
		95-th per.	분포에서 상위 95% 값
		max	해당 칼럼에 있는 최댓값
	최빈값	Value	값
		Count	해당 값의 개수
		Count(%)	해당 값이 차지하는 비율

2) AIDU ez에서 기초 정보 분석 사용하기

기초 정보를 확인할 변수(칼럼) 선택

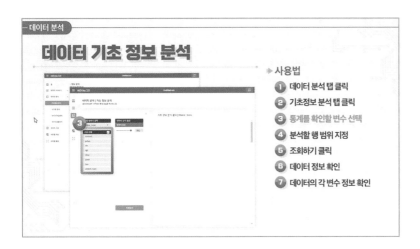

분석할 행 범위 지정

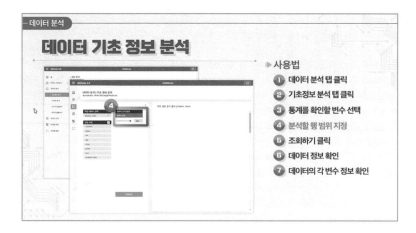

조회하기 클릭

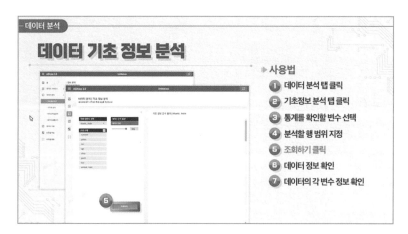

데이터 정보 확인

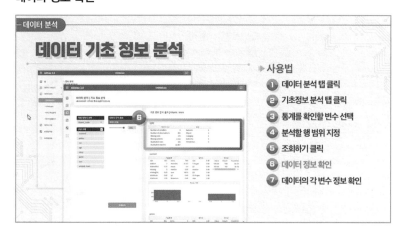

데이터의 각 변수 정보 확인

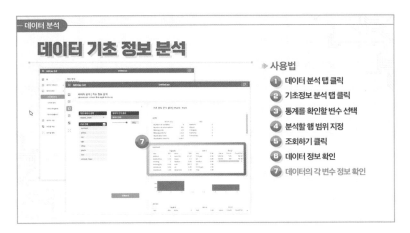

2.2 시각화 분석

1) 시각화 방법

그래프명	영문명	설명
산점도	Scatter Plot	두 수치형 데이터 사이의 관계를 보여주는 시각화 기법. 좌표평면 상의 점으로 두 수치형 데이터의 위치를 표시함으로써 상관관계 표현
히트맵	Heatmap	두 수치형 데이터 사이의 관계를 보여주는 시각화 기법. 색상을 활용하여 두 데이터 간의 상관관계 표현
박스차트	Boxplot	수치형 데이터의 통계정보를 기반으로 그 분포를 박스 모양으로 나타낸 시각화 기법, 데이터의 분포와 이상치 등 통계적 특성을 한눈에 파악 가능
분포차트	Distribution Chart	밀도 함수는 수치형 변수의 분포를 시각화하는 대표 방법. 예) 타이태닉호에 탑승한 승객들의 나이 분포가 궁금할 때, 고객들의 평균 지출액이 궁금할 때 등 다양한 수치형 데이터에 사용할 수 있는 범용성 있는 분석 방법
워드 클라우드	Word Cloud	텍스트 데이터의 단어 분포 확인

2) AIDU ez에서 시각화 사용하기

[산점도] X축과 Y축 칼럼 간에 어느 정도 상관관계가 있는지 보여주며 그래프가 직선에 가까울수록 서로 상관관계가 높습니다. 이러한 분석을 통해 변수 간에 어떤 관계가 있는지 알 수 있습니다. 산점도 그래프의 사용 방법은 [그림 12]와 같습니다. 가장 먼저 시각화 분석 탭에

서 산점도 그래프를 선택한 다음 산점도를 선택할 각 변수들과 Hue 칼럼을 선택해줍니다. 그 후 데이터 범위를 클릭하여 조회하기를 선택하면 우측 화면에서 각 산점도 그래프 결과를 확인할 수 있습니다.

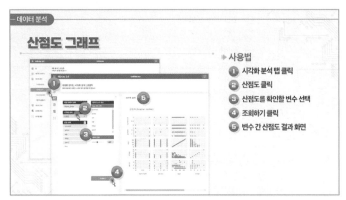

[그림 12] AIDU ez > 데이터 분석 > 시각화 > 산점도 설정 방법

[히트맵] 다음은 히트맵 분석입니다. 히트맵 그래프는 데이터 간의 상관관계를 색을 이용해서 표시합니다. 가장 강한 양의 상관관계를 가장 짙은 빨강으로, 반대는 가장 짙은 파랑으로 설정한 후 그러데이션 색으로 상관관계를 표시해줍니다. 사용 방법은 산점도 그래프와 유사합니다. 확인할 변수를 선택해주고, 조회하기를 클릭하면 히트맵 결과 확인이 가능합니다([그림 13]).

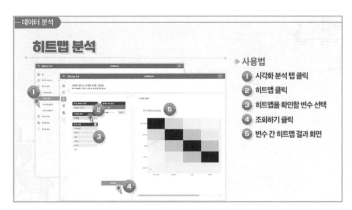

[그림 13] AIDU ez > 데이터 분석 > 시각화 > 히트맵 설정 방법

[박스차트] 박스차트는 각 데이터의 양이 많아 눈으로 확인하기 어려울 때 사용합니다. 데이터의 중앙값이 어느 정도인지, 데이터의 이상치 값이 얼마인지 바로 확인 가능합니다. 장표에 보이는 점으로 표시된 값들은 이상치 데이터를 나타냅니다.

박스차트의 사용법은 우선 X축으로 사용할 변수를 선택하고, Y축, 즉 이상치, 중앙값 등을 확인할 데이터를 선택합니다. 그 후 어떤 값을 분석할지 Hue를 선택하고 조회하기를 누르면 우측에 그래프가 출력됩니다([그림 14]).

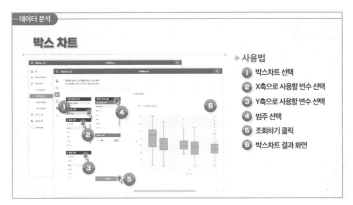

[그림 14] AIDU ez 〉 데이터 분석 〉 시각화 〉 박스차트 설정 방법

[분포차트] 분포차트는 수치형 변수의 분포를 시각화하는 대표적인 방법입니다. 예를 들어 타이태닉호에 탑승한 승객들의 나이 분포가 궁금할 때, 고객들의 평균 지출액이 궁금할 때 등 다양한 수치형 데이터에 사용할 수 있는 범용성 있는 분석 방법입니다.

사용 방법은 다른 시각화 도구들과 유사하게 분석에 사용할 칼럼을 선택하고, Hue 칼럼을 선택합니다. 그런 다음 데이터 범위를 선택해준 뒤 조회하기를 눌러 그래프를 출력합니다. 장표 그래프의 경우 Survived를 hue 칼럼으로 사용했습니다. 즉, 살아남은 승객과 죽은 승객들의 나이 분포를 각각 그래프로 보여주고 있습니다([그림 15]).

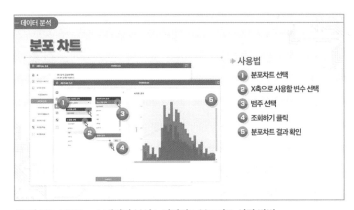

[그림 15] AIDU ez 〉 데이터 분석 〉 시각화 〉 분포차트 설정 방법

[워드 클라우드] 마지막 시각화 분석 도구는 워드 클라우드입니다. 분석하고자 하는 데이터의 칼럼의 텍스트 분포에 따라 서로 다른 크기로 해당 단어를 출력합니다.

우선 분석할 칼럼을 선택한 다음에 분석할 칼럼 데이터에 따라서 해당하는 언어를 선택한 후, 범위를 설정하고 조회하기를 진행하면 됩니다([그림 16]). 다만 해당 분석의 경우 텍스트 기반 분석이기 때문에 데이터양이 늘어나면 시각화까지 시간이 약간 소요될 수 있다는 것만 유의하면 됩니다.

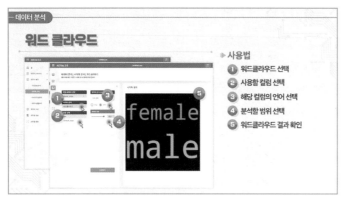

[그림 16] AIDU ez 〉 데이터 분석 〉 시각화 〉 워드클라우드 설정 방법

2.3 비지도학습 분석

여기서 잠깐! 용어 정리

- 비지도학습: 머신러닝 학습 방법인 3가지 지도학습, 비지도학습, 강화학습 중 문제는 있으나 정답 라벨(Label)이 없는 데이터 기반 AI 학습 방법입니다. 즉, 기계에 정답이 어떤 건지 알려주지 않고 학습을 시키는 것으로, 데이터 구조를 밝혀내는 데 유리합니다. 주로 데이터 간의 연관 규칙, 데이터의 군집화 등에 사용됩니다. 지도학습에는 대표적으로 회귀 분석에 사용되는 회귀 분석 모델, 결정 트리, 랜덤 포레스트 등이 있고, 비지도학습에는 군집화에 사용되는 K Means Clustering, HCA, 차원 축소에 사용되는 PCA, t-Sne 등이 있습니다. 특히 AIDU에서 사용할 2가지 비지도학습 기법에는 다차원의 변량 데이터를 2~3차원으로 축소하는 차원 축소와 주어진 데이터를 임의의 클러스터로 군집화하는 군집 표현이 있습니다.
- 다차원 변량 데이터의 차원 축소: 데이터의 변수 1개=1개 차원으로 가정했을 때, 칼럼이 여러 개 있는 데이터를 소수 2~3개로 축소하는 알고리즘.
  비지도학습은 지도학습과 다르게 라벨링이 되어 있지 않은 데이터로부터 패턴이나 형태를 찾아야 하므로, 모델학습이 지도학습보다 어려운 것이 특징입니다. 실제로 지도학습에서 적절한 특징 (Feature)을 찾아내기 위한 전처리 방법으로 비지도학습을 사용하기도 합니다.

1) 비지도학습 분석

분석법	분석 기법	설명
차원 축소	PCA t-SNE	다차원 변량 데이터를 사람이 인지 가능한 2~3차원으로 축소하여 시각화하는 방법 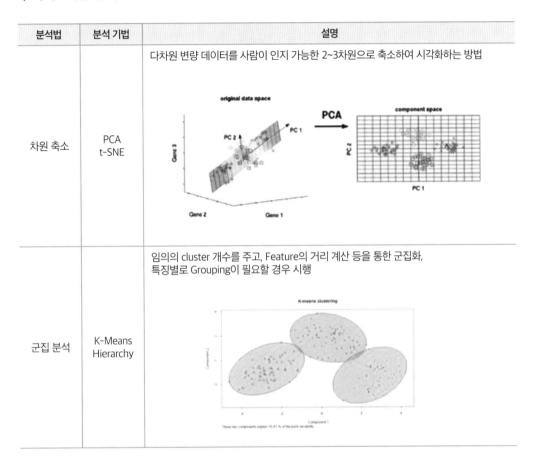
군집 분석	K-Means Hierarchy	임의의 cluster 개수를 주고, Feature의 거리 계산 등을 통한 군집화, 특징별로 Grouping이 필요할 경우 시행

2) AIDU ez에서 비지도학습 사용하기

[차원축소] 비지도학습 방법을 차원축소로 선택하고, 사용할 차원 축소 알고리즘을 선택해 줍니다. 그런 다음에 축소할 칼럼들을 선택한 뒤, 결과를 확인할 범주를 선택합니다. 이후 범위를 선택해서 조회하기를 눌러주면 2차원으로 축소된 그래프를 확인할 수 있습니다 ([그림 17]).

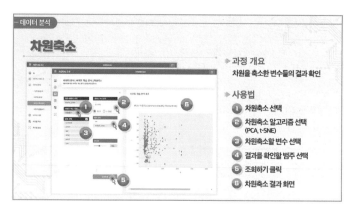

[그림 17] AIDU ez > 데이터 분석 > 비지도학습 > 차원축소

[군집분석] 비지도학습 알고리즘에서 군집 분석을 선택한 뒤, 사용할 알고리즘을 선택합니다. 그 후 군집을 생성할 칼럼들과 군집개수를 선택하면 군집 그래프가 출력됩니다([그림 18]).

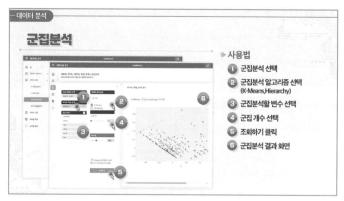

[그림 18] AIDU ez > 데이터 분석 > 비지도학습 > 군집분석

3 데이터 가공

3.1 데이터 가공 방법

데이터 가공은, 데이터를 분석한 결과를 바탕으로 성능이 좋은 AI 모델을 만들기 위해 어떻게 가공할지 판단하고 수행하는 단계입니다. 실제 데이터들은 대부분 노이즈(Noise)라 판단할 수 있는 값들을 가지고 있으므로 더 나은 모델 성능을 위해 해당 값들을 지우거나, 바꾸는 등의 작업이 필요합니다.

데이터 가공은 데이터 타입에 따라, 가공 방법을 달리해야 합니다. 예를 들어, 나이에는 평균이라는 통계치로 표현할 수 있지만, 성별이나 탑승 항구 같은 항목에는 평균을 이야기할 수 없겠지요. 데이터 형태에 따라 달라지는 데이터 가공법을 알아봅니다.

1) 수치형 데이터 가공 주요 방법

수치형 데이터의 데이터 가공 기법으로는 결측치 처리, 이상치 처리, 스케일 조정 등이 있습니다. AIDU ez에서는 실제 주요하게 사용되는 데이터 가공을 코딩이 아닌, 클릭으로 실행할 수 있습니다

기법명	설명
결측치 처리	빈값(결측치, null 값)을 제거하거나 대체하여 데이터 처리 결측 데이터를 최빈값, 평균값, 중앙값, 고정값 등으로 보완
이상치 처리	이상치 데이터(outlier) 즉, 전체 추세·패턴 등에서 벗어난 값을 가진 데이터 처리 제거, 대체 등의 방법이 있음
Scale 조정	변수(칼럼) 간 비교를 위해 수치 단위를 맞추려고 수치 크기 변경 Min-Max Scaling, Standard Scaling 기법을 주로 사용함 ※ 필요한 이유: AI가 학습할 때 모든 정보를 숫자로 판단하기 때문에 특정 칼럼의 수치들이 다른 칼럼의 수치보다 상대적으로 크다면 해당 칼럼에 가중치가 들어가 있다고 판단하여 학습에 잘못된 영향을 줄 수 있음

2) 범주형 데이터(텍스트 데이터 포함) 가공 주요 방법

범주형 또는 텍스트 데이터의 가능한 데이터 가공기법으로는 '결측값 처리', 범주형 데이터를 수치형 데이터로 변환하는 '데이터 변환', 텍스트 정규 표현식을 추출해주는 'Regex 추출', 자연어의 형태소나 명사를 추출하는 '자연어 처리' 등이 있습니다.

기법명	설명
결측치 처리	수치형 데이터와 다르게 최빈값, 고정값으로만 보완
데이터 변환	범주형 데이터를 수치형 데이터로 변환해주는 Encoding 기법(Ordinal, Standard)
Regex 추출	정규 표현식 추출
자연어 처리	텍스트 데이터 처리를 위한 형태소 분석과 명사 추출

3.2 AIDU ez에서 데이터 가공하기

각 데이터 케이스에 맞추어 '데이터 가공' 내 세부 메뉴를 클릭하여 진행합니다.

AIDU ez에서는 단일 칼럼 변환 기능을 제공하며, 데이터 가공결과 화면을 통해 데이터 가공 전 데이터의 상태를 미리 확인할 수 있습니다. '가공 데이터 저장' 버튼을 누르면, 해당 데이터명 뒤에 _preprocessing명으로 다른 이름으로 자동 저장되며, 다른 단계에서도 가공 후 저장된 데이터를 불러와 작업을 수행할 수 있습니다.

데이터 가공 탭 선택

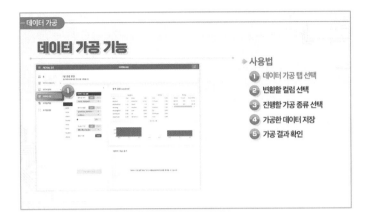

변환할 칼럼 선택

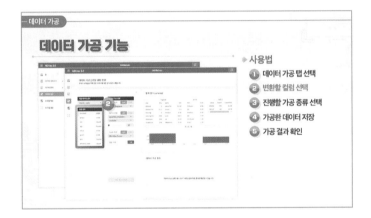

진행할 가공 종류 선택

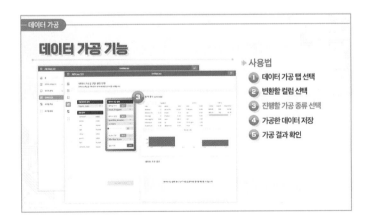

가공한 데이터 저장

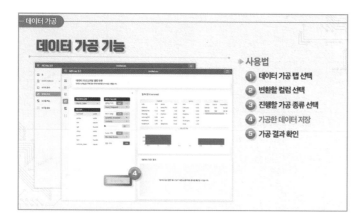

가공 결과 확인

4

 # AI 모델링

4.1 머신러닝

여기서 잠깐! 용어 정리!

- 지도학습: 정답을 알려주고 학습시키는 가장 친절한 학습 방법.

  - 분류모델: 명확하게 나눠진 범주형 데이터 타입인 결괏값을 예측하는 모델.

  - 회귀모델: 수치형 데이터 타입인 결괏값을 예측하는 모델.

- 비지도학습: 정답이 정해지지 않은 데이터를 처리하여 데이터 간의 관계나 유사성을 발굴.

- 강화학습: 상(Reward)과 벌(Penalty)을 통해 정답을 도출할 가능성이 큰 방향으로 스스로 개선.

- 변수(Variable): 계속 변하는 값. 특정 지어지지 않고 하나 이상의 값을 가짐. 데이터 저장을 위해 프로그램 때문에 할당받은 메모리 공간을 의미함.

- 특성(Feature): 입력 데이터로 '독립변수, 입력값(Input), X'라고도 불리며, 예측·분석하고자 하는 '타깃(Target)'에 영향을 미치는 요소.

- 라벨(Label): 예측·분석하고자 목적하는 결과 데이터로 '타깃(Target), 종속변수, 출력값(Ouput), Y'라고도 불림.

- 경사하강법(Gradient Descent): 목적 함수를 기준으로 모델을 최적화하기 위해 모델을 반복적으로 학습하여 파라미터를 찾는 방법. 구체적으로 1차 미분계수를 이용하여 함수의 최솟값을 찾아가는 수학적 기법이다. 매번 함수값이 낮아지는 방향으로 독립변수 값을 변형시키면서 모델을 최적화하고, 최종적으로 최소 함수값을 갖는 상황을 최적 모델로 간주한다. 바로 미분계수가 0인 지점을 찾지 않고, step by step으로 찾는 이유는 대부분 분석에서 마주하는 함수가 닫힌 형태가 아니

거나 복잡해서 미분계수를 구하기 어려우며, step by step으로 찾아가는 과정이 컴퓨터로 구현하기 쉽기 때문이다.

- 훈련 데이터(Train Data): 실제 AI 모델학습에 사용할 데이터.
- 검증 데이터(Valid Data): 학습결과 중간 검증을 위한 데이터.
- 평가 데이터(Test Data): 최종 성능평가용으로 사용할 데이터.

1) AIDU ez에서 사용 가능한 머신러닝 알고리즘

AIDU ez에서는 다양한 머신러닝 알고리즘을 탑재하고 있으며, 코딩 아닌 클릭 기반으로 실무에서 자주 사용하는 알고리즘을 활용할 수 있습니다. 기본적으로 주요하게 사용되는 Linear Regression, Logistic Regression, Decision Tree는 물론이고, 앙상블 모델로 성능이 좋은 XG Boost, Random Forest도 포함됩니다.

알고리즘 명	설명
선형 회귀 (Linear Regression)	입력 데이터와 타깃 사이의 관계가 선형(직선)일 것이라 가정하고, 그 직선을 바탕으로 새로운 입력 데이터에 대해 타깃을 추론하는 회귀 모델. 단순 선형 회귀와 다중 선형 회귀(Multiple Linear Regression)가 있음
로지스틱 회귀 (Logistic Regression)	로지스틱 회귀는 회귀를 사용하여 데이터가 어떤 범주에 속할 확률을 0~1 사이의 값으로 예측하고, 그 확률에 따라 가능성이 더 큰 범주에 속하는 것으로 분류해주는 알고리즘이다. 단순 선형 회귀의 경우 확률이 음과 양의 방향으로 무한대로 뻗어가기에, 현실에서 불가능한 확률이 나타날 수 있다. 이를 보완한 알고리즘이 로지스틱 회귀다. 로지스틱 회귀의 경우 다음의 과정을 거쳐 데이터 확률을 예측한다 ①모든 Feature의 계수와 절편을 0으로 초기화한다 ②각 Feature의 값에 계수를 곱해 log-odds를 구한다 ③이 log-odds를 sigmoid 함수에 넣어서 [0, 1] 범위의 확률을 구한다
K-최근접이웃 (K-Nearest Neighbor, KNN)	가중치나 편향 파라미터 없이 새로운 데이터 예측을 하기 위해 예측하려는 데이터로부터 가장 거리가 가까운 K개의 최근접 데이터를 참조하는 알고리즘. 회귀와 분류 문제에 모두 사용 가능.
의사결정나무 (Decision Tree)	파라미터 없이 회귀와 분류 문제에 모두 사용 가능. 질문을 하나씩 던져 정답을 맞혀가며 학습하는 알고리즘. 의사결정 규칙을 나무(Tree) 구조로 만들어 차례로 과정을 거치며 의사결정 규칙을 학습하고, 어떤 과정을 거쳐 결론을 내었는지 파악할 수 있어 예측과정을 이해하기 쉬움.
Random Forest	앙상블 기법 알고리즘의 하나로, 다수의 decision tree로부터 분류 결과를 취합해서 결론을 얻는 알고리즘. 우선 전체 학습 데이터에서 중복을 허용하여 일부 데이터를 선별하고, 이를 기반으로 여러 개의 의사결정 트리를 만든다. 단, 이때 트리를 만드는 속성들을 제한하여 의사결정 트리에 다양성을 부여한다. 트리를 만드는 속성의 개수는 전체 속성 개수의 제곱근만큼 선택하는 게 가장 좋은 것으로 알려져 있다. 이처럼 다수의 나무에서 도출한 결론을 취합하기에 과적합된 나무의 영향을 줄일 수 있다

[표 01] AIDU ez에서 제공하는 주요 머신러닝 알고리즘 목록

2) AIDU ez에서 머신러닝 사용하기

AIDU ez에서 머신러닝 모델링 과정은 실무에서의 과정과 같습니다.

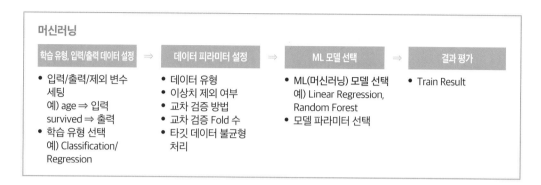

[학습 유형, 입력·출력 데이터 설정] 학습 유형 설정 후, Output/Input/제외 칼럼 설정

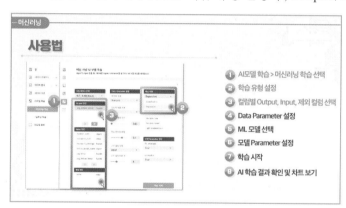

[데이터 파라미터 설정] 데이터 유형, 이상치 제외 여부, 교차검증 방법과 Fold 수 설정

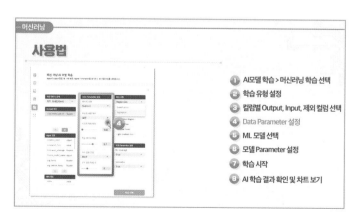

[ML 모델 선택] ML(머신러닝) 모델 세부 선택, 모델 Parameter 설정

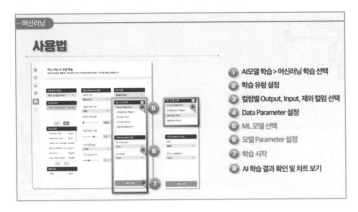

[결과 평가] AI 학습 결과 확인, 차트 보기

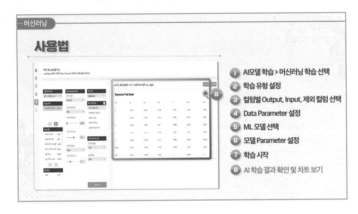

여기서 잠깐! 결과평가지표 짚고 가기

- 분류 모델에서의 결과평가지표

  - 정확도(Accuracy): 분류모델이 전체 데이터 중에서 몇 개나 정확하게 예측했는지 나타내는 지표.

  - 정밀도(Precision): '내가 A라고 예측한 개수 중 내가 맞힌 A의 개수'를 나타낸 지표.

  - 재현율(Recall): '전체 데이터 중 A의 개수 중 내가 맞힌 A의 개수'를 나타낸 지표.

  - F1스코어(F1-score): 정밀도와 재현율을 조화 평균하여 한 번에 포괄적으로 보기 위한 지표.

- 회귀 모델에서의 결과평가지표

  - 오차(Error): '(실제값-예측값)의 평균'이며 작을수록 좋음.

  - 평균절대오차(Mean Absolute Error): '(실제값-예측값)의 절댓값의 평균'이며 작을수록 좋음.

  - 평균제곱오차(Mean Square Error, MSE): '(실제값-예측값)의 제곱의 평균'이며 작을수록 좋음.

- 평균제곱근오차(Root Mean Square Error, RMSE): 평균제곱오차에 제곱근을 씌운 것이며 작을수록 좋음.

- 결정계수(R2 Score, R squared): 독립변수가 종속변수를 얼마나 잘 설명하는지 나타냄. 1에 가까울수록 좋음.

4.2 딥러닝

여기서 잠깐! 용어 정리

- 인공신경망: 신경망은 인간의 뇌를 본떠서 스스로 모델을 만드는 머신러닝의 종류

- 심층신경망(Deep Neural Network, DNN): 입력계층과 출력계층 사이에 은닉계층을 2개 이상 가지고 학습하는 인공신경망. 입력계층(Input layer), 출력계층(Output layer), 은닉계층(Hidden layer)이 있으며, 각각의 뉴런은 직전 계층과 직후 계층에 있는 모든 뉴런과 상호 연결되어 있는데, 이를 Fully Connected Layer(fc)라고 부름.

- 활성화 함수: 입력신호를 받아 누적된 입력이 분계점(Threshold)을 넘어서면 출력신호를 생성하는 함수. 뉴런은 입력을 받았을 때 즉시 반응하지 않고 입력이 누적되어 어떤 수준에 도달해야 출력이 발생하는데, 이 도달점을 분계점이라고 부름.

- 손실 함수: 신경망 학습의 목적 함수로 출력값(예측값)과 정답(실제값)의 차이를 계산. 손실이 작은 함수를 구하는 것이 미래를 좀 더 잘 예측할 수 있으므로 손실이 작은 함수를 구하는 것이 중요.

- 목적 함수는 최소·최대화하고 싶어 하는 함수를 말하며, 최소화한 함수를 비용 함수 또는 손실 함수라고 부름.

- 하이퍼 파라미터(Hyper Parameter): 학습을 위해 사용자가 직접 설정하는 값.

- FC 레이어(Fully Connected Layer): FC 레이어 수는 딥러닝 모델의 히든 레이어(Hidden Layer) 수를 뜻하고 FC 레이어의 크기는 각 히든 레이어를 구성하는 노드(Node) 수를 뜻함.

- 드롭아웃(Drop out) : 과적합을 줄이기 위한 노드를 제거해주는 확률.

- Optimizer: 파라미터를 업데이트하기 위한 최적화 알고리즘 종류.

- Epoch : 전체 데이터 샘플을 학습하는 횟수.

- Batch Size: 1회 파라미터 업데이트를 위해 학습하는 샘플 개수.

- Early Stop: 학습 조기 종료 옵션.

- CNN: 주로 이미지 분류 시 많이 사용하는 알고리즘.
- RNN: 시퀀스 데이터(순서가 있는 데이터)의 패턴을 인식하고 예측할 수 있는 알고리즘. 주로 자연어 처리나 시계열 모델을 만들 경우 많이 사용되는 알고리즘.

1) AIDU ez에서 사용 가능한 딥러닝 알고리즘

AIDU ez는 Auto Machine Learning 기능을 활용하여, 각각의 데이터에 따라 자동으로 알고리즘과 AI 모델링 과정이 세팅되도록 하여, 사용자가 편리하고 쉽게 최적의 AI 모델 성능을 구현할 수 있도록 구성했습니다([그림 19]).

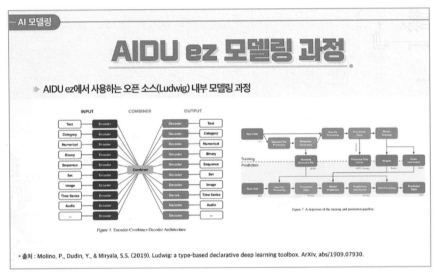

[그림 19] **AIDU ez 모델링 구조**

2)AIDU ez에서 딥러닝 사용하기

AIDU ez에서의 딥러닝 모델링 과정은 실무에서의 과정과 같습니다([그림 20]).
입력 · 출력 데이터 설정 → 칼럼 · 학습 하이퍼 파라미터 설정 → 학습실행 → 결과평가

[그림 20] **AI 모델링 과정**

[입력, 출력 데이터 설정] 출력(Label, 타깃, Y) 데이터 설정

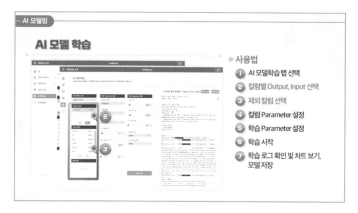

[칼럼 설정] 칼럼별 Input과 제외할 칼럼 등 설정

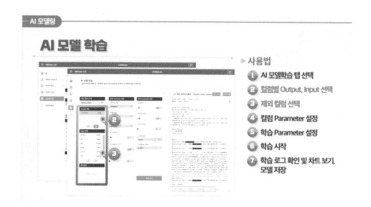

[칼럼 파라미터 설정] FC 레이어 수, 레이어 크기, 드롭아웃 등 설정

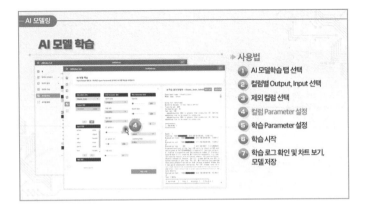

[학습 파라미터 설정] Epochs, Batch Size, Early Stop 설정

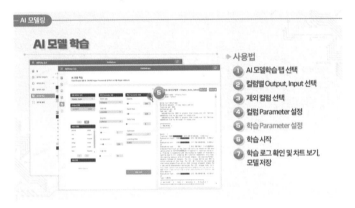

[학습 실행]

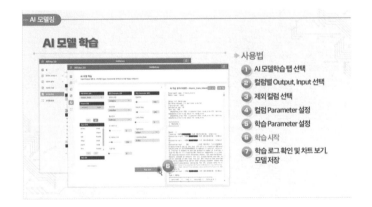

[결과 평가]

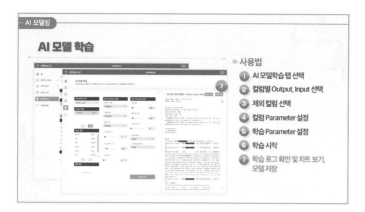

AIDU ez를 활용한 AI 분석과 모델링! 코딩이 아니더라도 꽤 많은 기능 구현이 가능하다는 것을 보셨을 텐데요. AIDU ez에서 실제 여러 데이터를 활용하여 실습하면서 AI 역량을 키워 나가기 바랍니다.

AI Certificate for Everyone

02
AICE Basic 연습문제

'AICE 홈페이지(http://aice.study) > 시험신청/응시> AICE 연습문제' 메뉴에서 'AICE Basic 연습문제'를 클릭한 후 아래 쿠폰번호를 입력하면 실제 시험환경에서 연습문제 풀이가 가능합니다.
AICE홈페이지에서 AICE 연습문제 풀이 시, 별도의 정답 채점 기능은 제공하지 않으며, 이 책에 기재된 문제 해설을 참고하기 바랍니다.

※ 쿠폰번호: AICE2023AICETEST

문제 _ 분류 #1

[미디어]
고객별 콘텐츠 취향 예측

구분	상세 내용
주제	[미디어] 고객별 콘텐츠 취향 예측
배경	"영희는 호러(horror) 콘텐츠를 좋아할까요?" VOD 서비스를 제공하는 A미디어사의 마케팅팀은 고객 개인별로 선호하는 장르의 콘텐츠(영화, 드라마 등)를 추천하여 고객 만족도와 VOD 매출을 높이고자 한다. 각 고객의 콘텐츠 구매 금액과 구매 건수 등의 데이터로 특정 장르에 대한 선호도를 예측하는 AI 모델을 만들면, 각 개인에게 구매 가능성이 큰 콘텐츠를 추천할 수 있을 것이다. 다양한 장르 분류가 있지만, 이번에는 "호러 장르"에 대한 콘텐츠 선호도 예측을 모델링 해보자. "과연, 영희는 호러(horror)를 좋아할까요?"
과제명	가상화된 고객 프로파일 일부를 기반으로 미디어 취향을 예측·분류합니다.
데이터 칼럼명	label_horror: 호러 장르 선호 여부 total_buy: 총 콘텐츠 구매 건수 total_amount: 총 콘텐츠 구매 금액 action_amount: 액션 구매 금액 drama_amount: 드라마 구매 금액 romc_amount: 멜로 구매 금액 comedy_amount: 코미디 구매 금액 horror_amount: 호러 구매 금액 age_group: 연령그룹 customer_type: 고객 유형 sex: 성별

[문제 1] 본 과제에 사용되는 데이터의 타깃변수를 고르시오.

① customer_type

② total_buy

③ total_amount

④ label_horror

[문제 2] 결측치가 가장 많은 변수(영문명)를 작성하시오.

[문제 3] 호러 구매금액의 최댓값을 작성하시오.

(정답 작성 시 소수점을 반올림하여 최대 두 자리까지 작성)

[문제 4] 호러 장르를 선호하는 여성의 호러 구매 금액 중앙값을 작성하시오.

[문제 5] 호러 구매 금액이 1,400~1,500원 사이인 남성과 여성 고객 수의 차이를 작성하시오.

[문제 6] 연령그룹의 결측치를 최빈값으로 대체한 후, 변화된 최빈값의 비율(%)을 작성하시오.

(정답 작성 시 소수점을 반올림하여 최대 두 자리까지 작성)

[문제 7] 다음 제시된 설정으로 딥러닝 모델 학습을 하고, 모델의 정확도(Accuracy)를 작성하시오.

- Input 칼럼: 타깃변수를 제외한 모든 칼럼 사용

- 모델 Parameter 설정: 기본값

- 정답 작성 시 소수점을 반올림하여 최대 네 자리까지 작성

[문제 8] 앞서 만든 딥러닝 모델에서 다음과 같은 조건의 호러 장르 선호 여부에 대한 예측값을 작성하시오.

- total_buy: 6

- total_amount: 50000

- drama_amount: 12500

- comedy_amount: 22000

- horror_amount: 15500

- age_group: A11

- customer_type: 개인

- sex: F

문제 _ 분류 #2

[미디어]
고객별 콘텐츠 취향 예측

구분	상세내용
주제	[미디어] 고객별 콘텐츠 취향 예측
배경	VOD 서비스를 제공하는 A미디어사의 마케팅팀은 고객 개인별로 선호하는 장르의 콘텐츠(영화, 드라마 등)를 추천하여 고객 만족도 및 VOD 매출을 높이고자 한다. 각 고객의 콘텐츠 구매금액 및 구매건수 등의 데이터로 특정 장르에 대한 선호도를 예측하는 AI 모델을 만들면, 각 개인에게 구매 가능성이 높은 콘텐츠를 추천할 수 있을 것이다. 다양한 장르 분류가 있지만, 이번에는 "호러 장르"에 대한 콘텐츠 선호도 예측을 모델링 해보자.
과제명	미디어 콘텐츠 관련 고객 데이터를 기반으로 고객의 호러(horror) 장르 선호 여부를 예측하는 AI모델을 만들어 보자.
데이터 칼럼명	label_horror: 호러 장르 선호 여부 total_buy_ol: 총 콘텐츠 구매건수 total_amount: 총 콘텐츠 구매금액 action_amount: 액션 구매금액 drama_amount: 드라마 구매금액 romc_amount: 멜로 구매금액 comedy_amount: 코미디 구매금액 horror_amount: 호러 구매금액 age_group: 연령그룹 customer_type: 고객유형 sex: 성별

[문제 1] 본 과제 해결에 알맞은 알고리즘의 유형을 고르시오.

    ① 분류모형

    ② 회귀모형

    ③ 군집모형

    ④ 시계열모형

[문제 2] 다음의 범주형 변수 중 결측치(missing)가 가장 많은 변수를 고르시오.

    ① 호러장르 선호여부(label_horror)

    ② 연령그룹(age_group)

    ③ 고객 유형(customer_type)

    ④ 성별(sex)

[문제 3] '고객 유형(customer_type)'이 '개인'인 고객의 수를 작성하시오.

[문제 4] '총 콘텐츠 구매 건수(total_buy_ol)'의 기술통계량을 확인하고, 가장 큰 값을 지니는 통계량을 고르시오.

    ① 평균값

    ② 중위수

    ③ 표준편차

    ④ 제3사분위수

[문제 5] '총 콘텐츠 구매금액(total_amount)'과 가장 큰 양의 상관관계를 갖는 변수를 고르시오.

    ① 액션 구매금액(action_amount)

    ② 드라마 구매금액(drama_amount)

    ③ 멜로 구매금액(romc_amount)

    ④ 코미디 구매금액(comedy_amount)

[문제 6] '멜로 구매금액(romc_amount)'이 '0~100'에 속하는 고객 중 '성별(sex)'이 'F(여성)'인 고객의 수를 작성하시오.

[문제 7] 종속변수를 제외한 모든 변수에 대해 결측치가 있는 경우, 수치형 변수는 중앙값, 범주형 변수는 최빈값으로 결측치를 대체하시오. 데이터 가공 후, 변화된 '연령그룹(age_group)'의 최빈값의 비율(%)을 작성하시오.

    • 수치형 변수 : "total_buy_ol", "total_amount", "action_amount", "drama_ amount", "romc_amount", "comedy_amount", "horror_amount"

- 범주형 변수 : "label_horror", "age_group", "customer_type", "sex"
- 수행 후 [가공 데이터 저장]을 클릭하여 가공된 데이터를 저장하시오.
- 00.00 형식으로 작성하시오. 예시) 12.34

[문제 8]   3개의 머신러닝 모델을 다음과 같은 설정으로 학습하고, 이 중 Accuracy 기준 성능이 평균적으로 가장 좋은 것을 고르시오.

- 작업 데이터 선택
  - 문항 7번의 데이터 가공을 통해 신규로 저장된 데이터 사용, 별도의 스케일링 처리 불필요
- 학습 유형
  - 본 과제 해결에 알맞은 알고리즘의 유형을 고려하여 선택
- ML 모델 선택
  - KNN, Decision Tree, Random Forest
- Input 칼럼
  - 문항 7번의 결측치 처리에 사용된 '변환하기 전의 변수'는 제외칼럼으로 지정
- Output 칼럼
  - "종속 변수"를 output 칼럼으로 지정
- Data Parameter 설정
  - 데이터 유형은 모델 유형에 맞게 설정하고, 나머지는 초기 설정값 사용
- 모델 Parameter 설정
  - 초기 설정값 사용

① KNN

② Decision Tree

③ Random Forest

[문제 9]   딥러닝 모델을 다음과 같은 설정으로 학습하고, 학습된 모델의 Accuracy를 작성하시오.

- 작업 데이터 선택
  - 문항 7번의 데이터 가공을 통해 신규로 저장된 데이터 사용, 별도의 스케일링 처리 불필요

- Output 칼럼
  - "종속 변수"를 output 칼럼으로 지정
- Input 칼럼
  - 문항 7번의 결측치 처리에 사용된 '변환하기 전의 변수'는 제외칼럼으로 지정
  - 범주형 변수는 데이터 인코더를 sparse로 변경
- 칼럼 Parameter 설정
  - 종속변수의 데이터 유형은 모델 유형에 맞게 설정
  - 활성함수: softmax, FC레이어수: 1, FC레이어크기: 256, 드롭아웃: 0,
- 학습 Parameter 설정
  - Epochs: 20, Batch Size: 256, 그 외 초기 설정값 사용
- 답안 작성
  - 모델 학습 후 오른쪽 상단의 [모델 저장] 기능을 통해 모델을 저장하시오.
  - 정답은 반올림하여 소수점 네 번째 자리까지 작성하시오.

[문제 10] 문제 9번에서 학습한 딥러닝 모델 분석 결과, '호러장르 선호여부(label_horror)' 예측에 영향을 주는 상위 5개의 변수에 해당하는 변수를 고르시오.

① 총 콘텐츠 구매금액(total_amount)

② 액션 구매금액(action_amount)

③ 드라마 구매금액(drama_amount)

④ 멜로 구매금액(romc_amount)

[문제 11] 문제 9번에서 학습한 딥러닝 모델을 활용하여 다음과 같은 조건일 때의 '호러장르 선호여부(label_horror)'를 예측하시오.

- total_buy_ol: 3
- total_amount: 8000
- action_amount: 2500
- drama_amount: 2500
- romc_amount: 0
- comedy_amount: 0
- horror_amount: 3000
- customer_type: 개인

- sex: M

- age_group_IM: A07

① Y(선호함)

② N(선호하지 않음)

[문제 12] 문항 9번에서 학습한 딥러닝 모델을 고도화하여 Accuracy를 개선하고, 그 값을 작성하시오.

- 변수변환, 변수선택, 파라미터 수정 등 자율적으로 수행하시오.

- 정답은 반올림하여 소수점 네 번째 자리까지 작성하시오.

문제 _ 회귀 #1

[서비스/세일즈]
통신 이용 요금 예측

구분	상세 내용
주제	[서비스/세일즈] 통신 이용 요금 예측
배경	A통신사 고객마케팅팀은 모바일 애플리케이션(이하, 앱)을 통해 고객에게 유용한 정보를 제공하고자 한다. 이를 위해 A상품을 이용하는 고객들에게 다음 달 예측되는 납부 예정 금액을 알려주는 알림 서비스를 기획하였고, 과거의 요금납부 패턴을 AI로 학습시켜 다음 달 납부 예정 금액을 예측하고자 한다. 고객마케팅팀은 본 정보가 앱을 이용하는 고객들을 더 만족시키고, 앱을 이용하는 고객을 늘릴 수 있을 것으로 기대한다.
과제명	고객 데이터 분석과 과거 이용요금 패턴 학습을 통해 고객별 다음 달 납부 예정 금액을 예측하는 AI 모델을 만들어보자.
데이터 칼럼명	label_fee: 납부 예정 금액 customer_class: 고객 등급 customer_code: 고객 코드 customer_level: 고객 관리 수준 service_category: 서비스 구분 agreement_month: 잔여 약정 개월 수 installment_yn: 할부 여부 extra_info1: 부가 정보 1 extra_info2: 부가 정보 2 prev_fee: 이전 달 납부 금액

[문제 1]   본 과제 해결에 알맞은 알고리즘의 유형을 고르시오.

① 회귀 모형

② 분류 모형

[문제 2]   수치형 변수의 개수를 입력하시오.

[문제 3]   고객 관리 수준의 최빈값의 비율(%)을 작성하시오.

(정답 작성 시 소수점은 반올림하여 최대 두 자리까지 작성)

[문제 4]   납부 예정 금액과 가장 큰 양의 상관관계를 갖는 수치형 변수(영문명)를 작성하시오.

[문제 5]   이전 납부 금액이 2,000원 미만인 관리 수준 A 레벨 고객과 B 레벨 고객 수의 차이를 작성하시오.

[문제 6]   이전 납부 금액에 평균을 0, 표준편차 1을 갖는 표준화된 값으로 바꾸어 주는 Scale 방식을 적용하고, 변화된 중앙값의 절댓값을 작성하시오.

(정답 작성 시 소수점은 반올림하여 최대 두 자리까지 작성)

[문제 7]   다음 제시된 방법에 맞추어 머신러닝 모델을 학습하고, K Neighbor Regressor (KNN) 모델의 평균 R2를 작성하시오.

- Input 칼럼: 타깃변수를 제외한 모든 칼럼 사용

- 모델 Parameter 설정: 기본값

- 정답 작성 시 소수점을 반올림하여 최대 네 자리까지 작성

[문제 8]   다음 제시된 방법에 맞추어 DNN 모델을 학습하고, 만든 모델의 Best Epoch를 작성하시오

- Input 칼럼: 타깃변수를 제외한 모든 칼럼 사용

- 모델 Parameter 설정: 기본값

문제 _ 회귀 #2

[서비스/세일즈]
통신 이용 요금 예측

구분	상세내용
주제	[서비스/세일즈] 통신 이용 요금 예측
배경	A통신사 고객 마케팅팀은 모바일 어플리케이션(이하, 앱)을 통해 고객에게 유용한 정보를 제공하고자 한다. 이를 위해 A 상품을 이용하는 고객들에게 다음달 예측되는 납부 예정 금액을 알려주는 알림 서비스를 기획하였고, 과거의 요금 납부 패턴을 AI로 학습시켜 다음달 납부 예정 금액을 예측하고자 한다. 고객 마케팅팀은 본 정보가 앱을 이용하는 고객들을 더 만족시키고, 앱을 이용하는 고객을 늘릴 수 있을 것으로 기대한다.
과제명	고객 데이터 분석 및 과거 사용요금 패턴 학습을 통해 각 고객별 다음달 납부 예정 금액을 예측하는 AI 모델을 만들어보자.
데이터 칼럼명	label_fee: 납부 예정 금액 customer_class: 고객등급 customer_level: 고객관리수준 service_category: 서비스 구분 agreement_month: 잔여 약정 개월수 installment_yn: 할부 여부 extra_info1: 부가정보1 extra_info2: 부가정보2 prev_fee: 이전 달 납부금액

[문제 1] 본 과제 해결에 알맞은 알고리즘의 유형을 고르시오.

① 회귀모형

② 분류모형

③ 군집모형

④ 시계열모형

[문제 2] 다음의 수치형 변수 기술통계량을 확인하고, 제3 사분위수(Q3)의 크기가 가장 작은 변수를 고르시오.

① 잔여약정개월수(agreement_month)

② 부가정보1(extra_info1)

③ 부가정보2(extra_info2)

④ 이전 달 납부금액(prev_fee)

[문제 3] '고객등급(customer_class)'이 'VVIP'인 고객의 수를 작성하시오.

[문제 4] 다음의 범주형 변수 기술통계량을 확인하고, 특정 범주에 90%이상의 데이터가 몰려 있는 변수를 고르시오

① 고객등급(customer_class)

② 고객 관리수준(customer_level)

③ 서비스 구분(service_category)

[문제 5] 각 '고객등급(customer_class)'별 '납부 예정금액(label_fee)'을 시각화하고, 제 1사분위수(Q1)가 가장 낮은 '고객등급(customer_class)'을 고르시오.

① 일반

② Gold

③ Silver

④ White

[문제 6] 종속변수를 제외한 모든 변수에 대해 결측치가 있는 경우, 수치형 변수는 중앙값, 범주형 변수는 최빈값으로결측치를대체하시오. 데이터 가공 후, 변화된 '할부여부(installment_yn)'의 최빈값의 개수를 작성하시오.

- 수치형 변수 : "label_fee", "agreement_month", "extra_info1", "extra_info2", "prev_fee"

- 범주형 변수 : "installment_yn", "customer_class", "customer_level", "service_category"

- 수행 후 [가공 데이터 저장]을 클릭하여 가공된 데이터를 저장하시오.

[문제 7]   3개의 머신러닝 모델을 다음과 같은 설정으로 학습하고,
이 중 설명력(R2)이 평균적으로 가장 높은 모델을 선택하시오.

- 작업 데이터 선택
  - 문항 6번의 데이터 가공을 통해 신규로 저장된 데이터 사용, 별도의 스케일링 처리 불필요.
- 학습 유형
  - 본 과제 해결에 알맞은 알고리즘의 유형을 고려하여 선택
- ML 모델 선택
  - Linear Regression, Decision Tree, Random Forest
- Output 칼럼
  - "종속 변수"를 output 칼럼으로 지정
- Input 칼럼
  - 문항 4번의 정답 칼럼은 제외 칼럼으로 지정
  - 문항 6번의 결측치 처리에 사용된 '변환하기 전의 변수'는 제외칼럼으로 지정
- Data Parameter 설정
  - 종속변수의 데이터 유형은 모델 유형에 맞게 설정하고, 나머지는 초기 설정값 사용
- 모델 Parameter 설정
  - 초기 설정값 사용

① Linear Regression

② Decision Tree

③ Random Forest

[문제 8]   딥러닝 모델을 다음과 같은 설정으로 학습하고, 학습된 모델의 MSE를 작성하시오.

- 작업 데이터 선택
  - 문항 6번의 데이터 가공을 통해 신규로 저장된 데이터 사용, 별도의 스케일링 처리 불필요
- Output 칼럼

- "종속 변수"를 output 칼럼으로 지정
- Input 칼럼
  - 문제 4번의 정답 칼럼은 제외 칼럼으로 지정
  - 문제 6번의 결측치 처리에 사용된 '변환하기 전의 변수'는 제외칼럼으로 지정
  - 범주형 변수는 데이터 인코더를 sparse로 변경
- 칼럼 Parameter 설정
  - 종속변수의 데이터 유형은 모델 유형에 맞게 설정
  - 활성함수: relu, FC레이어수: 1, FC레이어크기: 128, 드롭아웃: 0
- 학습 Parameter 설정
  - Epochs: 20, Batch Size: 64, 그 외 초기 설정값 사용
- 답안 작성
  - 모델 학습 후 오른쪽 상단의 [모델 저장] 기능을 통해 모델을 저장하시오.
  - 정답은 반올림하여 소수점 네 번째 자리까지 작성하시오.

[문제 9] 문제 8번에서 학습한 딥러닝 모델분석 결과, '납부 예정 금액(label_fee)' 예측에 영향을 주는 상위 5개의 변수에 해당하지 않는 것을 고르시오.

① 이전 달 납부금액(prev_fee)

② 고객 등급(customer_class)

③ 잔여 약정 개월 수(agreement_month)

④ 할부 여부(installment_yn)

[문제 10] 문제 8번에서 학습한 딥러닝 모델을 활용하여 다음과 같은 조건일 때의 '납부 예정 금액(label_fee)'를 예측하시오.

- 입력값
  - agreement_month: 18
  - extra_info1: 0
  - extra_info1: 0
  - customer_class: Gold
  - customer_level: A
  - prev_fee: 48500

- installment_yn_IM: Y

- 정답은 반올림하여 정수로 작성하시오.

[문제 11] 문제 8번에서 학습한 딥러닝 모델을 고도화하여 MSE를 개선하고, 그값을작성하시오.

- 변수변환, 변수선택, 파라미터 수정 등 자율적으로 수행하시오.

- 정답은 반올림하여 소수점 네 번째 자리까지 작성하시오.

[문제 _ 분류 #1] : [미디어] 고객별 미디어 취향 예측

[문제 1] **정답** _ (4)label_horror

해설 _ 본 과제는 호러 장르에 대한 콘텐츠 선호 여부를 예측하기 위한 모델링을 수행할 것이므로, 타깃 변수(예측하고자 하는 값)는 (4)label_horror입니다.

[문제 2] **정답** _ age_group

해설 _ 변수에서 결측치를 포함하는지 여부는 기술통계 영역의 missing 값으로 확인할 수 있습니다. 주어진 데이터에서 missing값을 가지는 변수는 age_group입니다. (다른 변수는 missing=0 으로, 결측치 미존재)

[문제 3] **정답** _ 76,400.00

해설 _ 호러 구매 금액(horror_amount)의 최댓값(max)은 76,400.00입니다.

[문제 4] **정답 _** 2,500

해설 _ Hue값을 활용하면, 변수 간의 관계에 색상을 더하여 더욱 세부적인 분포를 확인할 수 있습니다. X 칼럼에는 성별(sex), Y 칼럼에는 호러 구매금액(horror_amount), Hue는 호러 장르 선호 여부(label_horror)를 선택하여 분포를 확인해보면, 호러 장르를 선호(Y, 붉은색)하는 여성(F)의 호러 구매 금액(horror_amount) 중앙값(median)은 2,500입니다.

[문제 5] **정답 _** 6

해설 _ X 칼럼에는 호러 구매 금액(horror_amount), Hue는 성별(sex)을 선택하여 분포를 확인해보면, 호러 구매 금액(horror_amount)이 1,400~1,500원 사이인 남성(M)은 170, 여성(F)은 176입니다. 이에 남성과 여성 고객 수의 차이는 176-170=6입니다.

[문제 6] **정답 _** 15.96

해설 _ 데이터에 결측치가 있는 경우 데이터 가공 메뉴에서 대체 값을 넣을 수 있습니다. 결측치가 있는 칼럼을 선택하고, 결측값 처리 영역에서 어떤 값을 넣을 것인지 선택한 후, [보기] 〉 [적용]을 입력하면 결측치가 대체된 새로운 칼럼이 생성되면서 통곗값이 변화합니다.

결측치가 존재하는 연령그룹(age_group) 칼럼을 선택하여, 결측치를 최빈값(most_frequent)으로 대체하도록 선택한 후 [보기]〉[적용]을 입력하면, 결측치가 대체된 새로운 칼럼(age_group_IM)이 생성됩니다. 이때 변화된 최빈값(A07)의 비율(%)은 15.96입니다.

[문제 7]　**정답**_0.9319

　　　해설_타깃변수(label_horror)에 대한 모델 정확도(accuracy)는 0.9319입니다.

[문제 8]　**정답**_Y

　　　해설_[시뮬레이션]을 선택하면 학습한 모델을 활용하여 건별 시뮬레이션을 진행해볼 수 있습니다. 위
　　　문제의 값을 입력한 후 [수동 호출]을 클릭하면, 예측되는 결괏값(label_horror_predictions)은 Y입니다.

[문제 _ 분류 #2] : [미디어] 고객별 미디어 취향 예측

[문제 1]   **정답** _ (1) 분류모형

해설 _ 본 과제는 호러 장르 선호 여부를 예측하기 위한 모델링을 수행할 것이므로, 범주형 데이터의 결과값을 가집니다. 이에 범주형 데이터 예측 문제를 해결하기 위한 분류모형이 적절합니다.

[문제 2]   **정답** _ (2) 연령그룹(age_group)

해설 _ 변수가 결측치를 포함하는지 여부는 데이터 분석-기초 정보 분석 메뉴에서 데이터 범위를 전체 (7,907)로 설정하여 조회한 후, 기술통계 영역의 missing 값으로 확인 가능합니다. 주어진 데이터에서 missing 값이 가장 큰 변수는 연령그룹(age_group)으로 20개의 결측치가 존재합니다. 다른 변수는 missing = 0 으로 결측치가 존재하지 않습니다.

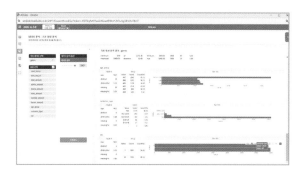

[문제 3]   **정답** _ 7173

해설 _ 데이터 분석-기초 정보 분석 메뉴에서 '고객유형(customer_type)' 중 '개인' 고객의 Count 값은 7173임을 확인할 수 있습니다.

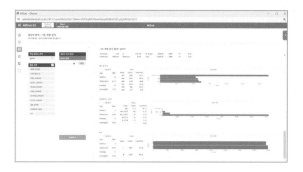

[문제 4]   **정답 _** (3) 표준편차

해설 _ 데이터 분석–기초 정보 분석 메뉴에서 '총 콘텐츠 구매 건수(total_buy_ol)' 변수의 각 기술통계량의 값을 확인합니다. 평균값(mean)은 '2.2', 중위수(median)은 '1.00', 표준편차(sd)는 '3.13', 제3사분위수(Q3)는 '3.00'으로, 보기 중 가장 큰 값을 지니는 통계량은 표준편차(sd)임을 확인할 수 있습니다.

[문제 5]   **정답 _** (2) 드라마 구매금액(drama_amount)

해설 _ 변수 간 상관관계에 대한 분석은 데이터 분석–시각화 분석에서 시각화 선택 '히트맵' 시각화 기법에서 전체 데이터를 조회하여 확인 가능합니다. 붉은색은 양의 상관관계, 파란색은 음의 상관관계를 의미하며, 색의 진하기가 진할수록 상관관계가 크고, 연할수록 상관관계가 작습니다. 또한, 마우스를 오버랩 하여 상관관계의 크기인 상관계수(z)를 확인할 수 있습니다. '총 콘텐츠 구매 금액(total_amount)'과 가장 큰 양의 상관관계를 갖는 변수는 '드라마 구매금액(drama_amount)' 임을 확인할 수 있으며, 상관계수(z)는 0.2910027입니다.

[문제 6]   **정답 _** 3345

해설 _ 데이터 분석–시각화 분석에서 시각화선택 '분포차트' 시각화 기법을 통해 수치형 변수의 분포를 확인할 수 있습니다. Hue 칼럼의 색상으로 표현할 범주형 변수를 지정하면, 수치형 변수의 각 구간에서 범주형 변수의 각 범주들이 얼마나 해당하는지를 확인할 수 있습니다. 문제에서 제시한 멜로 '구매금액(romc_amount)'이 '0~100'에 속하는 고객 중 '성별(sex)'이 'F(여성)'인 고객은 붉은색으로 확인할 수 있고, 해당하는 고객의 수는 3345임을 확인할 수 있습니다.

[문제 7] **정답 _** 15.96

해설 _ 데이터에 결측치가 존재하는 경우, "데이터 가공" 탭을 통해 원하는 칼럼을 선택한 후 결측치 데이터를 특정 값으로 대체할 수 있습니다. 'genre' 데이터에서 칼럼별 통계 정보를 확인하면, '연령그룹(age_group)' 칼럼에서만 missing(결측치)값이 존재하는 것을 확인할 수 있습니다. '연령그룹(age_group)' 칼럼은 범주형 변수임에 따라, 해당 칼럼의 결측값 처리는 최빈값(most_frequent)으로 설정하여 변경 처리합니다. 결측치가 대체된 age_group_IM 칼럼의 기술통계량을 확인하면, 최빈값인 'A07'의 비율인 Count(%) 값은 15.96임을 확인할 수 있습니다. 마지막으로 데이터 가공과 결과값 확인이 끝났다면 하단의 '가공 데이터 저장' 버튼을 클릭하여 결과값을 저장해주시면 됩니다.

[문제 8] **정답 _** (3) Random Forest

해설 _ 주어진 데이터를 활용하여, AI모델 학습-머신러닝 학습메뉴에서 머신러닝 모델 학습을 수행할 수 있습니다. 문제에서 주어진 조건에 따라 작업 데이터 선택, 칼럼 및 파라미터를 설정하고, 3개의 머신러닝 모델(K Nearest Neighbour, Decision Tree, Random Forest)을 선택하여 학습을 시작하면, 일정 시간이 경과되어 학습이 완료된 후 우측 학습결과 영역에서 각 모델별 평가 지표들을 확인할 수 있습니다. Accuracy 기준으로 성능이 가장 좋은 모델은 Random Forest Classifier인 것을 확인할 수 있습니다.

[문제 9] 정답 _ 0.8969

해설 _ 주어진 데이터를 활용하여, AI모델 학습–딥러닝 학습메뉴에서 딥러닝 모델 학습을 수행할 수 있습니다. 문제에서 주어진 조건에 따라 작업 데이터 선택, 칼럼 및 파라미터를 설정하고 학습을 수행하면, 일정 시간이 경과되어 학습이 완료된 후 우측 학습결과 영역에서 만들어진 모델의 정확도(Accuracy)를 확인할 수 있습니다. 생성한 모델이 '호러장르 선호여부(label_horror)'를 예측함에 대한 학습 정확도(Accuracy)는 0.8969(반올림 후 소수점 네 번째 자리까지 작성)임을 확인할 수 있습니다. 마지막으로 오른쪽 상단의 [모델 저장] 기능을 통해 모델을 저장하면 됩니다.

[문제 10] 정답 _ (1) 총 콘텐츠 구매금액(total_amount)

해설 _ 생성한 모델에 대한 다양한 활용을 "AI모델 활용"을 통해 수행할 수 있습니다. 작업 데이터는 전처리 한 데이터(genre_processed)로 선택하고, 학습하여 저장한 모델을 선택한 뒤 "변수 영향도 확인"을 선택하면, 생성한 모델이 출력변수인 '호러장르 선호여부(label_horror)'를 예측하는데 영향을 주는 상위 5개 변수를 확인할 수 있습니다. 문제에서 제시한 보기 중, 상위 5개 변수에 해당하는 변수는 '총 콘텐츠 구매금액(total_amount)'임을 확인할 수 있습니다.

[문제 11] 정답 _ (2) N(선호하지 않음)

해설 _ "AI모델 활용"에서 생성한 모델에 임의의 값을 넣어 어떤 결과가 출력되는지를 시뮬레이션 해볼수 있습니다. "시뮬레이션"을 선택하고, 문제에서 제시하는 대로 각 변수별 값을 입력하면 우측 하단에서 시뮬레이션 결과가 도출됩니다. 주어진 입력값들에 대한 '호러장르 선호여부(label_horror)'에 대한예측 시뮬레이션 결과는 label_horror_predictions이며, 'N(선호하지 않음)'으로 예측됨을 확인할 수 있습니다.

[문제 12] 정답 _ 0.9198(문제 9번의 Accuracy보다 향상되었다면 정답으로 인정)

해설 _ AI모델 학습–딥러닝 학습메뉴에서 딥러닝 모델 학습을 수행합니다. 본 해설에서는 Epochs는 40, Batch size는 128, 나머지 칼럼 및 파라미터는 문제 12번과 동일하게 설정하고 학습을 수행해봅니다. 일정 시간이 경과되어 학습이 완료된 후, 우측 학습결과 영역에서 만들어진 모델의 정확도(Accuracy)를 확인할 수 있습니다. 생성한 모델이 '호러장르 선호여부(label_horror)'를 예측함에 대한 학습 정확도(Accuracy)는 0.9198(반올림 후 소수점 네 번째 자리까지 작성)로 기존 대비 향상된 모델임을 확인할수 있습니다.

나의 AI 경쟁력 AICE시험 완벽 대비 BASIC편

[문제 _회귀 # 1]: [서비스/세일즈] 통신 이용요금 예측

[문제 1] **정답 _** (1) 회귀 모형

해설 _ 본 과제는 다음 달 납부 예정 금액을 예측하는 과제로, 수치형 데이터의 결괏값을 가집니다. 이에 수치형 데이터 예측 문제를 해결하기 위한 회귀 모형이 적절합니다.

[문제 2] **정답 _** 5

해설 _ (전체) 요약 영역에서 칼럼별 유형의 구성을 확인할 수 있습니다. 수치형(Numeric) 변수의 개수는 5입니다.

[문제 3] **정답 _** 64.88

해설 _ 고객 관리 수준(customer_level)의 최빈값은 A이며, 그 비율(%)은 64.88입니다.

[문제 4] **정답 _** prev_fee

해설 _ 히트맵 시각화 분석을 통해 변수 간의 상관관계를 확인할 수 있습니다. 상관관계의 크기는 직관적으로는 색의 진하기를 통해 확인하거나, 마우스를 오버랩하여 z값(상관계수)으로 확인할 수 있습니다. 납부 예정 금액(label_fee)과 가장 큰 상관관계를 갖는 변수는 prev_fee입니다. (변수 자기 자신은 제외)

[문제 5] **정답 _** 6

해설 _ X 칼럼에는 이전 달 납부 금액(prev_fee), Hue는 고객 관리 수준(customer_level)을 선택하여 분포를 확인해보면, 이전 달 납부 금액(prev_fee)이 2,000원 미만(0~1,999)인 구간에서 A레벨 고객 수는 43, B레벨 고객 수는 49입니다. 즉, A레벨과 B레벨 고객 수의 차이는 49-43=6입니다.

[문제 6] **정답 _** 0.15

해설 _ 평균을 0, 표준편차 1을 갖는 표준화된 값으로 바꾸는 Scale 방식은 Standard Scaler 입니다. 이전 달 납부 금액(prev_fee) 칼럼에 Standard Scaler를 적용하도록 선택하고 [보기] 〉 [적용]을 입력하면, 스케일링이 적용된 새로운 칼럼(prev_fee_SS)이 생성됩니다. 이때 변화된 중앙값(median)은 -0.15로, 절댓값을 취하면 0.15입니다.

[문제 7] **정답** _ 0.9890 (수행 시마다 값이 달라짐)

해설 _ ML 모델에서 K Neighbor Regressor(KNN)를 선택한 후 학습을 수행하면, 학습 완료 후 평균 R2
는 0.9890입니다. 단, 이 값은 교차 검증 수행에 따라 학습마다 값이 약간씩 변동되는 점을 참고하기를
바랍니다.

[문제 8] **정답** _ 38

해설 _ 딥러닝 학습 수행 시, 기본으로 적용된 100 epoch만큼의 딥러닝 학습을 수행하면서 모델이 지속
적으로 개선됩니다. Early Stop 옵션에 따라, 5번의 학습 이내에 모델의 성능이 개선되지 않으면 학습을
종료합니다. 모델학습 완료 후 맨 아래로 스크롤을 내려 결과를 확인해보면, Best validation model이 도
출된 epoch는 38입니다.

[문제 _ 회귀 # 2]: [서비스/세일즈] 통신 이용요금 예측

[문제 1] **정답** _ (1) 회귀 모형

해설 _ 본 과제는 다음 달 납부 예정금액을 예측하는 과제로, 수치형 데이터의 결과값을 가집니다. 이에 수치형 데이터 예측 문제를 해결하기 위한 회귀 모형이 적절합니다.

[문제 2] **정답** _ (2) 부가정보1(extra_info1)

해설 _ 데이터 분석-기초정보분석 메뉴에서 "데이터 범위"를 우측 끝까지 드래그하여 전체 데이터를 선택하는 것이 가장 중요합니다. 기본 설정으로 분석을 하게 되면 전체 데이터가 아닌 일부 데이터에 대한 통계가 나오기 때문에 잘못된 분석이 될 수 있습니다.

우리의 데이터는 데이터 범위를 끝까지 선택해보면 9,000개의 데이터라는 것을 알 수 있습니다. 이 기준으로 선택지의 4가지 변수를 차례로 분석해보겠습니다. 각 변수의 "분위수" 항목에서 "Q3"를 비교해보면 됩니다. 선택지 순서대로 확인해보면 19.00, 4.00, 9.00, 67998.00이고 가장 작은 값을 가지는 변수는 부가정보1(extra_info1)[4.00]입니다.

[문제 3] **정답** _ 732

해설 _ 데이터 분석-기초정보분석 결과값 중에 '고객등급(customer_class)'의 최빈값 항목을 살펴보면 범주형 변수의 항목 별 갯수를 확인할 수 있습니다. Value가 'VVIP'인 것을 찾아보면 고객의 수가 732인 것을 알 수 있습니다.

customer_class				
기술통계		**최빈값**		
		Value	Count	Count(%)
size	9000	VIP	3915	43.50
distinct	7	White	1703	18.92
distinct(%)	0.08	Silver	1388	15.42
missing	0	Gold	913	10.14
missing(%)	0.00	VVIP	732	8.13
		일반	314	3.49

[문제 4] **정답 _** (3) 서비스 구분(service_category)

해설 _ 데이터 분석-기초정보분석 결과값 중에 선택지의 3가지 변수의 최빈값 항목을 살펴보면 각 항목 별 개수 뿐만 아니라 전체 데이터 중에 차지하는 비율(Count(%))도 확인할 수 있습니다. 최빈값 항목의 첫 번째 값이 최빈값을 의미하는데 3가지 변수의 최빈값의 비율은 각각 43.5%, 64.88%, 99.98%입니다. 따라서 특정 범주에 90% 이상의 데이터가 몰려 있는 변수는 서비스 구분(service_category)입니다.

customer_class	기술통계		최빈값		
			Value	Count	Count(%)
size	9000		VIP	3915	43.50
distinct	7		White	1703	18.92
distinct(%)	0.08		Silver	1388	15.42
missing	0		Gold	913	10.14
missing(%)	0.00		VVIP	732	8.13
			일반	314	3.49

customer_level	기술통계		최빈값		
			Value	Count	Count(%)
size	9000		A	5839	64.88
distinct	2		B	3161	35.12
distinct(%)	0.02				
missing	0				
missing(%)	0.00				

service_category	기술통계		최빈값		
			Value	Count	Count(%)
size	9000		상품A	8998	99.98
distinct	2		상품B	2	0.02
distinct(%)	0.02				
missing	0				
missing(%)	0.00				

[문제 5] **정답 _** (1) 일반

해설 _ 데이터 분석-시각화 분석 메뉴에서 사분위수 분석을 할 수 있는 시각화 도구는 '박스차트'입니다. 시각화 선택에서 '박스차트'를 선택해주세요. Y칼럼에 분석 대상인 수치형 변수를 선택하고 Hue에는 세 분화 시켜 볼 범주형 변수를 선택해주면 됩니다. 이 문항에서는 '납부 예정금액(label_fee)'이라는 수치 형 변수를 '고객등급(customer_class)'이라는 범주형 변수 별로 세분화 시켜야 합니다. 따라서 Y 칼럼 선택에서는 '납부 예정 금액(label_fee)'을 고르시고 Hue 칼럼 선택에서는 '고객등급(customer_class)' 을 고르면 됩니다. 이때, 기초정보분석 때와 마찬가지로 '데이터 범위'를 우측 끝까지 드래그하여 전체 데이터(9,000개)가 선택되도록 해주십시오. 여기까지 설정하셨으면 '조회하기' 버튼을 클릭하여 박스차 트 결과를 우측에서 확인할 수 있습니다.

박스차트에서 박스의 상단은 제 3사분위수(Q3), 박스의 하단은 제 1사분위수(Q1)값을 의미합니다. 각 등급 별 박스의 하단값을 비교하면 제 1사분위수(Q1)가 가장 낮은 '고객등급(customer_class)'이 '일 반'임을 확인할 수 있습니다. 이때, 각 박스가 어떤 '고객등급(customer_class)'을 의미하는지는 우측의 색상 범례를 통해 확인할 수 있습니다.

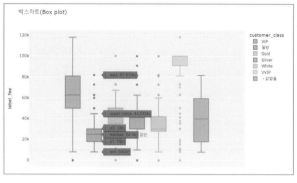

[문제 6]   정답 _ 4611

해설 _ 데이터 가공은 '데이터 가공' 메뉴에서 진행합니다. 가공에 앞서 결측치가 있는 변수를 찾아야 합니다. 앞에서 다룬 기초정보분석 메뉴로 다시 돌아가서 확인하는 방법도 있지만 데이터 가공하기 메뉴에서 각 변수를 클릭해보면 우측에 기초정보분석에서 본 것과 동일한 분석결과를 확인할 수 있습니다. 결측치 개수는 'missing' 값을 확인하면 되는데, 각 변수에서 'missing'이 0이 아닌 변수를 찾아주면 됩니다. 종속변수(label_fee)를 제외한 나머지 변수를 차례대로 확인해보면 '할부여부(installment_yn)'에만 결측치가 100개 있다는 것을 알 수 있습니다. 이 변수는 범주형 변수이기 때문에 최빈값(most_frequent)으로 결측치를 대체해야 합니다. '할부여부(installment_yn)'를 선택하고 '데이터 가공 실행'의 '결측값 처리' 기능을 사용해보겠습니다. 결측값을 처리할 수 있는 방식은 목록을 클릭해보면 most_frequent(최빈값), median(중간값), mean(평균값), constant(상수값)이 있는데, 문제에서 지정해준 most_frequent(최빈값)를 선택해주면 됩니다. 결측치 처리 방식을 선택한 뒤에는 '보기' 버튼을 눌러 우측에서 결과를 확인한 뒤에 '적용' 버튼을 눌러 변수에 적용까지 해주어야 합니다. '적용' 버튼까지 잘 누르셨다면 좌측 변수 목록의 하단에 'installment_yn_IM'이라는 결측치가 처리된 변수가 새로 생성된 것을 볼 수 있습니다. 이 새로운 변수를 클릭해보면 'missing' 값이 0으로 변한 것을 확인할 수 있습니다. 변화된 'installment_yn'의 최빈값의 개수는 새로 생성된 'installment_yn_IM' 변수의 최빈값을 확인해주면 되고 최빈값은 'N'이고 그 개수는 4611개입니다.

마지막으로 데이터 가공과 결과값 확인이 끝났다면 하단의 '가공 데이터 저장' 버튼을 클릭하여 결과값을 저장해주면 됩니다.

[문제 7]   **정답 _** (3) Random Forest

해설 _ AI모델학습-머신러닝 메뉴로 이동합니다. 문제에서 주어진 가이드에 따라 문제 6번에서 가공하고 저장한 데이터('amount_processed')를 '작업 데이터 선택'에서 선택합니다. 다음으로 '학습 유형'은 문제 1번에서 확인했듯이 Regression(회귀)를 선택합니다. 학습에 사용할 3가지 모델(Linear Regression, Decision Tree, Random Forest)을 'ML 모델 선택'에서 선택합니다. 종속 변수인 'label_fee'를 Input 칼럼 목록에서 선택하여 위쪽 방향 화살표를 클릭하여 Output 칼럼으로 옮겨줍니다. 문제 4번의 정답(특정 범주에 90% 이상의 데이터가 몰려 있는 변수)인 '서비스 구분(service_category)' 변수와 문제 6번의 결측치 처리에 사용된 '변환하기 전의 변수'인 '할부여부(installment_yn)'를 각각 선택 후 아래쪽 방향 화살표를 클릭하여 제외 칼럼으로 옮겨줍니다. 나머지 파라미터(parameter)는 기본값으로 놔두고 '학습 시작' 버튼을 눌러줍니다. 조금 기다리면 우측에 학습 결과가 나타납니다. 여러 성능 평가 지표 중에 문제에서 제시한 설명력(R2)이 평균적으로 가장 높은 모델은 R2가 가장 높은 Random Forest 입니다.

[문제 8] **정답 _** 0.4661

해설 _ AI모델학습-딥러닝 메뉴로 이동합니다. 문제에서 주어진 가이드에 따라 문항6번에서 가공하고 저장한 데이터('amount_processed')를 '작업 데이터 선택'에서 선택합니다. 다음으로 종속 변수인 'label_fee'를 Input 칼럼 목록에서 선택하여 위쪽 방향 화살표를 클릭하여 Output 칼럼으로 옮겨줍니다. 문제 4번의 정답(특정 범주에 90% 이상의 데이터가 몰려 있는 변수)인 '서비스 구분(service_category)' 변수와 문제 10번의 결측치 처리에 사용된 '변환하기 전의 변수'인 '할부여부(installment_yn)'를 각각 선택 후 아래쪽 방향 화살표를 클릭하여 제외 칼럼으로 옮겨줍니다. 다음으로 범주형 변수 3가지(customer_class, customer_level, installment_yn_IM)는 문제 가이드에 따라서 데이터 인코더를 sparse로 설정해야 합니다. 각 범주형 변수를 클릭하고 '칼럼 Parameter 설정'에서 '데이터 인코더'를 sparse로 변경해줍니다. 이번에는 모델 종류를 확인해보겠습니다. 'label_fee'를 선택하여 회귀모델로 설정이 되어 있는지 확인을 해야 합니다. '칼럼 Parameter 설정'에서 '모델 유형'이 regressor인지 확인하고 문항에서 가이드한대로 '활성 함수'가 relu인지도 확인을 해야 합니다. 그리고 문항에서 가이드한대로 FC레이어수: 1, FC레이어크기: 128, 드롭아웃: 0으로 칼럼 Parameter를 설정하고 '학습 Parameter 설정'에서 Epochs: 20, Batch Size: 64로 설정합니다.나머지 파라미터(parameter)는 기본값으로 놔두고 '학습 시작' 버튼을 눌러줍니다. 조금 기다리면 우측에 학습 결과가 나타납니다. 학습 로그의 가장 마지막에서 모델 성능을 확인할 수 있습니다. 여러 성능 평가 지표 중에 문항에서 제시한 MSE는 0.4661입니다.

마지막으로 오른쪽 상단의 [모델 저장] 기능을 통해 모델을 저장해주면 됩니다.

[문제 9]   **정답 _** (4) 할부여부(installment_yn)

해설 _ AI모델활용 메뉴로 이동합니다. '작업 데이터 선택'에서 모델 학습에 사용한 데이터(amount_processed)를 선택하고 아래 '학습 모델 목록'에서는 문제 8번에서 학습하고 저장한 모델을 선택합니다. 예측에 영향을 주는 상위 5개 변수를 확인하기 위해서는 '변수 영향도 확인' 기능을 사용해야 합니다. '변수 영향도 확인' 버튼을 클릭하면 우측에서 그래프 형태로 'label_fee' 변수의 상위 5개 변수의 영향도를 확인할 수 있습니다. 'prev_fee', 'customer_class', 'agreement_month', 'customer_level', 'extra_info1'이 상위 5개 변수이고 이 변수에 해당하지 않는 변수는 '할부여부(installment_yn)'입니다.

[문제 10] **정답 _** (정답)51668

해설 _ AI모델활용 메뉴로 이동합니다. '작업 데이터 선택'에서 모델 학습에 사용한 데이터(amount_processed)를 선택하고 아래 '학습 모델 목록'에서는 문제 8번에서 학습하고 저장한 모델을 선택합니다. 특정 입력값에 대해 결과값을 예측하기 위해서는 '시뮬레이션' 기능을 사용해야 합니다. '시뮬레이션' 버튼을 클릭하면 우측에서 입력값을 기입하고 예측 결과를 확인할 수 있습니다. 문제에서 제시한 입력값을 기재하면 '납부 예정금액(label_fee)'의 예측값51668을 확인할 수 있습니다.

[문제 11] **정답** _ 0.4659

해설 _ 성능 개선의 경우 여러 가지 경우의 향상 방법이 존재합니다. 본 해설에서는 대표적인 성능 향상 방법 중 하나인 모델의 파라미터 변경을 사용하여 진행해보려고 합니다. AI모델학습-딥러닝 메뉴로 이동합니다. "전체 데이터의 학습 횟수를 의미하는 파라미터"는 'Epochs'이고 이 값을 100, Batch Size는 128로 지정하고 나머지 설정은 문제 8번과 동일하게 지정해줍니다. 이제 '학습 시작' 버튼을 눌러줍니다. 조금 기다리면 우측에 학습 결과가 나타납니다. 학습 로그의 가장 마지막에서 모델 성능을 확인할 수 있습니다. 여러 성능 평가 지표 중에 문제에서 제시한 MSE는 0.4657입니다. MSE는 오차이기 때문에 값이 작으면 작을수록 성능이 좋은 모델이고 앞선 문제 8번의 결과인 0.4661보다 낮은 값인 0.4659가 나와 성능이 개선된 모델임을 알 수 있습니다.

03
AI 용어 정리

1. AI의 이해

- 인공지능(Artificial Intelligence): 인간의 지적능력(추론, 인지)을 컴퓨터로 구현하는 모든 기술.
- 머신러닝(Machine Learning): 알고리즘으로 데이터를 분석·학습하여 판단이나 예측을 하는 기술.
- 딥러닝(Deep Learning): 인간의 뉴런과 비슷한 인공신경망 알고리즘을 활용하여 정보를 학습하고 처리하는 기술(머신러닝 일종).
- 알고리즘(Algorithm): 연산의 반복을 포함하는 정해진 단계에서 수학적 문제를 해결하는 절차, 문제를 해결하거나 어떤 목적을 달성하기 위한 단계별 절차를 의미하기도 함.
- 지도학습(Supervised Learning): 문제와 정답을 알려주고 학습시키는 방법.
- 분류(Classification) 모델: 결괏값이 명확하게 나눠진 범주형 타입인 데이터를 예측하는 모델. 예를 들어 귤, 사과 이미지를 학습한 후 귤과 사과로 범주를 명확히 구분하여 예측.
- 회귀(Regression) 모델: 결괏값이 수치형인 데이터를 예측하는 모델.
- 비지도학습(Unsupervised Learning): 정답이 정해지지 않은 데이터를 처리하여, 데이터 간의 관계나 유사성을 발굴하는 학습 방법.
- 군집화(Clustering): 데이터 자체가 가진 특성과 상관관계를 기계가 스스로 학습하여 유사한 데이터끼리 그룹화하는 비지도학습 기법.
- 강화학습(Reinforcement Learning): 상(Reward)과 벌(Penalty)을 통해 정답을 도출할 가능성이 큰 방향으로 스스로 개선하도록 만드는 학습 방법.
- 자연어 처리(Natural Language Processing, NLP): 인간의 언어를 기계가 표현하도록 하는 기술.
- 컴퓨터 비전(Computer Vision): 영상인식 처리와 관련된 기술.

02. AI 구현 프로세스

1) 문제 정의

- 정형 데이터(Structured Data): 행과 열의 정형화된 구조로 고정된 필드에 저장되며 값과 형식이 일관된 데이터(관계형 데이터베이스, 엑셀 등).
- 반정형 데이터(Semi-structured Data): 구조와 형태를 가지나, 값과 형식에 일관성을 갖고 있지 않은 데이터(로그, 스크립트 등).
- 비정형 데이터(Unstructured Data) : 구조와 형태가 정해지지 않으며 고정된 필드에 저장되지 않은 데이터(텍스트, 이미지, 오디오, 비디오 등).

2) 데이터 수집

- 크롤링(Crawling): 다양한 웹사이트에서 뉴스, 게시판 등의 웹 문서와 콘텐츠 수집.
- 깨끗한 데이터: '이상치'가 없고 '결측치(Missing Values)'가 없는 데이터.
- 데이터 편향: 수집된 데이터의 불균형이 일어나 특정값으로 치우친 것.
- 데이터 결측치: 손실되고 비어 있는 값.

3) 데이터 분석 및 전처리

- 수치형 데이터(Numerical Data): 숫자로 구성된 데이터. 연속형 데이터와 이산형 데이터로 구분.
- 문자형 데이터(Object Data): 문자로만 이루어지거나 문자와 숫자로 구성된 데이터.
- 범주형 데이터(Categorical Data): 범주를 나눌 수 있는 데이터. 순서를 매길 수 있는 순서형 (Ordinal) 데이터(예: 1등급, 2등급 등)와 순서를 매길 수 없는 명목형(Nominal) 데이터(예: 남녀 등)로 구분.
- 불리언형(Boolean) 데이터: 논리값인 참과 거짓 중 하나로 표현되는 데이터.
- 개수(Counts): 데이터 개수.
- 평균값(Mean): 각 데이터를 모두 더한 후 데이터 개수로 나눈 값. 산술평균을 의미.
- 중앙값(Median): 데이터를 크기 순서대로 배열했을 때 중앙에 위치하는 값.
- 최빈값(Mode): 데이터 중 빈도수가 가장 큰 값.
- 최솟값(Minimum): 데이터 중 가장 작은 값.
- 최댓값(Maximum): 데이터 중 가장 큰 값.
- 분산(Variance): 데이터가 평균으로부터 얼마나 떨어져 있는지 정도를 나타내는 값. 각 관측치 에서 평균을 뺀 차이값의 제곱의 평균임.
- 표준편차(Standard Deviation): 데이터가 평균으로부터 떨어진 정도를 나타내며 분산의 제곱근.
- 사분위수(Quartile): 모든 데이터를 순서대로 배열했을 때 4등분한 지점에 있는 값.
- 첨도(Kurtosis): 데이터 분포가 정규분포 대비 뾰족한 정도를 나타내는 값.
- 왜도(Skewness): 데이터 분포가 정규분포 대비 비대칭한 정도를 나타내는 값.
- 데이터 전처리(Data Preprocessing): 주어진 데이터를 깨끗하게 만들어주는 결측값 처리, 이상 치 처리 등 데이터 정제(Data Cleaning) 과정.
- 데이터 시각화(Data Visualization): 데이터 분석결과를 쉽게 이해할 수 있도록 시각적으로 표현 하고 전달하는 과정.
- 히스토그램(Histogram): 수치형 데이터의 구간별 빈도수를 나타낸 시각화 기법.
- 분포차트(Density Plot): 히스토그램과 마찬가지로 수치형 데이터의 구간별 빈도수를 나타내는 시각화 기법이나, 추가로 범주형 데이터 속성을 반영하여 각 클래스가 해당 구간 내에 얼마만큼 빈도를 차지하는지 보여줌.

- 박스차트(Boxplot): 수치형 데이터의 통계 정보를 기반으로 그 분포를 박스모양으로 나타낸 시각화 기법. 데이터의 분포와 이상치 등 통계적 특성을 한눈에 파악 가능.
- 카운트플롯(Countplot): 막대그래프, 범주형 데이터에 대한 값의 개수를 보여 줌.
- 산점도(Scatterplot): 두 수치형 데이터 사이의 관계를 보여주는 시각화 기법. 좌표평면 상의 점으로 두 수치형 데이터의 위치를 표시함으로써 상관관계 표현.
- 히트맵(Heatmap): 두 수치형 데이터 사이의 관계를 보여주는 시각화 기법, 색상을 활용하여 두 데이터 간의 상관관계 표현.
- 결측치(Missing Value): 비어 있는 데이터이며, 해당 행(Row)이나 칼럼(Clolumn)을 제거하거나 값 채우기/대체하기 등 추가 처리가 필요.
- 이상치(Outlier): 전체 데이터의 추세·패턴 등에서 벗어난 값을 가진 데이터.
- 인코딩(Encoding): 사람이 인지할 수 있는 형태(ex : 문자형)의 데이터를 컴퓨터가 이해할 수 있는 형태로 변환.
- 오디널인코딩(Ordinal Encoding): 데이터 간에 순서가 있는 카테고리 데이터에 적용.
- 원핫인코딩(One-Hot Encoding): 1과 0으로만 범주형 데이터를 표현하는 인코딩 기법, 타깃값은 1이고 나머지는 모두 0인 배열로 만듦.
- 스케일링(Scaling): 변수 간 비교를 위해 수치 간 단위를 맞추려고 수치의 크기를 변경하는 것, 대표적인 스케일링 기법으로 Min-Max Scaling, Standard Scaling이 있음.
- Min-Max Scaling: 값을 0과 1 사이로 축소해 비율의 값을 갖게 됨(가장 작은 값은 0, 가장 큰 값은 1).
- Standard Scaling: 평균과 표준편차를 이용하여 스케일링하는 기법.

4) AI 모델링

- 모델학습: 손실 함수(Loss function)를 최소화하는 방향으로 AI 알고리즘 내에 있는 가중치(Weight)를 계속 업데이트하는 과정.
- 훈련 데이터(Train Data): 실제 AI 모델학습에 사용할 데이터.
- 검증 데이터(Valid Data): 학습결과 중간 검증을 위한 데이터.
- 평가 데이터(Test Data): 최종 성능평가용으로 사용할 데이터.
- 과대적합(Over Fitting): 학습을 너무 많이 진행해서 학습 데이터의 특성에만 맞춰 학습한 상태. 학습 데이터에 대해서는 성능이 잘 나오지만, 검증 데이터나 테스트 데이터의 성능이 잘 나오지 않는 경우.
- 과소적합(Under Fitting): 학습을 너무 적게 진행한 상태.
- 하이퍼 파라미터(Hyper Parameter): 머신러닝 모델이 학습할 수 없고 사람이 지정하는 파라미터.
- 에폭(Epoch): 전체 데이터 샘플을 학습하는 횟수, 훈련 데이터(Train Data) 전체를 몇 번 반복해

서 학습할지 정하는 파라미터.

- 배치 사이즈(Batch Size): 1회 파라미터 업데이트를 위해 학습하는 샘플. 하나의 Epoch 시 메모리 한계와 속도 저하를 막기 위해 전체 데이터를 쪼개서 학습하는데, 쪼개진 데이터를 Batch라고 하며, 그 크기를 Batch size라고 함.
- 이터레이션(Iteration): 데이터 크기를 배치 사이즈로 나눈 횟수만큼 모델의 가중치 업데이트가 일어나는데, 이 횟수를 '이터레이션'이라고 부름. 예를 들어 1,000만 개의 데이터를 10,000개씩 쪼갠다면 배치 사이즈는 10,000이고 이를 1,000번 반복함. 이 반복하는 과정을 이터레이션(Iteration)이라고 부름.
- 조기종료(Early Stop): 대표적인 과대적합(Over Fitting) 방지 기법의 하나며, 지정한 학습 횟수(Epochs)에 도달하지 않았어도 조건을 충족시킨다면 학습을 종료시키는 기법.
- 드롭아웃(Drop Out): 과적합을 줄이기 위해 임의로 노드를 제거해주는 확률 수준.
- Optimizer 함수: 딥러닝 모델의 매개변수(Weight)를 조절해서 손실 함수(예측값-실제값 차이 활용)의 값을 최저로 만드는 과정의 함수. Adam을 많이 사용.
- Learning Rate(학습률): 경사하강법(Gradient Descent)에서 경사를 따라 최소점을 찾기 위해 반복적으로 내리막길을 내려가야 하는데, 이때 이동하는 보폭(Step size). Learning Rate는 너무 작거나 커도 안되며 적절히 설정하는 것이 중요. Learning Rate가 크면 학습의 보폭이 커서 최저점을 지나칠 가능성이 높고, Learning Rate가 작은 경우 학습 시간이 매우 오래 걸리며 최저점에 도달하지 못함.

[회귀 모델(Regression Model) 성능평가 지표]

- 오차(Error): '(실제값-예측값)의 평균'이며 작을수록 좋음.
- 평균절대오차(Mean Absolute Error): '(실제값-예측값)의 절댓값의 평균'이며 작을수록 좋음.
- 평균제곱오차(Mean Square Error, MSE): '(실제값-예측값)의 제곱의 평균'이며 작을수록 좋음.
- 평균제곱근오차(Root Mean Square Error, RMSE): 평균제곱오차에 제곱근을 씌운 것이며 작을수록 좋음
- 결정계수(R2 Score, R squared): 독립변수가 종속변수를 얼마나 잘 설명하는지 나타내며, 값이 1에 가까울수록 좋음.

[분류 모델 (Classification Model) 성능평가 지표]

- 정확도(Accuracy): 분류모델이 전체 데이터 중 몇 개나 정확하게 예측했는지 나타내는 지표.
- 정밀도(Precision): '내가 A라고 예측한 개수 중 내가 맞힌 A의 개수'를 나타낸 지표.
- 재현율(Recall): '전체 데이터 중 A의 개수 중 내가 맞힌 A의 개수'를 나타낸 지표.
- F1스코어(F1-score): 정밀도와 재현율을 조화 평균하여 한 번에 포괄적으로 보기 위한 지표.

- 초기 모델(Baseline Model, 베이스라인 모델): 성능의 기준이 되는 모델.
- 피처 엔지니어링(Feature Engineering): 전처리된 데이터를 가공해 모델의 성능을 더 높이기 위한 작업. 문자를 숫자로 바꿔주는 '인코딩', 수치형 데이터의 범위를 조절해주는 '스케일링', 기존 피처(Feature)를 통해 새로운 피처를 만드는 '파생변수생성' 등이 있음.

03. EZ로 AI 실습하기(분류)

- 타깃변수(Target Variable): 라벨 칼럼(Label Column)과 동의어.
- 라벨(Label): 예측·분석을 목적으로 하는 결과 데이터로 '타깃(Target), 종속변수, 출력값(Ouput), Y'라고도 불림.
- 피처(Feature, 특성): 입력 데이터로 '독립변수, 입력값(Input), X'라고도 불리며, 예측·분석하고자 하는 '타깃'에 영향을 미치는 요소.
- 변수(Variable): 계속 변하는 값. 특정 지어지지 않아서 하나 이상의 값을 가짐. 데이터를 저장하기 위해 프로그램에 의해 할당받은 메모리 공간을 의미하기도 함.
- 스케일링(Scaling): 변수 간의 비교를 위해 수치 간 단위를 맞추려고 수치의 크기를 변경하는 것. 대표적 스케일링 기법으로 Min-Max Scaling, Standard Scaling이 있음.
- Min-Max Scaling: 값을 0과 1 사이로 축소해 비율의 값을 갖게 됨(가장 작은 값 0, 가장 큰 값 1).
- Standard Scaling: 평균과 표준편차를 이용하여 스케일링하는 기법.
- 인코딩(Encoding): 사람이 인지할 수 있는 형태(ex : 문자형)의 데이터를 컴퓨터가 이해할 수 있는 형태로 변환.
- 라벨 인코딩(Label Encoding): 범주형 데이터의 n개 종류의 값들을 0에서부터 n-1값으로 단순히 연속적인 숫자를 부여. 범주형 데이터 중 순서형 데이터에 적합.
- 오디널 인코딩(Ordinal Encoding): 데이터 간에 순서가 있는 카테고리에 적용.
- 원핫 인코딩(One-hot Encoding): 1과 0으로만 범주형 데이터를 표현하는 인코딩 기법. (타깃값은 1이고 나머지는 모두 0인 배열로 만듦).
- 소프맥스 함수(Softmax Function): 다중 클래스 분류에 사용. Input값이 여러 개인 경우, 여러 개의 선형방정식의 출력값을 0~1 사이로 정규화하여 전체 합이 1이 되도록 하는 함수.
- 시그모이드 함수(Sigmoid Function): Input값이 1개인 경우, 선형방정식의 출력을 0과 1 사이의 값으로 하여 이진 분류를 위해 사용. 출력이 0.5보다 크면 양성클래스이고 0.5보다 작으면 음성클래스로 판단.
- Sparse: 원핫 인코딩에서 타깃값은 1이고 나머지는 0으로만 표현하는데, 이처럼 대부분 0으로 표현하는 방법을 Sparse Vector(벡터)라고 부름. AIDU ez에서 원핫 인코딩은 데이터 인코더를

sparse로 설정해야 함.　　　　　　　　　　　　　　　　※ Sparse : (밀도가)희박한

　예)사과=[0, 0, 1, 0, 0]처럼 표현.

- Dense: 변수들의 값을 0과 1 외에도 실숫값으로 표현하는 벡터. 벡터의 차원이 조밀해 졌다고 dense vector라고 함.　　　　　　　　　　　　　　　　　　※ Dense: 밀집한

　예)공책=[0.2, 1.5, −2.4, 1.6, 1.1]처럼 표현.

- 교차 검증: 훈련(Train) 데이터와 평가(Test) 데이터를 K번(fold 수) 변경하고 학습 및 평가하여 모델을 검증하는 방법. K가지의 훈련 · 평가 데이터셋을 사용하여 모델을 학습 · 평가하고 해당 결과의 평균과 표준편차 등을 확인하여 일반화된 모델 여부를 검증.

　· 장점: 모델의 신뢰성 향상, 특정 데이터셋에 대한 과대적합 방지 등.

　· 단점: 모델 훈련과 평가 소요 시간 증가.

04. EZ로 AI 실습하기(회귀)

- ReLU 함수(Rectified Linear Unit): 입력값이 0보다 작으면 0으로 출력, 0보다 크면 입력값 그대로 출력하는 함수. 가장 많이 사용되는 활성화 함수(Activation Function).
- FC 레이어(Fully Connected Layer): 심층신경망(DNN)의 계층 중 각각의 뉴런은 직전 계층과 직후 계층에 있는 모든 뉴런과 상호 연결되어 있는데, 이를 Fully Connected Layer라고 표현.
- FC 레이어 수: 딥러닝 모델의 FC 레이어 수를 뜻함.
- FC 레이어 크기: 각 FC 레이어를 구성하는 노드(Node) 수를 뜻함.
- 드롭아웃(Drop out): 모델의 과적합(Overfitting)을 줄이기 위해 레이어 내의 노드를 임의로 제거해주는 확률을 설정하는 값.

05. 머신러닝

- 머신러닝(Machine Learning) 학습방법: 지도학습(분류, 회귀), 비지도학습(군집화), 강화학습(상벌을 통해 학습)이 있음.
- 단순 선형 회귀(Simple Linear Regression): 독립변수(피처)와 종속변수(라벨, 타깃변수)를 각각 하나씩 가지는 선형 회귀. 1차함수 형태(y=ax+b)와 유사. 단순 선형 회귀 모델에서 학습이란 데이터를 활용하여 독립변수로 종속변수를 가장 잘 예측하는 절편과 기울기를 찾는 과정이라고 할 수 있음.
- 목적 함수(Objective Function): 머신러닝 학습과정에서 최적화된 모델을 정의하는데 기준이 되

는 값. 비용함수(Cost Function) 또는 손실 함수(Loss Function)라고 함.
- 경사하강법(Gradient Descent): 목적 함수가 최솟값을 갖도록 파라미터를 반복적으로 변경하는 방법. 목적 함수를 기준으로 모델을 최적화하기 위해 모델을 반복적으로 학습하여 파라미터를 찾는 방법. 손실 함수의 경사를 따라 최적의 모델을 찾는 알고리즘.

[머신러닝 알고리즘]

- 선형 회귀(Linear Regression): 입력 데이터와 타깃(Target) 사이의 관계가 선형(직선)일 것이라고 가정하고, 그 직선을 바탕으로 새로운 입력 데이터의 타깃(Target)을 추론하는 회귀 모델. 단순 선형 회귀와 다중 선형 회귀(Multiple Linear Regression)가 있음.
  예시) 시험성적$\approx\beta 1*$공부시간
- 다중 선형 회귀(Multi Linear Regression): 데이터를 설명할 수 있는 여러 개의 독립변수를 이용하여 종속변수를 예측.
  예시) 시험성적$\approx\beta_0+\beta_1*$공부시간$+\beta_2*$지각 횟수
- 로지스틱 회귀(Logistic Regression): 이름은 회귀이지만 분류 문제에 사용되는 모델임. 선형방정식을 사용한 분류 알고리즘으로 선형 회귀와는 달리, 시그모이드 함수나 소프트맥스 함수의 결과 확률을 바탕으로 클래스 분류 가능.
- 시그모이드 함수(Sigmoid Function): Input값이 1개인 경우, 선형방정식의 출력을 0과 1 사이의 값으로 하여 이진 분류를 위해 사용. 출력이 0.5보다 크면 양성 클래스이고 0.5보다 작으면 음성 클래스로 판단
- 소프트맥스 함수(Softmax Function): 다중 클래스 분류에 사용. Input값이 여러 개인 경우, 여러 개의 선형방정식의 출력값을 0~1 사이로 정규화하여 전체 합이 1이 되도록 하는 함수.
- K-최근접이웃(K-Nearest Neighbor, KNN): 가중치나 편향 파라미터 없이 새로운 데이터를 예측하기 위해 예측하려는 데이터로부터 가장 거리가 가까운 K개의 최근접 데이터를 참조하는 알고리즘. 회귀와 분류 문제에 모두 사용 가능.
- 의사결정나무(Decision Tree): 회귀와 분류 문제에 모두 사용 가능. 의사결정 규칙을 나무(Tree) 구조로 만들어 차례로 과정을 거치며 의사결정 규칙을 학습하고, 어떤 과정을 거쳐 결론을 냈는지 파악할 수 있어서 예측과정을 이해하기 쉬움.
- 랜덤 포레스트(Random Forest): 의사결정나무 모델을 가지고 배깅(Bagging)이라는 앙상블 기법을 적용한 알고리즘. 배깅은 여러 개의 단일 모델을 병렬 형태로 합친 것을 의미.
- 부스팅(Boosting): 부스팅은 여러 개의 단일 모델을 직렬 형태로 합친 것이며, 부스팅 알고리즘으로 Adaboost, Gradient Boosting, XGBoost, LightGBM 등이 있음.

06. 딥러닝

- 인공신경망(Artificial neural network, ANN): 뇌의 뉴런을 모방한 모델로, 입력계층, 출력계층, 은닉계층으로 구성되어 있음.
- 활성화 함수(Activation Function): 입력신호의 가중합이 분계점(Threshold)을 넘어서면 출력신호를 생성하는 함수. 입력을 출력하는 도달점을 분계점(Threshold)이라고 부름.
- 심층신경망(Deep Neural Network, DNN): 입력계층과 출력계층 사이에 은닉계층을 2개 이상 가지고 학습하는 인공신경망. 각각의 뉴런은 직전 계층과 직후 계층에 있는 모든 뉴런과 상호 연결되어 있는데, 이를 Fully Connected Layer(FC)라고 표현하기도 함.
- 가중치(Weight): 출력값과 정답값을 비교하여 오차를 최소화하기 위해 임의값을 조금씩 조정하는 파라미터.
- 역전파(Back Propagation): 실제값과 모델의 결괏값에서 구한 오차를 Output에서 Input 방향으로 보내는 것. 가중치(Weight)를 조정하면서 오차를 줄여 정답과 일치하게 하도록 딥러닝은 순전파(Forward Propagation)뿐만 아니라 역전파를 수행.
- 손실 함수(Loss Function): 신경망 학습의 목적 함수로 출력값(예측값)과 정답(실제값)의 차이를 계산. 모델의 예측 성능을 높이기 위해서는 손실이 작은 함수를 구하는 것이 중요. 손실 함수를 비용 함수(Cost Function)라고 부르기도 함.
- 합성곱신경망(Convolutional Neural Network, CNN): 합성곱 연산을 사용하는 심층신경망 모델 이미지 분류 시 주로 사용하는 모델.
- 순환신경망(Recurrent Neural Network, RNN): 시퀀스 데이터(순서가 있는 데이터)의 패턴을 인식하고 예측할 수 있는 알고리즘. 자연어 처리나 시계열 모델을 만들 때 사용됨.

참고서적

- NCS 정보처리기술사 연구회, 《빅데이터분석기사 필기》, 도서출판 건기원, 2022.
- 후쿠마 도모키, 가토 고이치, 《비전공자를 위한 인공지능 교과서》, 제이펍, 2022.
- 안드리 부르코프, 《머신러닝 엔지니어링》, 제이펍, 2021.
- 이애리, 《Do it! 첫 인공지능》, 이지스퍼블리싱, 2022.
- 타리크 라시드, 《신경망 첫걸음》, 송교석 옮김, 한빛미디어, 2017.